走向深度融合的全面育人

——成都市盐道街小学创新育人模式的实践探索

罗晓航 ◎ 编著

四川大学出版社

项目策划：唐　飞　段悟吾
责任编辑：吴连英
责任校对：吴近宇
封面设计：墨创文化
责任印制：王　炜

图书在版编目（CIP）数据

走向深度融合的全面育人：成都市盐道街小学创新育人模式的实践探索 / 罗晓航编著． — 成都：四川大学出版社，2021.3
ISBN 978-7-5690-1355-9

Ⅰ．①走… Ⅱ．①罗… Ⅲ．①小学教育－教育研究－成都 Ⅳ．① G622.0

中国版本图书馆 CIP 数据核字（2021）第 039710 号

书名	走向深度融合的全面育人——成都市盐道街小学创新育人模式的实践探索
	ZOU XIANG SHENDU RONGHE DE QUANMIAN YUREN—CHENGDUSHI YANDAOJIE XIAOXUE CHUANGXIN YUREN MOSHI DE SHIJIAN TANSUO
编　著	罗晓航
出　版	四川大学出版社
地　址	成都市一环路南一段 24 号（610065）
发　行	四川大学出版社
书　号	ISBN 978-7-5690-1355-9
印前制作	四川胜翔数码印务设计有限公司
印　刷	四川盛图彩色印刷有限公司
成品尺寸	170mm×240mm
印　张	19.25
字　数	363 千字
版　次	2021 年 3 月第 1 版
印　次	2021 年 3 月第 1 次印刷
定　价	66.00 元

版权所有 ◆ 侵权必究

◆ 读者邮购本书，请与本社发行科联系。
电话：(028)85408408/(028)85401670/(028)86408023　邮政编码：610065
◆ 本社图书如有印装质量问题，请寄回出版社调换。
◆ 网址：http://press.scu.edu.cn

四川大学出版社
微信公众号

编委会

主　编　罗晓航

编　委　贺　慧　　王　永　　周　雪　　刘　艳
　　　　　　刘家明　　杨　琳　　胡定坤　　伏梦瑶
　　　　　　沈　丹　　黄晶晶　　魏　佳　　陶红丽
　　　　　　张　蕾　　杨　勇　　龚　蕾　　严凌霞
　　　　　　杨　红　　陈　倩　　巫韵佳　　蒲安琪
　　　　　　刘　琳　　罗　茜　　王艳萍　　李佳玲
　　　　　　任晓琴　　周惠娇　　钟启天　　王　烨
　　　　　　聂　兰　　黎桂芳　　李佳昕　　邹静驰
　　　　　　罗　珊　　卿瑞芝　　李涵英　　齐俊婷
　　　　　　姚　茹　　高鑫悦　　杨美美　　王　露
　　　　　　卿林芝　　于　钦　　邓　洁

序言

成都市盐道街小学创办于 1919 年，建校之初就镌刻下革新善创的文化属性。学校更是以"厚德如盐，适融入道"的办学理念来指引一切育人活动，可以说"适融"是盐小办学历史中最突出的特质与追求，也是盐小沉淀下来的文化基因。

本书系统地介绍了成都市盐道街小学百年以来的教育教学改革创新实践，共分为四个部分。第一部分：回顾。用讲故事的形式融入学校的办学历史与理念、育人目标、教师发展目标等，记录了学校在整合育人方面的发展脉络，并为我们呈现了学校四个阶段的整合育人情况。第二部分：观点。从深度融合的方法论、全面育人的三个概念、全面育人的五个观点、全面育人的"五育"融合模型四个方面，揭示了育人模式的理论依据。第三部分：探索。学校以"整合"作为核心理念与指导方法，为建构全面培养模式，在"五育"融合思想的指导下，逐步总结出大观念统整的实践性课程模式。在充分尊重各学科本质与逻辑的基础上，以学科内实践活动课程，充分发挥各学科独特的整体育人功能。以跨学科实践活动、超学科实践活动发挥学科与学科、学科与生活的整合育人功能，逐渐形成了促进学生全面发展的深度融合全面培养模式。第四部分：保障。从家长社区资源、教师队伍、信息技术三个层面，为全面培养模式的建构提供了保障。

最近国内教育领域都在极力强调"五育"融合的研究，却又没有确立起基于"五育"融合的实践领域；大家都在谈"大观念""实践性课程""全面育人"这些研究主题，却又没能对当前教学条件下，学生在这些方面的学习与发展加以深入探讨与实践。学校作为促进学生全面发展的主阵地，既需要理论指引，又需要务实的实践突破。成都市盐道街小学创新育人的实践探索，形成学科内实践、跨学科实践、超学科实践三大融合课程模块，研创了 50 余门融合式微型课程，探索出课题式和项目式两种课例设计与实施方式，构建了全面培养的综合素养评价标准及游戏化综合素养评价体系，并搭建了以人的发展为核心的信息适融支撑系统。盐小在建构"五育"融合理论的基础上展开的这一系列实践应用探究，算是在理论指引与实践探索方面所做出的一次很有价值的努力。我相信，从事课程与教学论研究的理论工作者和广大的中小学（幼儿园）教师都会从此书中获得启发和助益。

李松林

2021 年 3 月　四川师范大学狮子山校区

目 录

第一章　整合育人的历史发展…………………………………………（1）
　　一、回顾历史——课程的灵魂在文化传统中生根…………………（6）
　　二、一脉相承——推开整合育人的实践之门………………………（8）

第二章　活动育人：以活动求整合（1986—1999年）………………（11）
　　一、整合什么…………………………………………………………（12）
　　二、怎么整合…………………………………………………………（12）
　　三、为什么要这样整合………………………………………………（15）
　　四、成果………………………………………………………………（17）

第三章　主题统整：以主题求整合（2000—2006年）………………（18）
　　一、整合什么…………………………………………………………（19）
　　二、怎么整合…………………………………………………………（20）
　　三、为什么要这样整合………………………………………………（23）
　　四、成果………………………………………………………………（24）

第四章　实践育人：以实践求整合（2007—2014年）………………（26）
　　一、整合什么…………………………………………………………（28）
　　二、怎么整合…………………………………………………………（29）
　　三、为什么要这样整合………………………………………………（33）
　　四、成果………………………………………………………………（35）

第五章　项目学习：以项目求整合（2015年迄今）…………………（42）
　　一、历史传承：项目学习的"盐味"整合……………………………（43）
　　二、独特表达：项目学习的"盐味"实施……………………………（45）
　　三、与时俱进：项目学习的适时之道………………………………（50）
　　四、学校发展：项目学习的"盐味"成果……………………………（52）

第六章　深度融合的方法论……………………………………………（58）
　　一、与时俱进……………………………………………………………（59）
　　二、渐次深化……………………………………………………………（59）
　　三、多方协同……………………………………………………………（61）
　　四、整体建构……………………………………………………………（62）
　　五、务实精进……………………………………………………………（63）

第七章　全面育人的三个概念……………………………………………（64）
　　一、概念一：全面发展概念……………………………………………（65）
　　二、概念二：全面培养模式……………………………………………（70）
　　三、概念三："五育"深度融合…………………………………………（74）

第八章　全面育人的五个观点……………………………………………（83）
　　一、全面发展的实质是个性的充分发展………………………………（83）
　　二、全面培养的实质是基于"五育"并举的"五育"融合，"五育"
　　　　融合的关键则是课程整合……………………………………………（85）
　　三、活动是学生全面发展的根本机制，实践是学生全面发展的根本
　　　　途径……………………………………………………………………（89）
　　四、实践参与是"五育"融合与课程整合的根本方式，大概念是
　　　　"五育"融合与课程整合的基本工具…………………………………（90）
　　五、项目式学习是促进学生实践参与的重要方式……………………（92）

第九章　全面育人的"五育"融合模型……………………………………（94）
　　一、建构全面培养的"五育"融合模型…………………………………（94）
　　二、"P-CTPA"模型………………………………………………………（95）

第十章　构建"五育"融合的全面培养目标………………………………（103）
　　一、"五育"融合的全面培养目标结构…………………………………（104）
　　二、"五育"融合的全面培养目标分解…………………………………（105）

第十一章　"五育"深度融合的课程整合模式……………………………（113）
　　一、大概念统整的实践性课程模式……………………………………（113）
　　二、明晰设计难点：大概念的确定与运用……………………………（117）
　　三、案例分析……………………………………………………………（121）

第十二章　全面培养的"五育"融合课程结构……………………………（132）
　　一、"五育"融合课程的概述……………………………………………（133）

  二、"五育"融合课程的结构 …………………………………………(136)
  三、小结………………………………………………………………(157)

第十三章　"五育"融合的微型特色课程……………………………(158)
  一、学科内实践………………………………………………………(159)
  二、跨学科实践………………………………………………………(170)
  三、超学科实践………………………………………………………(193)

第十四章　"五育"融合课程的实施模式……………………………(206)
  一、"五育"融合课程实施的基本模式 ……………………………(207)
  二、从大单元整合到跨学科整合的操作模式………………………(210)
  三、从课题式学习到项目式学习的操作模式………………………(219)

第十五章　全面培养的综合素养评价标准……………………………(231)
  一、全面培养的综合素养评价标准…………………………………(232)
  二、游戏化综合素养评价体系………………………………………(234)
  三、全面培养的综合素养实践案例…………………………………(236)

第十六章　回归社区的教育资源建设…………………………………(252)
  一、教育资源建设的概况与价值……………………………………(253)
  二、教育资源的机制与策略…………………………………………(256)
  三、教育资源建设的实际成效………………………………………(258)

第十七章　整合施教的教师共同体建设………………………………(267)
  一、盐道集团教师发展情况…………………………………………(267)
  二、整合施教的教师团队如何构建…………………………………(269)

第十八章　以信息适融推进全面育人…………………………………(279)
  一、信息技术的新发展及其教育价值认识…………………………(279)
  二、信息技术的不适不融问题………………………………………(281)
  三、信息技术如何保障和推进全面育人……………………………(284)

后　记……………………………………………………………………(295)

第一章　整合育人的历史发展

【故事导入】

真资格的盐道人

要么平庸，要么不凡——盐道人　陶宏知

18岁毕业就进入川西成都第二师范附属小学（盐道街小学前身）的陶宏知陶校长，对盐道街小学（以下简称盐小）有着深厚的感情。面对处于低谷的盐小，陶校长做出了艰难却坚定的选择，她决定尽全力去改变盐小。正是因为她的这次选择，盐小实现了华丽的转变，犹如凤凰涅槃一般，再次散发万丈光芒。

创建于1919年的盐小，曾经也遭受过挫折。"文化大革命"时期的盐小的发展有限，再加上1978年的分校之痛，甚至有人说那时的盐小"连村小都不如"！

图1-1　川西成都第二师范附属小学操场

那时的盐小，校舍破旧，设备不齐全。操场全是泥土，晴天尘土飞扬，雨天泥泞不堪，操场上只剩下唯一一副篮球架，还是残缺不全的。（见图1-1）

图 1-2　川西成都第二师范附属小学盐小校舍

学校没有主席台,老校长要对着全体师生讲话时,竟然只能站在翻过来的箩筐上讲。有一次刘校长站在箩筐上面讲话,讲着讲着箩筐底就塌了,人也陷落了下去,场面十分尴尬。

当时学校仅有23名教职工,师资极度匮乏。这样艰苦的环境,让陶校长为学校揪心的同时也让他暗下决心:绝不甘于平庸,必须卓越不凡!

在1986年一个不起眼的日子里,当全校教师心中有了卓越不凡的目标后,陶校长带领他们秉承着务实与拼搏的态度,经过5年坚持不懈的努力,学校教学管理效果显著提升,盐小的教育文化底色从此更加鲜明。

陶校长深知,一个学校光有底色是不行的,还得有自己的特色。陶校长和学校的领导以及老师不断研究学校的改革方案,不辞辛劳地四处奔波,并请成都市的教育专家到学校指导。

图 1-3　"小学课内外结合整体优化教育实验"的课题研讨会议

1983年,学校在专家的指导下到四川省科委立项,开展了"小学课内外结合整体优化教育实验"的课题研究(如图1-3所示),经过3年的努力,实验课题在锦江宾馆大礼堂成功结题。该课题不仅得到了行业的充分肯定，还在教育界引起了强烈的反响。1994年，该课题获得四川省科学技术成果进步奖，同年获得了成都市教育学会教学科研一等奖。

陶校长把专家们请进学校指导的同时，注重学校特色课程建设，把艺术教育搞得轰轰烈烈、百花齐放。

图1-4 孩子春游活动集体留念

陶校长深知，课程需要老师来支撑。她一直关注老师的成长与发展，她一直鼓励、支持老师参加各类培训，并开展了"师带徒"活动，让资历深的老师的教学能力得到发挥，让资历浅的老师获得进步。经过多年的努力，学校的善创教育初具成果：老师善于创新教学，学生善于创新思维，整个学校前景一片明朗。由此，学校的个性鲜明、特色凸显，得到了教育部门和社会的广泛认可。

仰望星空，脚踏实地——盐道人　曾凤鸣

"我是1964年来盐道街小学工作的，直到2000年退休，可以说，我一辈子都在干教育，我把对盐小的感情深深地埋在心里。"曾凤鸣校长回忆说，"我热爱教育事业，更爱自己的学生。"

曾校长说："为了让孩子全面发展、健康成长，家长对学校教育满意才会信任学校。只要用心付出，就有回馈。"为了让每一个盐娃像星星一样闪耀，为了让每一个生命绽放光芒，她躬耕于盐小的沃土之上，认真上好每堂课，获得全国优秀教师的称号，省、市教育科研成果二等奖等多项殊荣。

图1-5 孩子丰富的班会活动

20世纪80年代，由于教育教学工作成绩突出，曾凤鸣走上了副校长的岗位。在学校管理中，她深深体会到，爱孩子的同时也要爱教师，把为孩子创造成长条件转变成为教师成长创造条件。科研必是强校之基，必须根据自身情况加强科研。曾校长回忆说："由于盐小在'文化大革命'期间遭到了破坏，要恢复教师专业化成长的道路困难重重。"

图1-6 学校鼓号队迎接来宾到校开展活动 　　图1-7 教师集体科研研讨会议

学校通过全校师生一起搞教学科研的方式（见图1-7），让老师边教边学，及时充电，学校教学水平得到了明显提高，盐道街小学最终成为成都市家喻户晓的好学校。

图1-8 参与成都市中小学钱币研究成果展览获奖留念

当年四川省科委主管的"课内外结合，整体优化教学实验研究"项目，由

曾校长牵头实施，这是信任，也是担当。三年科研路，一行盐道人，坚守实践，勇当先锋。

功夫不负有心人。项目结题后，盐道街小学不仅出版了专业书籍《课内外结合，整体优化教学实验研究》，获得了四川省、成都市教育科研成果奖，还涌现出一批优秀的中青年教师，成为学校各学科的骨干带头人，提高了教师的整体素质。

一生为盐，无言传承——盐道人　罗苹

20世纪70年代，一位小学生漫步在林荫道上，十多年后，从师范院校毕业的她不忘母校之恩，重新回到盐小，但身份却发生了变化。她从盐小的学生，变成了盐小的老师——罗苹老师，一位对盐道街小学有着极其深厚情感的"盐道人"。

小学的温暖时光，至今仍深刻在罗老师的脑海。她说："我还在盐小读书的时候每天都过得很充实而幸福，这里承载着我太多的回忆。"罗老师还说盐小的教育让她受益一生，丰富多彩的课内外活动让自己的童年生活深刻难忘，不论是孩童时代，还是步入社会，小学时期形成的喜欢钻研、勇于探索的品质一直都在影响着她。现在，罗苹老师也以这样的精神影响着她的每一届、每一个学生。

天府之国，锦江之边，一所古老而年轻的学校，一群朴实无华的人，一连串响亮的称号：全国现代教育技术示范学校、全国绿色学校表彰学校、四川省文明单位、四川省教师职业技能示范学校、四川省百所艺术教育特色学校、四川省现代教育技术示范校、四川省实验教学示范校、成都市首批义务教育示范学校。这所学校就是成都市盐道街小学，这群人就是盐小人，这些称号就是盐道街小学成长的标记。

1919年到2020年，学校从小到大，由弱渐强，历经一个世纪的春华秋实，风雨艰辛；学校办学规模不断扩大，教学质量稳步提升，成为成都市基础教育的一朵金花。百年耕耘，桃李芬芳，盐小人以艰苦奋斗、自强不息的顽强精神成就了今天的辉煌，以沉着进取的精神和包容开放的姿态铸就了百年之魂——"厚德如盐，适融入道"。

"厚德如盐，适融入道"是一种文化，更是一种精神，它是百年盐小的灵魂所在，它是盐小人前进的动力，它是盐小老师品质的真实写照。盐，质朴无华，外表平凡，却能调和百味，于无形之间育人千年，将滋养和适融之道体现得淋漓尽致，道者如水，无色无味无形而涵养万物。"厚德之盐"，敦厚从容，无声无息，牺牲自我，点燃生命；"适融之道"，融于天地，通达无形，广学厚德，育慧无痕。这一切正如百年盐小，秉持着"质朴如盐，大器天下；奉献如盐，真爱育人；灵动如盐，心智成事；坚贞如盐，不懈奋进"的办学特质，学校面貌像盐一样保持本味，不断追求教育的本真；像盐一样润育深沉，不断追求教育的深度；像盐一样融化无形，不断追求教育的艺术。教师品貌像盐一样晶莹高洁，有追求品质教育的使命与情怀；像盐一样甘于奉献，有践行教书育人的爱心与责任；像盐一样调和万物，有探索教育改革的智慧与担当。学生风貌像盐一样有情操，做奉献社会、大爱天下的有德之才；像盐一样有灵性，做善于学习、聪慧灵动的有智之才；像盐一样有追求，做适应未来、学会生存的有用之才。

一、回顾历史——课程的灵魂在文化传统中生根

回顾盐小的办校经历和治学历程，我们能更加深切地感受"厚德如盐，适融入道"。

成都市盐道街小学地处市中心、毗邻锦江，所在的街道为古时锦江码头运盐入市之要道，亦为明清四川盐道府衙官居之所。盐道街小学创办于1919年，正值清末民初，新学之风盛行。20世纪初，成都陆续开办两所师范学校，一为省立成都第一师范学校，因其校皆为女生，故也称"女师"，其附属小学为一师附小，或曰女师附小，即现成师附小；另为省立成都第二师范学校，因其校皆为男生，故也称"男师"，其附属小学为二师附小，或曰男师附小，即现盐道街小学。

盐道街小学创办于1919年，也许是受到"五四"精神的感召，盐小人形成了厚德进取的精神和包容开放的姿态，这后来也与"盐道"的价值追求不谋而合。

盐小人如此诠释自家的"盐道"：

盐者，质朴无华，外表平凡，却调和百味，于无形之间滋养人间千年，可谓之"厚德"。道者，上善若水，善利万物，却无声无息，于变通之中适应天地规律，可谓之"适融"。

——刘家明解读"盐"文化

盐者，质朴无华，外表平凡，却调和百味，于无形之间滋养人间千年，可谓之"厚德"。道者，上善若水，善利万物，却无声无息，于变通之中适应天地规律，可谓之"适融"。"厚德如盐"，敦厚从容，无声无息，牺牲自我，滋

润生命，此可谓教育者之品性；"适融入道"，融于天地，通达无形，广学厚德，育慧无痕，此可谓教育者之技艺。

著名作家沙汀笔下早期的盐道街小学校园环境优雅、令人无限向往："1919年，鉴于校园狭小，在盐道街的高等师范学堂搬到皇城坝后，省立成都师范学校迁到了这里。迎面而来的校门高高的。拱形的门楣上有醒目的校牌，两旁有雄踞的石狮。进门是长长的林荫道，间杂地长着枝叶扶疏的冬青、泡桐、丹桂、翠竹。路的一侧是附属小学，另一侧就是师范本部。这里有一排排整齐的教室，一座座庭院式的宿舍。往北有宽敞的实验室、自修室。东北角有开阔的足球场。在实验室、自修室附近有碧澄的池塘，小巧的石桥，雅致的亭阁。宿舍的庭院中有一眼眼古井，一片片草地。实验室是较新式的砖木结构建筑，其他教室、宿舍均系泥墙瓦屋。"①

盐小的校歌让所有毕业离去的学子记忆犹新："我们的学校是绿色的摇篮，大树和小树与我们来做伴……"

当我们沉浸于盐小民国初年和今天的优美校园环境之时，可曾想到她在军阀混战时的萧条、抗日战争时的破败、新中国成立初期的艰难？

陈光瑜老校长回想起20世纪50年代那段日子，依然禁不住泪光闪烁，思绪飘远。

破败不堪的校舍、尘土飞扬的操场、陈旧简陋的设施，没有让27岁的陈校长悲观泄气、怨天尤人。她满怀热情，带着教职工，带着家人，带着学生，如火如荼地展开校园改造工作。这片土地上渐渐有了成荫绿树，有了光影斑驳，有了器械器材，更有了一群又一群在绿树白墙下成长的孩子们。"还似旧时游上苑"，沙汀先生笔下的优美校园回来了。

1964年，"二师附小"与盐道街中学合并为十年一贯制直属学校。1978年盐道街小学独立出来。在盐小的数次变迁中，反而最值得盐小人珍惜的特色土壤是"盐道"二字。

天下不可无盐，食盐之道昭示教育之道，吃盐之道蕴含育人之道，从食盐之道悟育人之道，从育人之道聚文化精神。将盐小传统文化根植于"盐道"精神，既与"盐小"名副其实，又能突出学校的特色与灵魂——"盐道"。"盐道"精神才是盐小传统文化的根，才是"盐小"课程独一无二的魂。

---

① 邓仪中. 中国现代作家书评——沙汀评传［M］. 重庆：重庆出版社，1993：35.

二、一脉相承——推开整合育人的实践之门

1978年党的十一届三中全会确立了"解放思想，实事求是"的思想路线，开启了改革开放历史新时期。1977年恢复高考标志着学校教育回归正轨，教育也开启了改革之路。

20世纪80年代，陶宏知、曾凤鸣出任校长、副校长，一慈一严、一博一精，一对"黄金搭档"，在"解放思想，实事求是"的新思想新举措下共同开启了盐小近二十年的发展新航程。

图1-9　川西成都第二师范附属小学党支部成员（下排中为陈光渝校长）

当时，正值改革开放的春风吹遍神州大地。1978年《关于加强教师培训工作的意见》中首次提出"教师培训"，教师以及教师培训开始受到国家关注和重视。[①] 正是在国家政策的指导下，陶校长和曾校长用德感召着老师，用爱滋润着老师，用心带领着老师。退休特级老师林少洪老师常常感慨："那时候，五朵金花里只有我们的陶校长、曾校长没有去评特级教师，他们把精力花在培养教师身上，把名额无私地让给我们这些一线教师。"正是这种无私的绿叶情怀，奠定了素质全面、师德高尚、教艺精湛、锐意创新的盐小教师团队的基石。

基于学校办学理念的课程创新并非随意之举，它是对过去课程实践经验的传承与超越，是新的课程改革的逻辑起点。如何在今天的课程中培养着明天的人，这是摆在盐小每位教育工作者面前的问题。推开有灵魂的、整合育人课程实践之门，让办学的"金钥匙"一代代传承下去。

课程核心团队通过走访在盐小工作时间较长的老教师，惊喜地挖掘到，在

---

① 王光明，廖晶. 改革开放40年来我国中小学教师政策的发展历程及特点分析［J］. 课程·教材·教法，2018（11）：4-10.

百年文化的深厚底蕴下学校留下了很多精彩的办学故事。这些故事诉说着使命的传承，包含着传承中的超越，正是这一次次的传承与超越铸就了学校独特的品牌个性。

自 20 世纪 80 年代起，盐道街小学一直在探索和追求全面育人模式。我们将成都市盐道街小学全面育人模式划分为四个阶段。

第一阶段，1986—1999 年，活动育人：以活动求整合。

1986 年，成都市盐道街小学进行了"课内外结合，整体优化教育"实验，以课内外活动的整合改革课程结构，调整学校教育的功能，通过优化其系统的各个方面，以实现小学教育的整体优化，同时将构建的全面发展素质教育模式转化为可操作的实践模式——"六优化系统工程"，并运用于教育实际，以验证其科学性、可行性和实效性。

第二阶段，2000—2006 年，主题统整：以主题求整合。

2000 年，盐道街小学进行了对课程建设的新一轮探索。

2001 年 6 月 7 日，教育部颁发了《基础教育课程改革纲要》，拉开了 2001 年基础教育新课程改革的帷幕。本次课程改革提出了"为了中华民族伟大复兴，为了每位学生发展"的改革理念，确立了知识与技能、过程与方法、情感态度与价值观的"三维"课程目标，大力提倡自主、合作、探究的教学与学习方式。面对课改新理念，盐小人面临着如何持续创新发展的挑战。改变课程结构、践行探究性学习成了当时盐小人的共识。

但盐小在实施探究性学习的过程中发现，传统的学科教学没有为探究性学习提供教学内容、学习环境、指导人员、结果认定以及操作方法的必要支持，盐小必须对探究性学习与旧有教育教学现状的矛盾进行积极有效的处理，才能保证和促进探究性学习活动顺利开展。盐小人在实践中找到了突破口——以主题求整合。

第三阶段：2007—2014 年，实践育人：以实践求整合。

20 世纪正处于一个不断发展变化的时代，技术的更新、知识的裂变、全球化进程的加速、大数据时代的到来，势必全面影响我们的思维模式、学习方式、教学方式、交往方式的变革。面对不断变化的世界和未来社会的需求，盐道街小学应该如何建构适应未来发展的盐道课程？

要把盐小学子带向未来，需要全新的盐道课程来引领。盐小的课程理念和办学理念"厚德如盐，适融入道"是合二为一的，提出了"立道厚德，有盐有味"的培养目标，盐小课程中心的老师们开展了多次讨论，最终形成了以共通性课程、拓展性课程、综合性课程的盐小"盐道"课程 3.0——以实践求整合。

第四阶段：2015年至今，项目化：以项目求整合。

从2014年中国学生核心素养正式提出到习近平总书记关于人的全面发展思想和德智体美劳全面发展思想的论述，都要求当前课程与教学改革以"大融合"促进"大发展"。如何培养全面发展的人成为盐小必须回答的问题；同时，如何突破课程建设的瓶颈，将整合的理念进一步落地，也促使盐小人不断对实践性学习方式进行更深入与聚焦的研究。此间，学校开始了STEAM教育、跨学科教学，后来又慢慢接触项目式学习，如今形成了以"项目求整合"的二育融合创生课程、三育融合创生课程、四育融合创生课程、"五育"融合创生课程以及由其组成的课程体系。

第二章　活动育人：
以活动求整合（1986—1999 年）

【故事导入】

　　学校进行的"课内外结合，整体优化教育"实验，是为了研究作为基础教育的小学教育，是如何主动适应我国社会主义现代化建设和改革开放的需要的问题，有效地克服小学教育当前存在的弊端，全面贯彻教育方针，以尝试建立一种全面发展的素质教育模式。这项实验把马克思主义关于人的全面发展理论和邓小平同志的教育要"三个面向"思想作为根本的指导思想。

　　根据四川省城市小学的现状，实验周期定为 6 年。为了便于组织力量，切实提高成效，学校采取高低两段"双线并行，重复验证"的实验方法分两轮进行。第一轮实验从 1989 年 9 月开始，高段是 1986 年入校的第二班，低段是 1989 年入学的全部四个班。实验课题研究的主要内容是：第一，优化课内教学，其目标是提高课堂教学质量和效率，减轻学生过重负担，同时为开展课外活动创造条件。第二，优化课外活动。根据儿童身心发展的特点和协调开发儿童大脑潜能的新观点，按照"玩耍→兴趣→技能→素质"的课外活动发展序列，确定琴、棋、书、画、歌、舞六项为课外基本项目，选择科技制作等十几个项目为选修项目。第三，课内外教育的优化组合。通过该实验，既优化课内教学，又优化课外活动并使二者优化组合，以实现小学教育结构的整体优化。第四，建设校园文化，优化育人环境。通过实验，创建和完善课外活动科学体系，并与课内教育有机结合，更新了学校教育环境。同时把文化建设和思想建设、有形教育和无形教育、校内教育力量与校外教育力量结合起来，形成整体优化的育人环境。

　　　　　　　　　　　——成都市盐道街小学"课内外结合，整体优化教育"

　　20 世纪 80 年代末，学校教育出现的主要问题表现为"五育"的片面化，即强调德育、智育、体育的基础性，却忽视美育和劳育，由此带来学生发展的片面化。同时，我国小学教育界掀起了"素质教育"和"整体改革实验"热潮。盐道街小学走在教育改革前沿，进行了为期十三年的"以活动求整合"的由"德、智、体、美、劳多元内容结构与课内、课外、校内、校外互相耦合"而构成的小学课内外结合整体优化培养模式。

开始于20世纪80年代末的那次教育改革，直接影响和奠定了盐道街小学在成都是基础教育领域的地位。如果说盐小能够成为成都市基础教育的五朵金花之一，"课内外结合，整体优化教育"实验起到了至关重要的作用。

——成都市盐道街小学校长罗晓航谈课程管理

一、整合什么

（一）课内课外整合

从课内走向课外，将课内学科知识学习与课外学科知识运用相结合，让学生先学后用，在学科学习中学知识、学方法，在课外活动中用知识、用方法。

（二）校内校外整合

从校内走向校外，将学校教育与校外服务相结合。以参与劳动实践活动为途径，拓宽课程活动场域，将校内教师与校外教师相结合，学校资源与校外资源相融合。

二、怎么整合

活动课程是进行课内与课外、校内与校外整合的最优途径。活动课程有课外活动和校外服务两种形式，以学生为中心有目的、有计划、有组织地进行整合。

（一）课外活动——先学后用，由一到多

课外活动既是课内知识的延伸与发展，又是学科课程的实践与拓展。以学生为中心，学生在学科课堂摄取知识，打下扎实的知识基础，培养自己的中心兴趣，在课外活动的知识运用和经验中培养广泛兴趣。

建立小学课外活动的科学体系，优化课外活动，是改革小学教育和完善小学教育体制的必然选择。这也是盐小整体改革实验的主要特点和实验的重点。学校的基本思路和主要做法如下。

1. 明确开展课外活动的指导思想

小学教育要完成使受教育者在德、智、体诸方面得到全面发展的育人目标，必须改革和完善小学教育体制，实施全面发展教育。建立小学课外活动科

学体系，实施全面发展教育，克服片面教育的弊端，把学生培养成身体健康、品德端正、性格活泼、热爱学习、积极向上、兴趣广泛、具有中心兴趣或一定特长、思想活跃、富于创造性的好苗子，就是我们大力开展课外活动的指导思想。

2. 采取合理的组织方式

课外活动与课内教学比较，具有以下特点：①参考活动的自愿性；②内容和形式的多样性；③学生爱好的个别差异性；④操作技能的突出性；⑤训练要求的层次性。

课外活动组织中坚持自愿与需要相结合，普及与提高相结合，校内教师与校外教师相组合三种原则。

（1）自愿与需要相结合原则

学生参加课外活动应取其自愿，这是组织课外活动应遵循的一条原则。但是，我们又必须认识到，课外活动是学校全面育人的重要组成部分，所以应把学生的自愿与发展的需要结合起来。据此，在实践过程中，学校对活动项目进行了筛选和分类，确定了六个基本项目和十几个选修项目，再组织活动，以满足学生个性发展的个别需要。

（2）普及与提高相结合原则

开展课外活动的目标，始终在于促进学生素质和个性的全面和谐发展。因此，课外活动的开展必须立足于面向全体学生，满足大多数学生的需要；同时也必须看到，从小学教育应为国家培养各级各类专门人才奠定素质基础出发，在普及的基础上，也应注意培养其中的"尖子生"。盐小的实践证明，普及与提高相结合是课外活动发展的一条规律。据此，学校进一步健全了课外活动班组的层次结构。多数项目设置了初级班和中级班，有些项目设置了高级班。学生可以选择适合自己学习程度的班组参加学习，而且还允许按个人发展的情况跳级或转班。这样，既可满足学生不同程度的需要，又可照顾学生不同发展的需要。

（3）校内教师与校外教师相组合原则

课外活动的内容决定了辅导教学必须突出操作技能的训练。要使得课外活动达到应有的层次，各项目的辅导教学必须由内行担任才能保证质量。只有保证了课外活动的质量，技能训练效果显著，才能吸引广大学生，才能赢得家长的信任和支持，才能使课外活动坚持与发展。从盐小当时开展的22个活动项目看，只有少部分项目可由本校教师担任辅导教学，多数项目只有借助校外力量支持。从实际出发，学校从文化馆、少年宫等单位聘请了既有专业特长，又热心儿童教育事业的35名人员担任辅导教学，并长期在学校兼职任教。这些同志长于专业，却不一定善于管理儿童。针对这种情况，盐小在由校外兼职教师任课的班，同时安排一名校内教师做班主任，负责学生的组织管理，并随班学习，向任课教师提供学生的情况和教学建议，协助辅导学生，争取在三至五年内在该项目由外行变成内行。

（二）校外服务——劳教结合

在建立小学课外活动课程科学体系的基础上，学校整合社区资源。在课外活动中，学生培养了广泛兴趣并获得了一定的劳育、美育相关技能。老师设计系列校外服务活动，把校内所学所得与校外服务相结合，带领学生走出校园，走进社区，在缝纫、烹饪等劳动活动中，以劳带动德、智、体、美的整体发展。通过劳教结合，给学生提供参与校外社会经济活动，了解不同类型的生产劳动和各种职业劳动生活的机会。同时，以课本内容与所学知识为基础，进行校外拓展调研，以学促劳，以劳助学，让学生走出校园，培养学生吃苦耐劳、勤奋努力的品质（见图2-1）。

图2-1　盐道街小学丰富的课外活动

在此期间，学校形成由文艺、科技、体育、学科、社会实践和其他六大类为主的22个项目、53个活动班组构成的较为合理的课外活动与校外服务科学体系。全校一千多名学生，人人都参加了活动班，有的还同时参加了两项以上的活动。学校规定低段学生半天课内学习，半天课外活动；中、高段学生除每天的常规文体活动外，每周保证两个半天参加课外活动班的活动和校外服务活动（见表2-1）。

表 2-1　成都市盐道街小学实验班级教学计划

科目	周课时	一	二	三	四	五	六	上课总时数	备注
课内教学	思想品德	1	1	1	1	1	1	204	
	语文	9	9	8	8	8	8	1700	
	数学自然常识	4	5	5	5	6	6	1054	
	自然常识	1	1	1	1	2	2	272	
	地理常识					2		68	
	历史常识						2	68	
	社会				2			68	
	体育	2	2	3	3	2	2	476	
	唱游	1	1					68	
	音乐	2	2	2	2	2	2	408	
	美术	2	2	2	2	1	1	340	
	劳动			1	1	1	1	136	
	课内教学总时数	22	23	23	25	25	25	4758	
课外活动	学科活动	2	2	2	2	2	2		
	科技活动	1	1	1	1	1	1		
	校会班队会	1	1	1	1	1	1		
	体育活动	2	2	2	2	2	2		
	文艺活动	2	2	3	2	2	2		
	课外活动总课时	8	8	9	8	8	8	1632	
每周在校活动总量		30	31	32	33	33	33		
集体教育活动机动时间		全期共两周							包括社会实验活动

三、为什么要这样整合

> 很难想象，当时我们都还是小学生，盐道街小学的领导和老师就开展了如此具有前瞻性的研究，这些研究成果到现在也不过时。
> ——成都市盐道街小学教导主任杨勇在课程研讨会上的讲话

盐小于 1986—1988 年改革和发展课外活动，引起了课内教学连锁反应。经大家反复讨论，特别是请专家指导后，盐道街小学认识到课内、课外教育必须同步改革，从而提炼出该实验课题。

在实验准备阶段，老师对课内外教育如何结合以形成优化的整体功能问题，特别是寻找二者的"结合点"问题，进行了长时期的讨论、研究。根据系统科学的联系原理，在一个系统之内，各部分之间必然存在着同一因素，否则便不能构成整体。只有发挥这种同一因素的作用，系统才可能产生超过各个部分力量加起来的整合功能，即产生整体功能超过各个部分力量加起来的功能，从而产生整体功能大于部分功能之和的效果。教育结构总是服从于教育目标，学生素质的全面和谐发展，既是我们实验的教育目标，又是小学教育系统内各个部分之间的同一因素。因此，学校认为，要确定课内教学和课外活动之间的结合点的话，那么这个结合点只能是学生素质的全面和谐发展，也就是说，优化课内外一切教育活动，都必须在实验的总体教育目标上统一。这体现在课内教学和课外活动之间，要确定其结合点的话，那么这个结合点只能是学生素质的全面和谐发展，也就是说，优化课内外教育活动，都必须在总体实验和教学目标上获得统一。这体现在课内教学和课外活动之间的六个"相互"上：①在知识和技能的学习掌握上互相补充；②在生理与心理、智力因素与非智力因素的发展上互相促进；③在知识技能发展与思想品德教育上相互渗透；④在学习习惯和优良个性品质培养上互相沟通；⑤在教学内容和教材组合上互相调配；⑥在管理组织上分别交叉互相联系。

（一）三育为基，美劳跟进

智育、体育和德育是20世纪80年代学校教育的重要组成部分，当时学校相对忽视美育和劳育的开展。加强美育和劳育主要在于：一方面，社会主义四化建设与改革开放提出了新的要求，国家教育培养综合素质全面发展的人才，同时1985年提出"素质教育"的教育方针政策以及学生的全面发展需要调整和优化"五育"教育结构，以德智体为基础，加强美育和劳育。另一方面，美育和劳育对德智体三育的发展有促进作用。美育用艺术帮助学生认识生活，促进他们的政治品质、道德面貌和思想感情健康的成长。同时劳育可以提升学生的观察能力、想象能力和创造能力，还能陶冶他们的情操，增强学习效果。

（二）"五育"并举，学有优长

当时老师通过调查，发现孩子们的思维不够开阔，没有一技之长，其原因是学生的生活经历少，综合素养培育不够。在"五育"并举中，除了坚持以德扬善、以智启真、以体强身、以美塑心、以劳立行的理念，学生还需要发展中心兴趣。学科课程学习与课外实践能够让学生手脑并用，综合运用所学的各科知识，在活动中获得直接经验，有助于发挥学生的主动性和创造性，使各自的兴趣、爱好与特长得到充分发展。

四、成果

在盐道课程1.0中，实践成果包括三大板块：学科拓展课程、劳动服务活动、科创教育。

（一）学科拓展课程

将语文、数学自然常识、自然常识、地理常识、历史常识、社会、体育、唱游、音乐、美术、劳动各学科知识进行重新编排与拓展，改革课堂教学。学校为教师提供各种版本、各具特色的实验教材，要求以部颁教材为基本教材，按照课内外结合整体优化教育实验的要求，结合学生实际，适当选用这些实验教材的内容，增加那些有利于调动学生学习积极性和培养能力的内容，删去一些比较陈旧的、重复的内容，将教材重新组合，形成实验班级的教材。

学科拓展依据学生的学习效果，结合核心素养的要求等方面进行拓展和应用，更多关注学生的知识获得与技能运用，它是一些源于教材、宽于教材、高于教学的学习材料，是课程发展的需要。

（二）劳动服务活动

劳动服务这个概念，有狭义和广义的理解。狭义的理解，认为劳动服务是一般的活劳动服务，即所谓各种各样的杂务劳动。广义的理解，则认为劳动服务不仅指一般的活劳动服务，也包括劳动手段和劳动对象的保障供给；既包括体力劳务的提供，也包括脑力劳务的提供。盐小将劳动服务进行创新，结合学科知识，在劳动服务中发展德、智、体、美，同时把劳动服务对象拓展至家庭与社会。盐小在课外活动和校外服务中多次走进社区开展活动，如开展做饭、清扫街道等活动。

（三）科创教育

科创教育指科技创新教育，即将科学技术及信息技术引入课堂教学，打造课堂新样态。20世纪80年代，盐小老师大胆尝试和探索，使出"大招"——用电化手段辅助自然教学，从此课堂增色不少，学生获益良多。在该阶段的课程研究中，老师以前瞻性的视角看到了电化教学的远景。精心的教学设计、精美的幻灯片极大地节约了教学时间，提高了教学质量，激发了学生的学习兴趣。自然学科团队开始用实验教学、电化教学展示大自然的奥秘。为了让优质的教育得到发展，教育局专门为学校配备了最新型的幻灯机，送来了录音设备，让老师们自己找材料、给录像配音，让孩子一起来参与，课堂更有趣了、课堂更活了。

第三章　主题统整：
以主题求整合（2000—2006年）

【故事导入】

学生日记："买文具"主题探究活动　小刘

2004年9月3日　星期五　晴

今天数学课上胡老师给我们布置了一个任务——去买文具。这可难不倒我们，买文具是我常常都在做的事情。不过胡老师提出了要求，让爸爸妈妈先带着我们去文具店里调查文具的价格，并记录在本子上，还要收集不同面额、不同版本的人民币。

今天一放学我便拉着妈妈奔向文具店，平时我只顾着挑选喜欢的文具，还没仔细了解过每样文具的价格。橡皮擦5角、英雄牌钢笔8元、作文本1元、三角板套装3.5元、24色水彩笔26元……我买了一支钢笔，给了老板10元，他给我找零2元。这2元，我和妈妈买了冰激凌！

2004年9月6日　星期一　小雨

今天的数学课特别有意思。在课堂上胡老师让我们汇报了调查文具价格的情况，我们在小组内讨论了周末各自买文具的过程。

课堂上我们还拿出了收集的不同面额的人民币，大家都分享了自己辨别人民币的方法，有的同学从颜色进行辨别，有的同学从图案进行辨别，还有的同学从数字进行辨别。我们还发现，原来一样面额的纸币和硬币有不同的版本和发行年份，我带的5毛的硬币就和我同桌的不一样！

2004年9月7日　星期二　阴

哈哈，我终于当了一次老板！胡老师今天让我们给自己的文具标价，每个小组在班上开起了文具店。我把我的12色水彩笔卖出去了，还买了新的18色水彩笔！

20世纪80年代的一段课程之旅，为盐小提供了大量可借鉴的经验，让盐小的老师们获得了整体思考和设计的灵感。"整合""优化""选择"等主题词频频跃入课程设计者的脑海，影响着盐小新一轮的谋划。

20世纪初，"促进人民素质的提高"成为学校教育改革的目标，同时"探究性学习"成为当时教育关注的热点。基于对盐小孩子探究能力发展现状的调查和已有的关于"课内外结合"的研究成果，我们意识到要想提高学生的综合素养，促进他们的全面发展，必须从课内走向课外，从学校走向社会，达到课内外结合、校内外结合的目的。同时，必须进一步深化"活动育人"，走向更深层次的整合。于是，我们开始以"大主题"来整合学习资源，同时，把探究性学习作为实施路径。由此，学校开展了为期六年的以"课题式大主题"和"学科衍生的大主题"为整合路径的全面培养模式的探究与实践。

一、整合什么

主题式学习是指学生围绕一个或多个经过结构化的主题进行学习的一种学习方式。在这种学习方式中，"主题"成为学习的核心，探究成为学习的基调，而围绕该主题的结构化内容成了学习的主要对象，在教师的指导下培养学生的核心素养成了学习的最终目的。因此，主题式学习是围绕真实世界中的真实问题而构建的学习方式，在主题式学习过程中，学生需要与他人合作交流，建构自己的观点。

（一）学科与学科的整合

学科融合是在承认学科差异的基础上，打破学科边界，促进学科间相互渗透、交叉的活动。它以"培养全面发展的人"为核心目标，贴近学生综合素质发展的需求。

主题探究性学习使得学习资源多样化与课程资源单一性之间存在的矛盾扩大，盐小提出"作为一种学习方式，探究性学习必须渗透于学生的所有学科学习当中。学生可以在老师指导下对学习内容进行选择、整合与创新"。主题探究性学习是围绕问题开展的学习，解决问题的方法和问题的答案不一定只固定在一个学科之内，也不一定只局限在一种课程形式之中，这就要求实现学科知识的整合、课程内容的整合。

（二）学校与社会的整合

人民教育家陶行知先生认为"学校是小社会，社会是大学校"，主张"生活即教育，社会即学校"，这正是学校教育与社会教育整合的结果。随着社会的发展，学校不再只是社会中的一座与社会生活毫无关系的"象牙塔"，而是越来越广泛地与社会产生着各种各样的内在联系。

课程的实施，离不开课程资源的支撑。在课程教学上，谁掌握了资源，谁就掌握了教学的主动性。教师要形成新的认识，不仅课程标准、教材教参是课程资源，家庭、社会、环境等都可以是课程资源。在学校与社会的学习实践中，以学生的研究与发现为主，强调学生主体性。每一次探究活动，教师都要考虑是否需要家长和社区人员的帮助与指导，并由专人负责组建家长、社区指导群。例如，课题组教师利用家长资源带领学生参观某市环卫局，请科研院所研究人员（学生家长）到校开办讲座，请野生动物保护协会人员（学生家长）给学生讲解藏羚羊的保护相关问题。

二、怎么整合

学科与学科、学科与社会的整合学习主题主要有两大来源：课题式的大主题、学科衍生的大主题。在主题化的学习中以"研究"与"发现"为主要学习方式，学习成果主要为理性研究成果。

（一）课题式的大主题和学科衍生的大主题

主题式学习的主题可以是各色各样的，由于教学环境与条件的限制，选择源于教材的课题作为主题是主题式学习选题的主要途径之一。学科课程内容的主题包括单元主题、小课题等。

选自教材的一些主题，在设计探究活动时，探究内容涉及的生物材料或生物与环境状况等难以适应地区、学校的差异；所提供的资料和创设的情景，大多是用文字、图片和数据来表示，它不够生动、具体，这需要教师去弥补。

教师应结合具体的教学内容、学生的特点和教师的自身教学素养，采用多种多样的教学策略和方法，以期达到课程目标中的要求。一切有助于调动学生学习的自主性，让学生能生动活泼地进行学习的教学策略和方法都应该提倡。因此，学科衍生出主题成为主题式学习选题的另一途径。学科衍生的主题式学习起于一育，覆盖多育。盐小采用了如下具体做法。

1. 开发基于学科课程内容的探究性学习主题活动

我们提出"作为一种学习方式，探究性学习必须渗透于学生的所有学科学习当中。学生可以在老师指导下对学习内容进行选择、整合与创新"。

（1）内容的选择

课题组教师不仅挑选了大量具有探究价值的课程内容，还鼓励学生进行自主选择。例如教授"太阳"一课时，开发以"认识太阳"为主题的探究活动。

（2）内容的整合

探究性学习是围绕问题开展的学习，解决问题的方法不一定只固定在一个学科之内，也不一定只局限在一种课程形式之中，这就要求实现学科知识的整合、课程内容的整合。

漂亮的数学小报　小郑

带着与年月日相关的一系列疑问，同学们展开了关于"年月日"的探究活动，随着探究的深入，同学们掌握了许多数学课本外的知识。有的了解了历史故事想给大家说故事，有的寻找了自然科学知识想向大家介绍，基于以上原因同学们自发选择了用办小报的方法向同学们汇报自己的探究收获。

一节数学课引发了同学们浓厚的探究兴趣，生发的探究主题活动内容涉及十分广泛，实现了各个门类的知识、技能、教材内容的有机整合。

（3）内容的创新

内容的创新是指探究的主题由师生自主提出，内容具有独立性。它包括在学科课程（教科书）与生活知识的结合上进行创新和在书本中的知识与师生在课程实施中创生的新知识的结合中创新。例如结合世界水日开展"节约用水"主题探究活动；结合学生在学习《不向命运低头》时所生发出的对其他奋斗者的认识，开展"不向命运低头——走近＿＿＿＿＿＿＿"的主题探究活动。

2. 开发基于学校已有校本课程的探究性学习主题活动

另外，我们还对已有的校本课程进行了开发，对学校近年来的主题活动进行了筛选，形成了一类带有综合实践活动性质的主题探究活动。活动包括：社会教育主题探究活动、科技教育主题探究活动、文学艺术教育主题探究活动、体育卫生主题探究活动、绿色教育主题探究活动、消费教育主题探究活动等板块。

例如，消费教育主题活动：

低段：妈妈教我买

我会管理压岁钱

中段：生日理财

秋游消费计划

高段：今天我当家

合理使用零用钱

（二）主题探究学习的操作措施

操作措施一：形成主题探究活动的基本操作程序

学生活动： 生成问题 → 探究体验 → 交流发表 → 拓展延伸

教师活动： 创设情景 → 　　　指导帮助 →　　　引导促进

学生在教师创设的问题情景中，自主提出问题，经师生归纳整理，确定探究主题；学生在教师的指导帮助下，探究问题，自由表达，通过个人、小组、集体等多种形式的活动，用所学知识解决问题。教师引导学生学会把课内知识向课外延伸，继续进行探究性学习。

1. 如何创设情境促进学生生成问题

首先，应该创设适合学生探究的民主、和谐的学习氛围。其次，教师要善于预设探究性学习的问题。最后，要与学生一起梳理问题，梳理问题的方法包括：

- 判断问题价值
- 引导学生对问题进行归纳
- 调整解决问题的步骤（程序）
- 鼓励求异思维
- 将生成问题抛给学生
- 将课堂生成问题引向课外

2. 如何指导帮助学生进行探究体验

（1）教育者在探究过程中的个体指导

例如，指导学生进行简单的实验、记录与统计数据等，以便学生比较顺利地进入研究过程。老师首先要教会学生查阅资料，接下来再指导学生进行访问、实验或调查等。

（2）教育者如何进行团队指导

通过探究性学习活动，初步养成学生共享与合作的个性品质。教育者通过任务分工，用各施所长和组长轮换、机会均等的方法来培养探究性团队。

3. 如何组织交流发表

小学生的最终探究成果主要是口头材料、实物、图画、音像制品或简单的书面材料等。我们坚持成果的交流方式多样化，比如通过辩论、研讨、办展览、办墙报、发刊物、做网页等方式来交流，这在一定程度上促使学生有始有终地完成探究性学习主题活动的任务，以达到预期目标。

4. 如何引导学生拓展延伸

探究性学习中的拓展延伸是指围绕研究获得的基本结论做纵向延伸性或横向扩展性的研究。教师在这方面加以引导，可以促使学生养成乐于探究的好习惯。

操作措施二：形成了具有学科特点的探究性学习的操作变式。

在研究过程中，形成了各学科探究性学习主题活动操作程序的变式。

数学学科的主题活动：寻—议—思—用；

语文学科的主题活动：自主阅读、提出问题—讨论交流、合作学习—汇报成果、深入探究—课外延伸—分享快乐；

自然学科的主题活动：发现—假设—验证—交流—提高；

体育学科的主题活动：确立适宜目标—历经探究过程—合理分组、人人参与；

英语学科的主题活动：自定目标—查找资料—交流运用；

美术学科的主题活动：思考—查找—实践—欣赏。

三、为什么要这样整合

（一）面向未来，适应社会需要

多年来，传统的教育习惯于沿袭固定的模式：教师习惯忠实于教材，扮演传授知识的权威角色。由于过去的教材内容难度大，往往将一些本该由学生自己动手完成的工作交由教师来承担，这导致学生随着年龄的增长，越来越习惯于思维定式，习惯于为了考试而学，习惯于依葫芦画瓢，学生不能开拓思维，进行创新设计，他们的智慧火花正逐渐熄灭。

随着社会的高速发展，国家对创新型人才及复合型人才的需要正在日益增长。学生的学习和认知活动，越来越需要在多学科知识深度融合的综合性活动中进行。要实现学生的德智体美劳全面发展，从学校的传统课堂中获取的知识是远远不够的，因为传统分科教学无法达到社会对人才培养的需要，传统的课堂教学下的学生是脱离生活实际的。"五育"的深度融合需要打破学科壁垒，整合学科与学科，让各学科知识之间不只是相互串联、综合运用；整合学科与社会，让知识不再脱离生活实际。

（二）主题探究与教育教学相辅相成

开展探究性教学成为新课程的首选教学方式。这种以问题为牵引，以开放为特征的学习方式正以醍醐灌顶之势走进学生的学习生活，走进教师的教学生活。探究性学习内容广泛，但探究性学习资源的多样性必然与刚性的学习内容产生矛盾；探究性学习时空开放，与现行封闭的学习时空存在矛盾；探究性学习需要更多指导力量，与传统教学指导者单一之间必然存在矛盾；探究性学习成果丰富，与传统单一的终结性结果认定的学习结果存在着矛盾。

四、成果

本阶段实践成果概括为社会关心、人文理解、自然探究、长课制四大模块。

（一）社会关心

通过实践可知，主题式学习实现了学科与学科、学科与社会的整合，形成了教学模式，有效培养了学生的社会关怀意识，让学生懂得社会发展与我们的生活息息相关，学会关心社会时事，提高学生对社会的关注度。

（二）人文理解

在基于主题式学习的学科融合课堂中，教师和学生的角色都与传统课堂不同。

从"完成任务"转变为"体验成长"，学生的学习过程与评价体验都有了质的飞跃，经历过这样的学习过程，学生总有深刻感触，他们发现探究不是查查资料而已，而是对自己多方面能力的锻炼。在此过程中，学生既能感受到学习的快乐，又增长了见识。多数学生在一个主题探究学习过程后表示希望多开展这样的活动。

（三）自然探究

科学主题的探究学习课程基于科学学科的核心素养确立学习内容，通过学习培养学生的科学实践能力、科学探究能力等核心素养。课堂上，教师的积极引导和学生的互助合作，有助于培养学生的问题意识、思辨能力，使学生由被动学习变为主动学习。教师通过问题链促进学生思维结构生成，在任务的完成过程中建构新的概念，获取新的知识。最终落脚点三合一：地理、生物、物理学科的自然探究观念，指向了立德树人的培养目标。

（四）长课制

主题探究学习是一种不断探索的学习方式，学习过程连续并不断深入，因此要求的学习时间与传统课堂制度不同。在此阶段的主题式学习研究与实践中，盐小不断制定并改进了一种新的教学制度——长课制。关于探究性学习环境的开放性与封闭学习之间的矛盾，我们采用长课制和学习空间多样化来化解这一矛盾：

长课制是指放大课时量，允许教师有效利用朝会、午会、综合实践课、托管班、革新班队会，甚至连堂上课等形式开展主题探究活动，这就打破了四十分钟的刚性限制。长课制的时间相对较长，可以根据主题探究学习的需求，基于一小时调整课堂时间长短，并以固定形式安排在学生每周课程中。

学习空间多样化是指根据探究性学习的需要，选择适合的地点开展学习活动。在学习空间上我们也做到了"课内外结合"，学生的学习活动可以在校内，如教室、实验室、图书室、微机室、校园等；也可以在校外，如家庭、社区、图书馆、公园、厂矿等。

在探究中，我们力求实现学生探究性学习的时间开放、空间开放，坚持探究性学习开放性的原则。

第四章　实践育人：
以实践求整合（2007—2014年）

【故事导入】

课程与对话

"为了孩子的未来，你对校本课程有什么期望？"

进入21世纪第二个十年的今天，大多数的家长已经是成长于信息时代的"70后""80后"。这些家长对学校课程有着怎样的期待呢？盐道街小学的教育工作者们首先从自己出发，试图站在家长的角度来审视今天的课程建设。

"假如你的孩子进入小学，你对学校有什么期望？"

这样一个问题常常成为学校管理者和教师谈话时的必谈内容。如果你是学生，怎样学更有效？如果你是家长，你到学校来参观最关心什么？这些问题经常萦绕在盐小教师的脑海当中。

校长罗晓航常常以这样的问题询问盐道课程编制组的老师。不少老师说："假如我的孩子走进盐小，我希望他能够根据自己的兴趣爱好选择课程。"有的老师说："我希望孩子能够参与到大量的活动中来。"还有的老师说："我想提前知道孩子六年都学些什么。"

课程组的老师们齐聚一堂，讨论润育课程编写前的准备工作。

教师A："什么是润育课程？是不是就是课本上没有的内容呢？"

教师B："其实很多都可以算作是润育课程啊！只要是能够促进学生全面发展，又需要我们补充教授的内容都可以算是润育课程的一部分嘛。"

教师C："那热爱大自然可以算是一个不错的选题。"

教师D："对！虽然课本上列举了相关的一些内容，可是缺乏对如何热爱大自然、如何与自然和谐共处的内容。"

教师E："学会与人相处也需要纳入我们的课程。现在的学生都不懂得如何尊重彼此、与同学和平相处。"

教师A："其实就是人在社会上如何自处和如何与他人相处的相关问题。

这个与社会意识和公民意识有关呢！"

教师 B："我还想到一点。我们还可以在课程中加入一些国际化的元素，让学生多了解一些其他国家的习俗，开阔学生的眼界。"

就这样，老师们在得到了启发之后思维活跃、各抒己见，想到了很多不错的点子。可是，课程的编写必须要有严密的逻辑、清晰的思维和系统的文字。所以，如何抓住老师们的灵感，将这些灵光记录并分类归纳，为以后课程的编写打下基础是现在迫切需要的。于是，盐小人开始了另一轮的纠结。

教师 A："我们说到的热爱大自然、与自然和谐共处其实可以用一个节目的名称来说，可以叫'人与自然'。"

教师 B："太好了！这样的话，凡是关于这个话题的课程内容都可以放到这个单元里面来。"

教师 C："那何不干脆把刚才讨论到的内容都按照这样的板块来定义呢？这样的话，我们就可以更加清晰地了解案例可以归为哪一块内容了。"

教师 D："对。我们可以有更多的版块：人与自然、人与社会、人与科学……"

就这样，老师们开始整理自己的思路，将涌动的想法以更加具有框架结构的形式加以记录和调整，最终形成了内容完整、结构清晰的课程体系。

追忆其中的酸甜苦辣，从中感受盐小教育人的努力和认真，他们每一步怎么行走，每一个成果如何取得都证明了盐小对品质教育的不懈追求。

从"八五"期间的课内外结合整体优化到"九五"期间的三力教育实验，从"十五"期间的探究性学习探索到"十一五"的校本研修网络建设、"十二五"的品质课堂实践，在这二十余年中，盐小聚焦"整合"，在课程与教学领域积累了丰富的研究成果和经验值。为了进一步拓展整合育人价值，学校从2007年起开始酝酿课程体系的搭建，依据全面发展理论和素质教育的精神，依托办学理念的革新、校园文化的深化和全校教师的倾情投入，历时三年初步构建起了囊括学校教育教学全部工作的盐小"盐道"课程1.0版本。七年转瞬，盐小教育工作者不断探索校本课程的深入整合，挖掘"五育"整合的新抓手，最终形成"以实践求整合"的广域实践课程体系，此间，盐道润育课程经历了1.0版本到3.0版本的迭代，不断走向整合，走向以德促全面发展。

一、整合什么

(一) 学科与学科

此阶段,盐小将国家课程整合为四大基本课程领域,即,将语文、英语整合为语言与理解学习领域,将品德与生活(道德与法治)、生命·生活·安全、体育整合为品行与健康学习领域,将数学、信息技术、科学整合为数学与科学学习领域,将音乐、美术、书法整合为艺术与审美学习领域(见图4-1)。

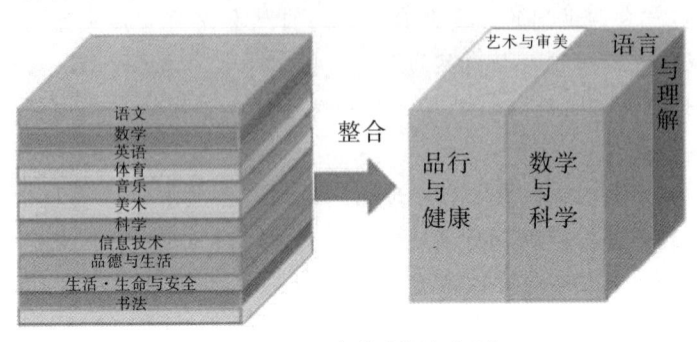

图4-1 四大基本课程领域

(二) 领域与领域

接着,盐小进行范围更宽、程度更深的整合,即从领域内与领域外两个维度将四大课程领域整合为领域内综合课程与跨领域综合课程。其中,领域内综合课程是指在每一个具体的课程领域中都融入"德育"的元素,以体现德育为先、立德树魂的整合理念(见图4-2);跨领域综合课程也同样融入"德育",围绕"德育"将四个课程领域进行整体融合(见图4-3)。

图4-2 领域内综合课程　　**图4-3 跨领域综合课程**

（三）学校与社会

学校与社会的整合是将学校的领域课程与校外的社会实践相结合，从而形成整合度更高的广域实践课程。该整合课程打破学校的高墙，使学校真正与社会结合，不仅仅是学校课程"走出去"和校外课程"走进来"，而是打破学校与社会的界限，将两者融合，做到"学校即社会""社会即学校"。

二、怎么整合

（一）寻找整合器

做整合课程最关键之处就是找到课程的整合器。盐小课程之所以从1.0版本到3.0版本无不体现出"整合""均衡""多维"的特点，是因为学校在课程体系的搭建中一直坚持思考"以什么作为课程整合器，才能更好地统整国家课程、地方课程与校本课程"这一核心问题。

一方面，我们在经历了"以活动求整合""以主题求整合"之后，不断探索"活动""主题"带来的学生学习方式的实质性变化与革命性变化到底是什么，最终我们找到了答案——"实践"。不管是活动统整下的课程与学习，还是主题统整下的课程与学习，都倡导学生在实践中去获得知识，提高技能，塑造情感、态度与价值观。"实践"是一种最具代表性的整合性学习方式！基于以上思考与认识，以"实践"为课程整合器，在课程的迭代更新中，将学科课程整合为四大课程领域，再将课程领域整合为广域实践课程，不断推动课程整合走向纵深。

另一方面，我们在"五育"培养的过程中发现，学生在德智体美劳五个基本面的发展上彼此分离而没有达到整体协调，由此，我们尝试在广域实践课程中融入"德"，以期达到"立德树人"的效果。我们开始以德育为核心，以德育来整合其他四育，不断完善课程的整合与课程体系的搭建。

（二）做好顶层设计

1. 定位中的未来元素

盐道课程3.0进行了再次定位，以学生全面发展为目标取向，更加强调学生多样化的差异性、综合发展、个性发展；以社会发展为价值取向，强调课程主动适应社会发展的价值取向；以学校发展为操作取向，更加强调学校现实和前瞻发展相融合的课程动态发展；以国家课程为主体，强化国家课程的主体地位，确保国家课程占到课程总量的80%以上。

2. "课程目标"目标中的未来元素

盐道课程在"厚德如盐,适融入道"办学理念引领下,分别提炼了"立道厚德,有盐有味"两类课程目标,以及其下六项培养目标:健身、益智、励行、实学、博知、怡情,以及其下十二项具体目标。

盐道街小学的 3.0 版本,形成了共通性课程、拓展性课程、综合性课程三个层级,语言与理解、品行与健康、数学与科学、艺术与审美四个课程领域相交融的立体构架。

共通性课程以国家课程的校本化实施为基础,划分为四个领域,其实施方式主要为课堂学习。在盐小的校本课程体系中,我们认为共通性课程是基础,这类课程所需要的时间也应该占到全部课程的 80%~90%。这三个层级的课程,在促进全体、关注个体、强调主体上既有融合又有侧重,力求夯实基础、强化素质、发展能力。

拓展性课程以学科为原型,分别侧重拓展学生的意识与视野、兴趣与能力、品质与品位,在其实施方式上分为规范性拓展——教师走班、班班开设,和灵活性拓展——学生走班、自主选择。拓展课程实施的时段主要为周二、周三、周五下午两节课后。

综合性课程分为领域内综合课程和跨领域综合课程,其实施方式为主题探究、多元理解、广域体验和综合实践。综合性课程实施的时段主要为由学校主导的学生校内外活动时间和部分社团时间。

通过三级课程的实施,盐小希望培养"未来孩子"的核心素养——人文情怀和科学精神,也培养盐小孩子的特色素养——国际理解、信息素养和艺术气质。每一个素养在各级课程中都有对应的发展目标(见表4-1)。

表4-1 素养发展对应目标表

	核心素养		特色素养		
	人文情怀	科学精神	国际理解	信息素养	艺术气质
共通性课程	沟通与合作	兴趣与方法	共识与知识	获取与处理	健身与审美
拓展性课程	情意与反思	探究与能力	意识与视野	创生与适用	表现与创建
综合性课程	至善与仁爱	实践与创新	理解与交流	协作与免疫	品质与品位

(三)润物细无声

杜甫那句"随风潜入夜,润物细无声"像启明星一样照亮了盐小人前行的路。他们不断去体味和创造那春雨润物、教育无痕的育人境界。

在"厚德如盐，适融入道"的办学理念下，盐小人有自己独特的育人方式，那就是"润育"。在办学理念中体现为"适""融"。"适"指适时（时间选择科学）、适度（程度把控合理）、适合（内容选择优化）、适用（实际操作有效）；"融"则希冀在潜移默化的浸润过程中，将"有盐有味"的品质润在每个盐小学子的身体里。

学科拓展课程被老师们叫作"润育课"。润育课就是将各大领域所含课程内容进行梳理后，筛选出适合各年级的内容进行走班授课。"润育"这个名字来自老师，因为这个课程的开发过程如孕育一般艰难，实施结果也如孕育一般幸福（见图4-4、图4-5、图4-6）。

图4-4 盐小老师运动现代信息技术辅助教学实现"信息适融，生本课堂"理念

图4-5 润育课走班孩子们体验制作寿司

图 4-6　体育润育课　教授太极拳基本套路

润育课的实施并非一帆风顺，老师们都是经过一段时间的迷茫后才逐渐有了方向，最终呈现了一堂堂精彩的课。经过 3 年的"润育之旅"，"润育"的种子已经根植在了老师和学生的心中，成了拓展课程里的重头戏，深受学生喜欢、家长好评。

在润育课的孵化过程中，学校一直重视教师的主体力量，将"对话与协商"作为一种机制贯穿整个过程。教师前后经历了三个阶段，也经历了三次转变：

第一个阶段，从边缘观察者到边缘参与者。教师刚开始只是作为边缘观察者旁观学校课程领导小组对润育课程的设计。在这个阶段，学校多次组织老师深入学习课程基本理念和润育课程总方案，再成立了小部分核心团队对子课程领域进行至少一个主体活动的编写。

第二个阶段，老师们从边缘参与者到核心成员。部分教师在编写课程内容的过程中，对课程产生兴趣，自愿申报组成课改发展组，构建起一个研究共同体，负责参与课程编制工作。

第三个阶段，从核心成员到自我实现。在核心成员辐射下，几乎所有教师都参与到润育课程的编制工作中，共同设计学校润育课程蓝图，使得润育课得以系统化的呈现。教师真正走向了在课程资源开发和实施中实现自我。

用什么做拓展活动主题呢？我想用内涵丰富的"雨"为主题，一定很有意思！纠结的选题、精巧的设计、复杂的准备和孕育新生命一样艰难而美好。

——孙玉萍老师

回顾盐小润育课程编制所走过的历程，我们发现，是老师付出了大量的时间和精力，在反反复复的酝酿、设计、研讨、修改中才使这一门具有典型意义的课程孕育而生。盐小研发的润育课是集体智慧的结晶。

智利诗人加布里艾拉·米斯特尔说："有很多我们需要的东西是可以等待的，孩子却不能等待。他的骨骼在不断形成，他在不断地造血，他的大脑在不断发育。对于他，我们不能说明天，他的名字叫今天。"从今天启程，向明天出发，盐小必须先想清楚方向，但是无论怎样，去迎接"面向未来"的挑战便是他们的最终目的。

三、为什么要这样整合

（一）立德铸魂，"五育"并茂

我们发现此阶段学校教育的突出问题表现为"五育"的失调化，即学生在德智体美劳五个基本面的发展上彼此分离而没有达到整体协调，从而导致学生畸形发展。在问题导向下，为了实现学生在德智体美劳五个方面整体协调的发展，盐小搭建广域实践整合课程体系，并以"立德树人"为指导，通过"立德铸魂"，以使"五育"并茂。

办学理念统摄课程开发是一个循序渐进的过程，以办学理念为灵魂的课程需要在文化传统中生根、在办学实践中超越、在教书育人中落脚、在特色彰显中升华。盐小课程，沉淀着昨天的历史、辉映着今天的现实、承载着未来的理想。盐小人就在"盐道"的精神长河中与盐道课程一路走来，走出了自己的风采。

（二）立道厚德，有盐有味

在盐小人对教育方法和培养策略的不懈探索下，盐道街小学逐步成了与时俱进、全面发展的标杆，靠着改革的气魄、求道的执着、探索的智慧、实践的勇气，走到了成都市小学教育的前列。

学生是一面镜子，学生的发展才是检验办学水平的最高标准。在"厚德如盐，适融入道"这一办学理念下，培养什么样的学生是盐小在课程建设中引领孩子走向未来的关键。

《国家中长期教育改革和发展规划纲要》中指出："教育现代化的发展，需要更新人才培养观念。树立全面发展观念，努力造就德智体美全面发展的高素质人才。树立人人成才观念，面向全体学生，促进学生成长成才。树立多样化人才观念，尊重个人选择，鼓励个性发展，不拘一格培养人才。"盐小人明白，这一点并不是一个政策的风潮，而是代表课程的意义在政策领域的"回归"和"恢复"。在这样一种认识下，盐小开始自下而上——即从学生成长、教师发展、学校建设的角度出发，经过专家的高位引领，进行了课程重构，建构起盐道课程3.0版本。

在这个课程构建的阶段，盐小不仅停留在用本土化而充满温情的话语来描述学校的课程哲学，而是真正开始思考盐道课程的意义以及课程如何与更大层面上的全面育人目标结合的问题。经过核心团队的反复论证和师生的广泛调研，盐道课程确定了"立道厚德，有盐有味"的培养目标，其中"道"和"德"是学校的基础目标，与学校办学理念一脉相承。该目标具体分解为："立道"——立成长之道，"厚德"——厚处世之德，"有盐"——有真才实学，"有味"——有个性品味。

"立道厚德，有盐有味"的培养目标是以盐小学生人人成才为价值取向，既理性地回应现实，又创造性地规划未来；既珍视当下学生智力的多元性和作为人的主体性，又最大限度地挖掘学生未来发展的独特性和丰富性；既是"盐小"传统对盐道学子的召唤，也是未来社会对各类人才的要求。

以培养目标为前提，盐道课程规定了涵盖身体素质、智力发展、道德品行、学习方法、知识技能、思维情感等目标领域内的12个课程目标，并开设了与目标高度匹配的具体课程，实现了在培养目标与课程体系之间建立实质关联的目标。

在学校120多门课程的润育下，盐小的学生到底是什么样的？对于这个问题，孩子们也勾勒出了"自画像"：

我一直都很确信一点，我会是一个品学兼优的人，但是我现在学会了包容别人。谭老师经常告诉我们"班上的同学都是一家人，要用对待家人的标准对待身边的同学"。我以前觉得自己比较聪明，所以很懒，但是现在我知道要成功必须付出努力！

——2017级3班　胡雪杨

我虽然没有艺术天赋，但是我认为至少我长大了会像我们学校名字一样"厚德如盐"。以前我很拖沓，现在我只要每道题都认真去想，就会觉得一切都很有趣。

——2017级4班　席萌

我很喜欢学校艺术社团，我学会了吹竹笛，感觉比其他学校的同学多了一项特别的技能。

——2018级1班　袁籽桐

我应该是一个有素质的人。比如，在超市或者校园里，看到垃圾我会把它捡起来。

——2017级1班 邓卜伟

盐道课程最终目的是让盐小的学生拥有特定素养。特定素养指在经过一系列课程之后，学生所积淀形成的核心技能。盐道街小学的学生与其他学校学生相比，最突出的四个核心素养是信息技术素养、艺术素养、"红色"素养、国际理解素养（见图4-7、图4-8、图4-9）。这也是与学校办学特色相呼应。

图4-7 学生正使用电脑进行小组合作学习 　　图4-8 英语课上学生展示思维导图

图4-9 七彩美术社团里　孩子的作品

让每一个盐小学生都能看到自己成长进步的轨迹，让每一个盐小老师都能实现课程开发的价值。目前，盐小的课程还有很大的发展空间，学校正在进行统整学校课程类别的工作，以期回应未来社会对学生素质的期待，在传统与特色之间寻求平衡。这也将是追求课程卓越的盐小未来要走的一套关键课程路径。

四、成果

此阶段，我们的实践成果包括：润育课程目标体系、润育课程基本架构、润育课程结构体系、润育课程实施计划表、润育课程评价表。

(一) 润育课程目标体系

学校润育课程目标在"厚德如盐，适融入道"办学理念引领下，分别提炼了"立道厚德，有盐有味"两类课程目标，以及其下四项培养目标和十项具体目标（见图4-10）。

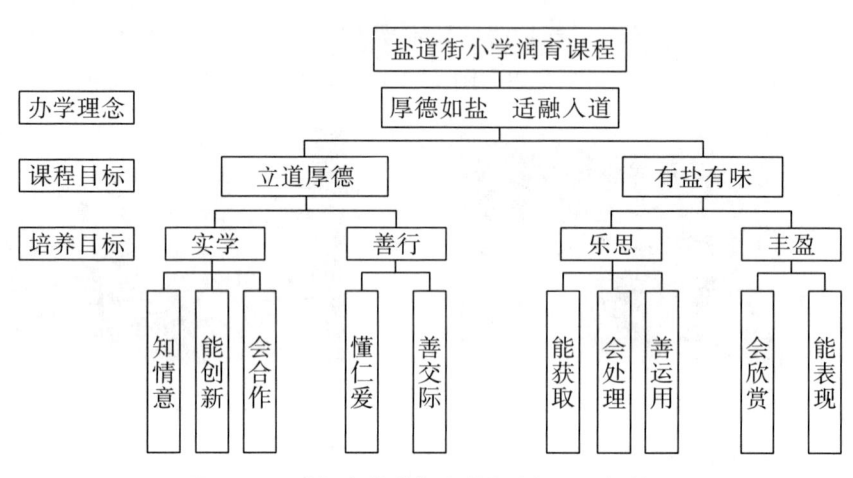

图4-10 成都市盐道街小学润育课程目标体系

(二) 润育课程基本架构

学校润育课程形成以核心课程、拓展课程、综合性课程三个层面，人文与语言、品行与健康、科学与技术、艺术与审美四个课程领域相交融的立体构架（见图4-11）。

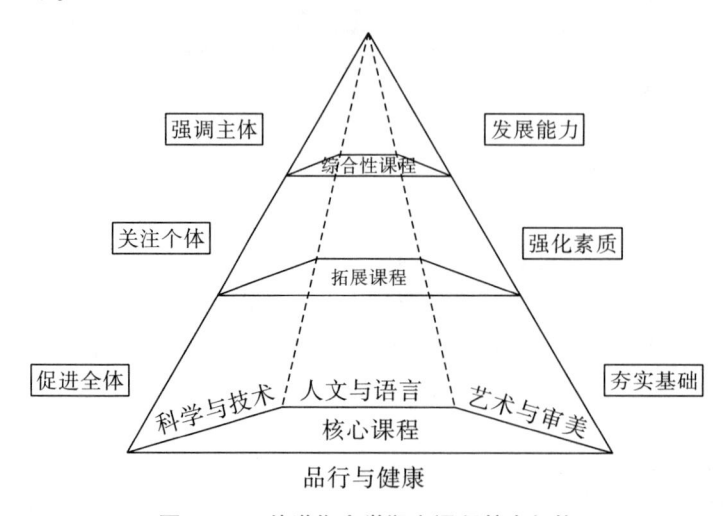

图4-11 盐道街小学润育课程基本架构

（三）润育课程结构体系

润育课程如表 4-2 所示，其设置呈现出三个特点：

一是课程内容生活化。盐小润育课程的内容安排走进了学生的生活领域，不仅关照孩子当前的生活，更凸显了对学生未来生活和可持续发展的高度重视。

二是生活内容课程化。从以上课程内容可以看到，盐小的润育课程不仅将学校全部育人活动纳入其中，而且将学生的社会生活和实践体验也统合进入了课程体系，是结构化、系统化了的学生生活。

三是课程教学一体化。我们一方面通过内容设计和教学规划将教学与课程进行整合，以保证课程的规范性；另一方面将教学视为教师和学生在具体教育情景中创造内容和构建意义的过程，以保证课程的开放性。

表4-2 润育课程表

课程领域	课程维度	课程模块	共通性课程	拓展性课程		综合性课程		课程目标定位
			意识与视野	兴趣与能力	品质与品位	领域内综合	跨领域结合	
语言与理解运用	语言艺术	汉语语言	生活中识字 绘本阅读 童声童韵	古诗词赏析 名著赏析 新闻播报	对联对韵 国学活用	阅读日 CECEC	集体朝会 人学课程 六一游园 环保行动 班队活动 毕业课程 建队日 社团秀	拓展国际视野,培养人文情怀
		英语语言	Phyme世界 读遍世界 走遍世界	英语小主播 Super Speller	Authentic English Love Is All 世界同理心	英语人达通 金耳朵 国际理解 国际交流		
		语言艺术						
		口语表达						
		书面表达						
		国际理解						
品行与修养	品德教育	品德与生活	盐道公约 盐小乖娃娃	最佳小导游	我是合格小公民	鲁小屋	小白鸽广播站 文化浸润课程 艺术节 职业体验 小白鸽电视台 志愿者课程 双语迎新 春秋游……	
		公民意识						
		知行实践						
身心健康		生命安全	成长的烦恼	镇定与应对 生命招贴 户外心理拓展	成长的幸福 安全BSS 花式短绳	学生运动会 亲子运动会 校园心理剧		增强身体素质,提升品行修养
		体育	套路基本功 国际象棋 围棋	玩转三大球 速度与激情	体育舞剧			
		身心健康						
		心理健康						

续表 4-2

课程领域	课程维度	课程模块	共通性课程	拓展性课程			综合性课程		课程目标定位
			意识与视野	兴趣与能力	品质与品位	领域内综合	跨领域综合	
数学与科学	知识能力	数学学科	智力游戏 购物策略	神算高手 思维空间	数学之美 数学之妙	数理应用	集体朝会 入学课程 六一游园 环保行动 班队活动 毕业课程 建队日	提高信息素养，培养科学精神
		信息学科		拼装天地		小小发明家		
		科学学科	科学时事 自然与我	养殖基地 种植园地	观鸟行动 科学生活	根与芽		
	探究创新	探究活动	信息前沿	数码描绘 电脑动画 美я大师	网络道德	电子刊物 电子小报		
		实践活动				网站制作		
		创新活动			数字时代学习			
艺术与审美	艺术审美	音乐艺术	你唱我Show 西洋乐团 国乐声韵	泥塑大比拼 版画真奇妙 小小民间艺术家 剪纸家		达人秀 书画展 舞台表演 脸谱连连看 川剧"俏盐娃"	社团秀 小白鸽广播站 文化浸润课程 艺术节 职业体验 小白鸽电视台课程 志愿者课程 双语迎新 春秋游……	修炼艺术气质，提高品质品位
		美术艺术	艺术大师作品欣赏 欧美儿童涂鸦作品欣赏 民间艺术作品欣赏		大师画我也画 水墨绘丹青			
		书法艺术	书法通识 汉字发展史	硬笔书法 软笔书法	歌之百灵 舞之精灵			
	艺术表现	名作欣赏						
		艺术表达		乐器DIY	书法欣赏			
		表演创新						

（四）润育课程实施计划表

完成课程设置工作之后，就进入课程的关键环节——课程实施。我们将各课程领域所含课程内容进行梳理，筛选适合各年级的内容实施，规划出每项内容的课时时长和实施方式。

通过规划学生在校活动，把润育课的实施分为课堂学习、拓展学习、社团活动、实践活动的方式。以人文与语言领域为例，如表4-3所示。

表4-3 人文与语言课程实施计划表

课程领域	课程内容	一	二	三	四	五	六	课时安排	课堂学习	拓展学习	社团活动	实践活动
人文与语言	语文	★	★	★	★	★	★	每天1课时	●			
	英语			★	★	★	★	每周3课时	●			
	晨读	★	★	★	★	★	★	每天0.5课时	●			
	主题阅读	★	★	★	★	★	★	每周1课时		●		
	英语拓展			★	★	★	★	每周1课时		●		
	外教口语	★	★	★	★	★	★	每周1课时		●		
	国际理解	★	★	★	★	★	★	每周1课时		●		
	古诗畅游			★				每周1课时			●	
	英语社团	★	★	★	★			每周1课时			●	
	儿歌诵读	★						每周1课时			●	
	语言表演		★					每周1课时			●	
	集体朝会	★	★	★	★	★	★	每周0.5课时				●
	班队活动	★	★	★	★	★	★	每周1课时				●
	CECEC	★	★	★	★	★	★	每周1课时				●
	阅读日	★	★	★	★	★	★	每周1课时				●
	课本剧表演	★	★	★	★	★	★	每学期2课时				●

（五）润育课程评价表

课程评价引领和支配着课程实施的方向，评价能够在一定程度上保障课程运行的质量。因此，我们对润育课程的评价体系进行了一些探索，探索成果包含两个部分：

一为评价原则。我们在评价取向上着眼于学生的全面发展，主要遵循发展性、综合性、过程性和差异性的原则进行评价。

二为评价方式与评价者。对四大课程领域的具体课程内容以多元评价方式进行评价，具体包括考试测评、作业、参与式活动、表演、展示/展览、报告/汇报。评价者包括教师、学生、家长、社会。以人文与语言领域为例（见表4-4）。

表4-4 润育课程评价表

课程领域	课程内容	评价方式					评价者			
		考试测评	作业	参与式活动	表演	展示/展览	报告/汇报	教师	学生	家长	社会
人文与语言	语文	◆						☆			
	英语	◆						☆			
	晨读				◆			☆			
	主题阅读						◆	☆			
	英语拓展		◆					☆			
	外教口语				◆			☆			
	国际理解			◆				☆			
	古诗畅游					◆		☆			
	英语社团					◆		☆			
	儿歌诵读				◆			☆			
	语言表演				◆			☆			
	集体朝会			◆				☆			
	班队活动			◆				☆			
	CECEC			◆					☆		
	阅读日					◆			☆		
	课本剧表演				◆					☆	

第五章　项目学习：
以项目求整合（2015年迄今）

【故事导入】

大富翁游戏棋在孩子们手中变成了什么样？

大富翁游戏棋，想必大家都不陌生。一张薄薄的棋盘纸、几枚棋子、一叠卡片，承载了多少人的童年记忆，存储着多少孩子的欢声笑语。而这样一款为大家所熟知的童年游戏棋，在盐道街小学2017级学生的手中，却变出了不同的花样。

对于当时才二年级的孩子们来说，课间休息时光短暂而宝贵，如何让这十分钟的欢愉时光发挥出它最大的价值呢？

"不如我们来玩大富翁游戏棋吧！""要玩就要玩出新花样，玩出盐小特色！"在盐小特色润育课堂上有孩子说道："我们出生在天府之国成都，这里有数不清的美食，有源远流长的文化，我们把它们都放进棋盘里，这样一定很吸引人！""我喜欢美丽的花儿、绿油油的小草，它们如此生机勃勃，我也想把它们放进游戏棋里！"

就在你一言我一语当中，盐小特色项目学习"大富翁游戏棋之天府之国"以及"大富翁游戏棋之花儿朵朵"便应运而生了。借助润育课，我们开展了为期一学期的项目学习，学生的创新动手、艺术品鉴、沟通表达等多方面的能力得以培养。基于天府文化与大富翁棋盘游戏以及花儿朵朵与大富翁棋盘游戏的共融，孩子们设计出了富有天府特色和大自然气息的棋盘游戏。天府文化的特色有景点、美食、博物馆、艺术厅，花儿朵朵的特点则是让孩子们亲近大自然，深入了解花儿成长的奥秘。

以孩子们亲手制作独特的大富翁游戏棋为目标，我们将此次项目学习分为四个阶段：体验游戏与初步设计、深入设计、制作与完善、最后的成果展示。依据学生在校时间安排了16周，每周周五下午的润育课作为项目的活动时间，老师们按照"3+5+5+3"的模式轮流上课。班主任老师负责最开始的三节体验与制订计划课以及最后的三节展示课，副班主任及一位科任老师负责中间的十节制作与完善课程。多学科融合，最终呈现出了丰富多彩的学生作品。

一、历史传承：项目学习的"盐味"整合

教育作为一门培养人的艺术，其生命力来源于革新。陶行知先生曾说："处处是创造之地，天天是创造之时，人人是创造之人。"从1919年到2020年，回顾建校百年，成都市盐道街小学在"厚德如盐，适融入道"理念指引下，积极回应时代要求，开展了课程整体优化、探究性学习实践、网络学习环境构建三次跨越性的教育结构调整。

"变革"是盐小办学历史中最突出的特质，也是盐小沉淀下来的文化基因。为使学生获得更高质量的德智体美劳全面发展，基于"五育"并举与"五育"融合的视角进行育人模式的改革是当下教育改革必须思考的问题。

（一）聚焦问题，推进教育变革

立足肥沃的文化土壤，我们将视线聚焦学校的教育变革脉络，探求课程发展的大致走向。20世纪80年代，盐小将改革的视野对准课程的整体优化，逐步构建起多元教育内容与多维教育形式相匹配的大课程教育模式。20世纪90年代，盐小将探索的重心归为学生学习力的培养。以"三力（学习动力、学习能力、学习毅力）教育实验""探究性学习实践研究"实现了课堂上师生生命的激扬与升华。迈入21世纪，盐小将发展的目光聚焦信息环境下的师生共进。通过"网络环境下学生自主学习模式探索"和"教师校本研修网络环境建设实验"两项研究提升师生信息技术应用能力。

在前三次的课程结构调整下，盐小搭建起合理完整的课程体系。通过构建"承红色基因，育红色盐娃"课程，实现以"德"立人；通过以"信息适融"为核心，未来学校整体构建的课程，实现以"智"慧人；通过不断扎实推进"锦江区每天一节体育课"阳光体育课程建设，实现以"体"育人；通过提供"玩耍—兴趣—技能—创造"的序列化艺术教育课程，实现以"美"化人；通过以"职业体验、志愿服务、实践创造"为主线的知行合一课程，以"劳"成人。我们发现，盐小的育人目标的实践与当前习近平总书记提倡的德智体美劳"五育"并举的理念不谋而合。

（二）理念领航，明确育人方向

集合团队的力量，管理者需要不断地思考学校发展中的重大命题：我们要办一所什么样的学校？

1. 未来学校的要义

通过解读盐小的文化基因，整合盐小的多方资源，审视盐小的发展机遇，近年来，我们因势利导、顺势而为，将未来学校建设作为学校发展的方向。我们认为未来学校是全面面向未来知识社会、深度融合现代信息技术、着力提升学生学习与生活智慧的学校。我们提出 O. P. A（Open School、Personalized Learning、Adapting to the Future）未来学校发展规划，引导老师以"全面触击未来"的格局研究具有"开放办学、个性化学习、适应未来"特征的教育样态。

建设未来学校有多条路径，其一，以全球视野为内核，持续推进"国际理解"工程，促进学校教育高境界发展；其二，以个性发展为主题，持续推进"艺术教育"工程，促进学校教育高品质发展；其三，以信息技术为引擎，持续推进"信息适融"工程，促进学校教育现代化发展。此外，加强以党建引领，持续推进"双培养"工程，培育具有历史传承感、时代责任感、未来创造性的盐道之师，做实思想政治工作，提高教师对学校的热爱感、责任感、先锋感……总之，盐小建设未来学校的根本路径就是在"立道厚德，有盐有味"的育人目标引领下，进行的课程结构调整。

2. 课程探索的方向

在未来学校建设思路的指引下，基于培养适应世界、适应社会、适应未来的善创学子，建设未来学校的目标，盐小致力于搭建更加灵动的盐道课程 4.0 版本。而盐小课程的不断迭代，终于演进到需要大力探索多育融合、立体呈现的课程体系的节点，需要为盐娃铺设出一条支持个性化、未来化、可持续的发展途径。

什么是多育融合、立体呈现呢？如果用一个词来说清楚，就是"求整合"，这也是今天盐小进行第四次教育结构调整变革的主题词。学校必须将德智体美劳"五育"融为一体，搭建完整的"五育"课程体系，如此，"以生为本""活动中心""全面整合"的育人模式才能实现学生核心素养与关键能力等的整合。唯有"集大成"能促进百年盐小的教育实现再发展、再创造，进而焕发蓬勃的生机。

（三）路径选择：以项目学习求整合

以什么为载体能实现多育融合呢？如何聚众人之慧，合众人之力，引导师生发展走向攀登之路呢？通过充分挖掘学校的可持续发展元素，大量涉猎具有未来特征的教育方略，我们发现确实有一种课程形式、学习方式可以解答我们的问题，它就是项目学习（Project-based learning，简称PBL）。

项目学习是助推素质教育的发展路径之一，而学生们在同一主题下融合科学、信息技术、工程、艺术、数学等内容进行项目学习恰恰是学生从浅层学习走向深度学习的重要方式，因此，每个学生都能在项目学习中获得成长。

如今，盐小正全面推广项目学习的实施路径，全面落实以项目学习求"五育"整合的目标，探索适度融通的教育方法与规律，搭建完整的"五育"课程体系以及"以生为本""活动中心""全面整合"的育人模式，以六年时间培育德智体美劳多育融合的"善创"盐娃。

二、独特表达：项目学习的"盐味"实施

（一）项目学习的含义

项目学习（PBL），指学习过程围绕某个具体的学习项目充分选择和利用最优化的学习资源，通过自主探究或小组合作，在实践体验、内化吸收、探索创新中产出多形式的作品，同时获得较为完整和具体的知识，形成专门的技能并得到充分发展的学习。

项目来源于学生，来源于教师，或者为师生共构。它基于真实的生活生产问题，以问题解决为导向，促使学生身心各要素全面卷入，进而在问题解决的过程中实现德智体美劳的全面发展。

（二）项目学习的盐小表达

项目学习的表象是灵动的、形态是多样的，但都按照年龄特征，扣合"五育"整合。近年来，盐小致力于通过系统开展师资培养、合理构建课程体系进行顶层架构，通过建立保障机制突破改革难点，发动师生共同挖掘真实情景中的问题，以进行项目学习的实践探索。目前，盐小在一至六年级均开展项目学习，形成了学科内的项目学习、学科间的项目学习、跨学科项目学习以及超学科项目学习。

1. 系统开展师资培育

（1）搭建变革基础：理念提升

"理论是实践的眼睛"，教师的理念革新将指引教师的行动。学校以混合式学习的方式提升教师对项目学习的理性认知。主要有以下三点做法：一是教师通过田野调查，走进儿童世界，在了解学生真实兴趣的基础上开发项目（玩具项目）；二是教师通过阅读国外文献资料，了解项目学习的国际开展现状，以促进项目学习研发本土化；三是教师通过头脑风暴，进行项目学习的推演、实

践（进行分工，给定需求清单），并利用思维的可视化工具（思维导图）进行学习与思考。

同时，盐小以大概念作为项目式学习的核心知识与整合器，可以有效解决长期以来教师的"知识点"情结，解决学生知识学习存在的"散""低""浅"问题。以大概念为核心的概念群不仅帮助我们形成结构化知识，而且能够使项目式学习成为一个有机联结的整体。一方面，大概念是将教学目标、教学过程与教学评价整合成一个完整的过程；另一方面，项目式学习克服课时与课时之间的割裂，使每一个课时都联结在一起为大概念的理解提供支持。可以说，大概念为项目式学习的设计提供了核心整合器。

总之，在项目学习驱动下，以大概念为辅助，教师在课程目标的制定、课程内容的设计、课程实施方式的改进、课程资源的开发利用、课程效果的评价等方面都产生了新的认识，突破了以前较为局限的单科课程意识、知识本位意识，树立了学科融合的大课程观。同时，教师也认识到项目学习促进"五育"融合的意义和价值。

（2）汇聚变革力量：团队组建

教师团队应如何凝聚呢？根据社会学的圈层结构理论，我们通过对教师的能力倾向、意愿倾向、传承纳新能力三项指标的考察与遴选，形成了"先行探索者—积极参与者—项目卷入者"的系统培养结构（见图5-1）。

内圈层由先行探索者构成，他们是项目学习的核心成员，他们是一批能力强、意愿高、具有纳新气魄的教师，由他们领衔项目学习的开展。中圈层由积极参与者构成，他们是学校的骨干教师，主要以年级组为单位组建项目团队，推动项目学习在全校范围各学科实施。外圈层由普通的项目卷入教师构成。老师在项目学习核心成员的示范下，在骨干教师一对一的帮助下，落实项目学习覆盖全校、覆盖全员、覆盖全学科的实践。

图5-1 项目学习师资培养结构图

盐小主要采取三种活动形式达成各圈层教师的交互联系：

一是教研组的活动。我们设立了以先行探索者为中心的项目学习工作室及教研组，领衔项目学习的开展。通过学校赋权，他们率先学习研讨项目理论，并在试点年级尝试实践，拟出操作流程，以供其他教师参考借鉴。

二是小专题的研究。基于项目学习在各年级、各学科的推广实践，学校教师纷纷开展项目学习的小专题研究，探索发展的新方式、新途径、新力量。

三是教学节的开展。以 2019—2020 学年上学期为例，盐小的教师全部进行项目式学习的教学展示。其中名优教师引领课 31 节，骨干教师示范课 32 节，新锐教师探索课 22 节，新晋教师入格课 13 节，共计 98 节课例，为学校教学研究与改革奉上了豪餐盛宴，使项目学习弥漫在学校的时空中。

通过持续的多方位专业引领，盐小老师达成了共识：深度学习是学生核心素养的培育路径，而项目学习恰恰是学生从浅层学习走向深度学习的重要桥梁。

2. 合理构建课程体系

学校力图实现课程领域的多元整合、时空布局的统筹安排以及课程形态的规划设计。近几年，盐道街小学历经项目学习实践应用的三个阶段：从散点的学科活动探索，发展到常态的学科课堂实践，再到立体的课程体系搭建。学校对以项目学习整合学科知识的研究应用逐步从边缘化的试探走向了内核的体系化构建。

（1）学科内的项目学习

学科内整合的项目学习，以学科内串联的核心概念和原理为载体，实现学科知识的整合。为深度落实教育课程改革，落地"以项目学习求'五育'整合"的教育思想，盐道街小学的教师基于国家课程，研制出了一套可落地实施的项目式学习教学模式，并将研究成果具体可实施化：

例如，四年级语文学科内项目"纪念日"，为了引导孩子了解中国具有浓厚的文化意蕴的重阳节、中秋节、春节、端午节等纪念日，采取了以班级内舞台剧的形式进行展示。

以六年级课程"做框架"为例，学生在项目学习中经历了完整的科学探究过程。开课前，老师直接抛出本节课的任务"做一个坚固的正方体框架"，有了项目目标，整堂课根据以下的学科核心能力进行项目式探究：自主提问、制订计划、启动项目、收集资源、列出进度、展示成果。其间，从最初的设想，经过制作过程中的不断发现问题、寻找解决办法、修正设计，学生制作的设计图在过程中不断修正。

2019年11月，语文老师程泽丽在"智慧融合·善创课堂"实践探索的教学节中执教整本书阅读《青铜葵花》，通过发现矛盾—解析矛盾—破解矛盾—运用矛盾四步教授"矛盾解读文本法"，分别从感受质疑、写辩论词、展开辩论、创设方案四方面，培养学生辩证思维能力、批判思维能力、自主学习能力、问题解决能力、创造性思维能力在内的多项高阶思维能力。

（2）跨学科的项目学习

学科间的项目整合，以不同学科的相关知识模块为载体，实现多学科知识的整合。盐小各学科教师根据项目的多学科融合特性，形成一个团队共同指导学生开展项目学习。在项目设计过程中，教师团队充分挖掘项目中蕴含的各科知识，并合理设计在实施阶段的各科知识的结合点（见表5-1）。

比如三年级开展的"蚕宝宝成长记"项目，由该年级的科学、语文、数学老师共同指导完成；科学社团的三、四年级学生开展的"水火箭"项目，由科学、信息技术、语文、数学老师共同指导完成。

表5-1　学科间的项目整合安排表

时段	范围		
	社团	年级项目	学科教学项目
2015—2016学年下期	√ 科学社团	√ 一、三、五年级尝试开展，各年级一个主题项目，如"车的世界""蚕宝宝工坊"	×
2016—2017学年上期	√ 科学社团、信息技术社团	√ 一至六年级，每个年级一个主题项目，如"未来学校""桥之思"等	×
2016—2017学年下期	√ 科学社团、信息技术社团、国际理解社团……	√ 一至六年级，每个年级一个主题项目，如"我衣我秀""游戏DIY"等	√ 各学科在教学中融入STEAM项目
2017—2018学年上期	√ 多个社团	√ 每个年级	√ 以"项目学习"作为本学期的学校教学节主题研究内容进行全校推进

续表5-1

时段	范围		
	社团	年级项目	学科教学项目
2017—2018 学年下期	√ 多社团	√ 每个年级一个主题项目，如"好玩的玩具"	√ 基于国家课程标准下的项目式学习内容
2018—2019 学年下期	√ 多社团	√ 每个年级一个主题，如二年级"大富翁游戏棋"、四年级"非遗文化"	√ 基于国家课程标准下的项目式学习内容
2019—2020 学年上期	√ 多社团	√ 每个年级一个主题，如二年级"未来学校设计"，三、四年级"科学社团水火箭"	√ 基于国家课程标准下的项目式学习内容

目前，盐小采用的是"4.5+0.5"的课程结构模式，即在一周五天的在校时间内，"4.5"天采用分学科课程模式实施国家基础课程和市域基础性课程，同时项目式学习的理念和方法贯穿所有学科中。另外的"0.5"天，采用跨学科项目学习的校本化实施，模糊学科边界，让学生进行探索性的学习活动。

（3）超学科项目学习

超学科整合的项目学习，以真实的生产生活问题为核心，实现学生身心的全面投入。学校教师以"过山车"项目为问题导向，开发了"过山车"STEAM课程；以"登火星"为问题导向，开发了"火星车"STEAM课程。之前，盐小在各年级开展了超学科项目学习活动，如二年级的"好玩的玩具"项目方案、六年级的"众筹爱心，理性消费"项目方案。此外，我们还组织部分学生参与了对飞龙巷88号的社区治理和改造，从制定方案到完成改造，孩子们完整地体验了从项目的生发到完成的全过程。

在盐小，"师退生进"是项目学习的重要表现。项目学习使学生参与更多的主题活动，但其活动的表现形式与以往有异：不同于课堂学习的方式，又生发于课堂学习的方式；不同于课堂学习的内容，又生发于课堂学习的内容；不同于传统的课外活动，又生发于传统的课外活动；不同于传统的兴趣小组，又生发于传统的兴趣小组；项目作品不同于平时六一儿童节的表演作品，又生发于常规表演作品。例如，学校少先队员风采展示演出节目全由学生自编自导自演。

3. 健全制度化保障机制

（1）个性化的激励手段

为激发教师的实践热情，推进项目式学习的实施，学校管理团队充分尊重教师团队的个性化诉求：以他们的需求为导向，匹配适当的资源；以他们的兴趣为导向，呈现创新成果。

盐小个性化的激励手段还让分享与爱在项目团队中传递。借助头脑风暴学习研讨、以平台展示成果的过程，让教师成为收获满满的分享者；通过及时提供技术支持与指导、打造精品课程、接受专家指导、优先安排外出学习、定制数字故事等举措，让教师成为积极奋进的被爱者。

（2）规范性的运作流程

学校管理团队以规范的量表（KWL、S-T）和流程，使教师团队、个体的个性化发展得以充分实现。例如，借助项目学习教师教学设计及实施评价表，引导教师通过自我评价促进其对活动设计及实施情况的关注，进而提升项目学习的教学水平。

（3）制度化的保障举措

学校管理团队还给项目团队老师的学习、实践提供充分的制度保障，如项目例会制度、项目分享制度、项目展示制度，不断促进三个圈层教师的融合发展。在每周例会上，我们交流在项目教学中遇到的困难，解决问题的方法；在项目分享与展示活动中，我们收获项目学习促进师生共进的成果与喜悦。通过这一系列的举措，学校管理团队规范了项目式学习在盐小的实施流程，从而有效地推动了其在盐小的实施。

盐小以教师团队建设为基石，以立体的课程体系为指引，以课程资源为载体，以管理制度为保障，在实践中不断扎实推进项目学习研究与应用。

三、与时俱进：项目学习的适时之道

在继承盐小教育精神、面对时代新挑战、倾听师生发展诉求的基础上，我们这代盐小人肩负着继承与发展、变革与创新的使命，我们需要以智慧之脑梳理项目学习的"盐味"整合，以独特表达解读项目学习的"盐味"实施，以学校发展呈现项目学习的"盐味"变化，从中探索出一条与时俱进的以项目学习求"五育"整合的适时之道。

（一）提升核心素养的内在动因

自 20 世纪 90 年代以来，"核心素养"就成为全球教育改革中一个重要的议题，学生全面发展受到各界重视。项目式学习是一种整合相关学科学习模块的课程。它打破了知识的学科界限，使不同学科相关的知识模块紧密结合起来，促使学生以一种跨学科的综合化的视野理解知识。已有调查表明，开展项目式学习能极大提高学生学习的积极性与热情；有利于调动学生学习的自主性，促进学生积极思考，动手实践，解决实际问题；让学生在学习过程中突破思维界限，有利于批判思维与创新思维的培养；学生查阅整理资料、语言表达、团队协作的能力都得到了很好的锻炼；有助于教师发现学生存在的问题，及时进行有针对性指导。这些实践研究进一步深化了我们对项目式学习对于学生核心素养的培养的认识。常规课堂教学中开展项目式学习的价值在于整合教材内容，围绕挑战性的学习主题，提出问题，全身心深度参与探究，从而体验成功、获得发展，最终达到提高学生核心素养和能力的需要。

而在盐小，"五育"发展是和谐发展，但不是平均发展。项目学习突破单纯的知识学习目标，绝不是指每一个项目的每一次活动都机械地扣合"五育"的每一个方面；项目学习突破课堂学习的方式，走向"五育"整合，包含着"五育"的全部或多个目标。"五育"并举里的实践活动倾向于实践，突破了单纯的课堂学习方式，实践上涉及"五育"多个方面。学生的社团活动，涉及以德育为首的多育融合。例如，2020 年初，三年级学生听闻抗疫英雄们的事迹，眼见身边的社区叔叔阿姨的辛苦付出，于是自发地创作一首诗、一首歌或一篇文章来致敬疫情期间的平凡英雄们，开展了"致敬最美的你"项目学习，更是将一颗"敬畏"与"感恩"之心的种子播撒在每一个善创学子的心田，从"德育""智育""美育"三个角度促进孩子的全面发展。

（二）促进学校发展的外在要求

盐道课程从 1.0 到 4.0，始终聚焦于学生的全面发展。德育提供德性发展支持，智育提供知识智力支持，体育提供健康体魄支持，美育提供审美素养支持，劳育提供实践能力支持，历届学生的德智体美劳在四代课程的持续研究中不断培养发展，对学生的终身发展产生了影响。从活动课程到项目学习，学生发现问题、探究问题、解决问题的能力稳步提升。

盐小在落实国家和地方课程的前提下，结合最新教育方针政策、学生发展需求等因素，不断完善盐道课程，极有成效。盐道课程从 1.0 到 4.0，学校课程不断丰盈充实，为同区域甚至全国的学校课程建设与发展提供了模板，具有前瞻性的参考价值。学校对课程管理形成了严格的监督管理机制，是学校课程建设的保证与支持系统，建立了与新课程理念相适应的管理体系，为学校课程改革创造了良好环境，充分保证课程建设有力、持久、深入地推进。

以项目学习求"五育"整合推动了教师队伍建设，达成了技术与人性、效率与效果、自由与人文的统一，促进了教师的研究性探索实践。项目化的教学方式能够使学生主动在教学中发现有价值的问题并进行深入研究，对于教师课程领导力的提升、学生核心素养的培养、学校高位发展提供理论指导与方法指导，对区域推广具有重要价值，对学校教育改革起到良好的推动作用。

四、学校发展：项目学习的"盐味"成果

盐小一直以来十分重视学生的全面发展，重视"五育"并举。学校构建润育课程，教师将点滴浸润进教育课堂，学生也在项目中浸润"五育"并举、全面发展。

（一）善创新发展

秉承和弘扬"百年历史，品质盐小"所积淀的"沉静与理性"之特有心性、"传承与创新"之特有灵性、"进取与卓越"之特有质性，盐小对项目学习这样一种德智体美劳全面发展的创新育人模式进行了实践探索。对于以项目学习求"五育"整合在学校开展的具体情况，我们进行了冷静的审思。当前，项目学习在培养"善创"师生和未来学校等方面，取得了一定的新发展与新成果。

1. 学科发展：从计算机大赛到机器人大赛

2000年，盐小的一位学生，计算机能力很强，这种强主要体现在打字速度特别快、网页设计作品突出，五年级时他获得了计算机比赛全国一等奖的好成绩，捧回一台计算机，当时全校师生为他喝彩。

2019年2月底，VEX机器人亚洲公开赛在宁波杭州湾举行，全亚洲地区约373支队伍参加比赛。盐小有4支队伍参赛，获得了2个二等奖、2个三等奖、1个"Girl Power"特殊荣誉奖。盐小的两个学生在队友被罚下的境遇中孤军奋战取得好成绩。

从计算机大赛全国获奖到亚洲机器人大赛的五项奖励，我们清晰地看到盐小的信息技术学科发展从单一的学科能力走向了跨学科和超学科综合能力的整体跃升。唯有整合，学校才能实现育未来之人。

2. 师生成长：从入校期许到善创之人

每一个盐小人，无论是学生还是老师，在进入学校时都会表达自己的发展期许。对于学生来说，"做人间真盐，立天下大道"的校训深入人心，从到盐小的第一天起，孩子们就走上成为"立道厚德，有盐有味"的善创之人的道路。

一个学生，她性格开朗，才艺双全，是同学们心中的好伙伴，老师们眼中的小助手，也是家长们口中"别人家的孩子"。但其实，由于复杂的家庭背景，小学一年级刚入学的时候，她还只是一个胆小又内向的小女孩。在家长与孩子的共同期许下，盐小为她，甚至为全校的孩子提供了大量的展示锻炼的机会，搭建了广阔的素质提升的平台。这个小朋友经历了盐小一、二年级的适应教育项目学习，三、四年级的主题项目学习，五、六年级的创造性项目学习，终于蜕变为一只展翅飞翔的蝴蝶。她能言善辩，表现力强，成了学校大型活动的主持人；她广泛涉猎，全面发展，曾获得锦江区"十佳少年"、成都市红领巾蓉城故事会"十佳故事大王"、成都市百姓故事会"成都故事王十强冠军"、六年级全部数学竞赛"一等奖"、四川省英语全能王大赛"特等奖"、锦江区"艺术之星"、钢琴"十级"、声乐"八级"、成都市艺术人才大赛钢琴"一等奖"、语言表演"一等奖"……

刘雨非的成功蜕变并非偶然，也不是个例。将孩子入学的期许一步步变为现实，使他们成为善创之人，让每一个盐小孩子绽放出"立道厚德，有盐有味"的灵动光彩，是盐小执着的办学追求。

三年来，我们以项目学习促进教师专业发展，教师专业素质提升显著。我们进行了项目学习相关的听课议课机制，搭建学科课程群，使教师间组成合作团队与模式，即"授课教师+听课教师+评课教师+行政教师"。项目组的团队根据共同的施教对象或教师的共同意愿进行组建。基于项目学习的特点，在项目设计与实施中自然形成异质教师学习共同体。在促进教师专业成长的多次赛课等教育相关竞赛中，盐小教师获得了颇丰的成果。形成了"建一个'星座'模型""测量金字塔的高度"等113项物化成果。其中，"大与小——井底之蛙""MADE IN CHINA. 中国制造"等9节优质课获国家级、市级赛课一、二等奖。年轻的科学老师郭云霞，刚刚捧回了第四届STEM教育与项目式学习国际学术研讨会暨2019年度项目式学习优秀项目展评活动一等奖。

(二) 项目成果：从学术领航走向经验总结

1. 学术成果

以学生项目学习为抓手，聚焦课题的整体设计与初探，着眼于研究课程创生力提升的路径与策略。在研究过程中不断采集、分析数据，对项目学习对于课程创生力发展影响展开深入研究。运用数据支撑研究结论，在理性层面得出课程创生力发展的具体结论、数据支撑；在实践性层面得出项目学习推广的操作方法、路径，可能遇到的问题或挑战及其解决方案。在此期间，形成了丰富的论文发表类研究成果，其中《在未来课堂的建设中播撒"适融"与"善创"的种子》《适融与善创：百年盐小文化的生长之路》等7篇论文在核心期刊发表。

2. 团队建设成果

学校分别以STEAM项目组与智慧课堂组成立了核心团队，由核心团队带动骨干教师参研，再由各科各级骨干教师带动全员卷入。教师团队成员彼此共享知识，使经验在个人与组织层面相互传递，丰富团队成长中的合作模式，拓宽教学团队的成长路径。在课题研究过程中团队不断实践创新，收获丰富经验与精神成果，形成的相关论文多次在市、区级评选中获奖，形成了《基于交互环境下的品质课堂实践与探索》《新技术支持下数学作业设计与批改的策略研究报告》等51项物化成果。其中，《如何更好地设计项目式学习中的驱动问题——以小学数学为例》《针对时代特点建设学校劳育课程》等19篇论文获国家级、市级论文一、二等奖。

3. 经验性成果

三年来我们通过项目推进，在教学实践过程中形成盐小特色的项目式学习教学模式与经验。盐小组织承办项目式学习相关活动，包括区级项目学习课题研究相关活动、以项目式学习为核心的教学节活动及其汇报总结、项目式学习相关学习成果展示活动等。从对STEAM项目的探究到对国家课程校本化的项目式实施，盐小承办了两次区级大型STEAM项目研讨活动，盐小的汇报赢得了与会专家的高度赞誉，不断有教育同行先后来到盐小参观访问，学习学生项目学习的探索经验。

盐小组织承办"以项目学习统整课堂教学和课程建设"研究总结会、"学习素养视角下的项目化学习"专题讲座等36项活动，其中包含2019年全国小学校长学术峰会暨"思与行——百年名校文化传承与教育创新"学术交流会、"回归课堂原点的深度教学协同探索与实践"成果现场推广会暨"以学生项目学习促进教师团队发展的行动研究"课题实践研讨活动等17项国家级、市级相关活动。

4. 实践成果

在此阶段，盐小的实践在前几阶段的基础上又不断发展出新的成果。

（1）润育课程4.0

润育课程的项目化实践，在前期体系的引领下不断适应、融合，并以固化形式开展。每周定期开展课外学习，每个年级固定主题，形成盐小润育课4.0版本并产出丰富的项目作品、案例与学生项目式学习成果集。复课后，在防疫背景下，教学要充分发挥学校的全方面资源与优势，做出学校特色（见表5-2）。

表5-2 润育课程的项目化实践计划表

年级主题	课程	具体内容	展示	分工
小棋手	结合兴趣拓展课程	开展围棋或象棋的学习体验	棋类对弈	老师走班
小工匠	结合融生课程	认识水果、蔬菜、花草等的生长特性，制作"大富翁"棋	游戏棋棋类比赛	每班3位老师包班
小导游	结合博物馆课程	介绍成都各个博物馆	制作博物馆"科学版"并介绍	班主任上前两周和最后两周，中间12周走班
小艺人	结合非遗课程	了解非遗文化物品	制作产品并介绍	班主任上前两周和最后两周，中间12周走班
小票友	结合融创课程	了解6部川剧经典曲目	每组唱一小段	班主任上前两周和最后两周，中间12周走班
小达人	结合社区课程	了解职业分类、进行职业体验、接触职业名人	做一份职业规划	班主任上前两周和最后两周，中间12周走班

（2）基于项目的学习活动

学校组织了大量的项目活动，其中，最具特色的有：

①"好玩的玩具"——源自课本的项目活动。来源于语文教材"玩具和游戏"主题的"好玩的玩具"，是盐小项目化时代开展的典型项目式学习活动案

例。基于学生课间午间玩耍的现实问题，首先由各科教师一起建立阅读资源库，引导孩子们进行选择性阅读，丰富学生对玩具的了解，在后面学习环节，学科教师分别针对相关知识进行具体指导。

②"'五育'整合宅家课程"——宅家期间，学习不停。在这段特殊的疫情防控期间，如何给孩子们上一堂生动的社会生活课，更好地促进孩子们成长？盐小教师展开线上会议，结合学生宅家实际情况，遵循教育规律和学生身心成长规律，合理安排学习、生活、运动时间，增强体育锻炼，研发"五育"并举系列在家学习实践课程。本次项目式学习活动基于学习情况将学生分为三段，每段以不同主题开展学习活动；并以年级为单位，每周发送学习单，开展学习探究活动。鼓励学生自主选择、自主规划每天的学习时间和学习内容，培养盐娃成为一个自主自律的人。

③复课礼。在分班升旗仪式与校长寄语的聆听中将心放入学校。"通过疫情，我们了解生命的不易，明白珍惜的含义，理解奉献的道理，领会家国的情怀。生命的体味是一门学问，更是一项教育瑰宝。致敬逆行者，我们向阳而生！"引导孩子们开展项目学习，寻找英雄，致敬英雄。在此次复课礼上，孩子们继续用自己的方式献礼身边的英雄、中国的英雄、世界的英雄。一张张奖状，凝聚着盐娃们善思善创的探索，也必将继续照亮孩子们成长的道路。疫情期间的自主学习的成果，体现在盐娃们"五育"融合的成长中。孩子们用思维导图回顾总结了这一段特殊难忘的居家学习时光。

④善创六一。当今世界，品牌已成为国家的名片，体现国家形象和民族文化。习近平总书记曾指示，要推动"中国产品向中国品牌转变"。盐小秉承"善创教育"理念，精心设计并安排"我就是名牌"个性展示和拍卖会活动，以项目学习为路径，通过"自创品牌、展示品牌、拍卖品牌、爱心捐赠"四个阶段的参与，引导盐娃善思善创，树立文化自信，发挥自身创意，度过了一个快乐、向上的儿童节。

⑤国际理解研学指南。在善创教育理念的引领下，盐小同多个国家的知名学校缔结为友好学校，为师生的沟通对话和增进理解搭建平台。盐娃们的民族认同感、文化同理情、协作发展力、理解包容心逐渐养成。善创教育开设了一系列中外人文交流的地方特色课程，让国外师生体验、了解、尊重甚至喜欢中华文化。其中，盐娃们担任了文化小使者，为"美美与共，天下大同"的目标实现做出了贡献。在担任文化传播使者期间，盐娃们把天府文化、传统文化推向世界。在每个假期，盐娃们的研学之旅丰富多彩，先后去往了美、日、澳等国家。善创学子用脚步丈量世界，与各国文化进行了一次次完美邂逅。在研学

时，他们能大胆接触异域文化、接受思维碰撞；在接待外国友人时，他们亦能将盐道故事、传统文化尽情展现。这种自信，将伴着他们行走四方。

（3）常规课与教学节

本阶段盐小深度融合的课程以项目式学习引领，开展学科内、跨学科的项目式学习。学科内的项目式学习如常规课表里要求每一节课上可以呈现一个小项目或微项目；跨学科项目式学习则以主线学科为基础开展，如过山车创意科学社团活动、汉文化社团等。教学节以名师引领示范课、骨干教师优质课、青年教师展示课的固定模式开展，以"立足学生发展，构建高效课堂"为主旨，全校教师精心准备、组内教研探讨、修改磨课、精彩献课并邀请专家指导。

我们认为学习素养的本质其实是心智的灵活转换。而项目式学习要锻炼和培育的，正是学生在复杂情境中灵活的心智转换。新时代背景下，中国教育从"五育"并举走向"五育"整合既是基本趋势也符合教育发展规律。德育养心性、智育提素养、体育强体魄、美育润涵养、劳育强能力，"五育"整合，课程育人。融合育人，是一种教育理念，也是一种思维方式，更是一种创新性教育实践方式。

第六章　深度融合的方法论

【故事导入】

这个学校总是"玩花样"

《一场与"大运"的美丽约会》《新奇！这所小学竟可以体验爬雪山、绣红旗、览窑洞……》《成都市盐道街小学师生共绘长卷庆"六一"》《成都市盐道街小学：从"心"开始，遇见更好的自己》《听英雄故事　抒家国情怀　盐道街小学隆重举行春季复课礼》，每每从新闻标题中看到关于盐道街小学的消息，相信很多人和我有着相同的疑问——这所学校又在搞什么"花样"？无论是节日的到来还是疫情期间学校的变化以及长此以往学校形成的特色活动和组织，无疑都充满着神奇与惊喜。家长眼中、媒体视角下的这所"玩花样"的学校究竟是怎么样的？

究竟什么样的育人模式才能促进全面发展的教育目标在各级各类学校落地？在核心素养的时代背景下究竟应该建构什么样的育人体系才能实现人的全面发展？目前学界已达成基本共识——"五育"融合。在实践中，有学者针对"五育"融合落地问题指出"'五育'融合是一种'育人假设''育人实践''育人理念''育人思维'和'育人能力'。'五育'融合难在'日常''机制''评价''主体'和'生态'，它们同时构成了破解'五育'难题的基本维度和基本路径"[①]。

对于以上问题，盐小在理论与实践中给出了自己的回答。盐小在持续走向深度融合的全面培养模式的建构过程中，不断调整、不断创新"五育"的深度融合机制，并从教师队伍建设、课程资源搭建、管理体系建设三个维度进一步深化，以学生、学校及"五育"持续走向深度融合为本位，凝练出"五育"融

---

① 李政涛，文娟．"五育融合"与新时代"教育新体系"的构建[J]．中国电化教育，2020（03）：7—16．

合在盐小落地开花的特有方法论体系——与时俱进、渐次深化、多方协同、整体建构、务实精进。

一、与时俱进

与时俱进为何是"五育"持续走向深度融合的方法？那是因为日新月异的时代发展呼唤着教育的改革与创新，只有把握时代的脉搏，把握教育规律，才能促进教育的发展。换言之，在理论与实践中，盐小致力于与时代同行，与现实同步，将时代主题与盐小发展紧密结合。

1978年党的十一届三中全会确立了"解放思想，实事求是"的思想路线，开启了改革开放历史新时期。时任校长陶宏知、曾凤鸣引领盐小开启了近二十年的发展新航程。世纪之交，如何创建有中国特色的现代教育体系？随着1998年、1999年及2001年持续颁布的教育政策，2001年基础教育新课程改革的大幕拉开了。在历史发展中，盐小寄宿制教育、艺术教育、双语教育、信息技术教育绽放出素质教育的朵朵奇葩，收获盐小的粒粒珍珠。

2005年教育部提出坚持以人为本及"巩固、深化、提高、发展"的方针，2007年《国家教育事业发展"十一五"规划纲要》指出以立德树人作为教育的根本任务。紧跟改革步伐，盐小以"发展""质量""用心""用爱"为管理重点，以"发展兴校、质量取胜、真爱育人"为办学理念，筹谋盐小2007—2010年发展规划。至此盐小成为一所在区内横发逆起的优质学校，成为市民心目中的"五朵金花"之一。

步入新时代，在习近平新时代中国特色社会主义思想的引领下，盐小致力于以新时代中国特色社会主义思想铸魂育人。在理论的指引下，将新时代中国特色社会主义思想融入盐小的"厚德""适融""善创"的教育理念，进行广泛的爱国主义、集体主义和社会主义教育；融入盐小的校本课程，以红色体验观为载体，开发"红色文化"课程体系。盐小还致力于以学科课堂为基点来陶冶思想，专门开设思政课"道德与法治"，使理论指导与躬身践行相结合，帮助小学生树立了正确的人生观、价值观和世界观。现在，"乐学、尚美、求真、拓新"的理念，推开了百年盐小的品质之窗；"厚德如盐，适融入道"的灵魂，诠释了百年盐小的发展脉搏。

二、渐次深化

为何"五育"融合需要渐次深化？有两个方面的原因，一是"五育"融合的理论还处于起步阶段，二是"五育"融合在实践中还存在种种困惑与困难。

换言之,"五育"融合在理论方面与实践方面都需渐次深化。在实践中,"五育"如何通过渐次深化来持续深度融合,可以从横向和纵向两个维度着手。原因如下:如果缺乏横向面的多领域、多角度,事物的发展就略显单一性和片面性;若缺乏具体领域的纵深发展,那么事物横向面的多维度至多是"空中楼阁"。因而,横向上,"五育"的深度融合需要实现各育的完全发展,而不是德智体美劳的简单拼凑和叠加;纵向上,"五育"融合需要相互渗透、相互融合,从而实现整体的"五育"生成。

(一)劳育的深化

2019年,中共中央、国务院出台了《关于深化教育教学改革全面提高义务教育质量的意见》,提出了"坚持'五育'并举",强调"突出德育实效""提升智育水平""强化体育锻炼""增强美育熏陶""加强劳育",以此"全面发展素质教育"。此外,《关于全面加强新时代大中小学劳育的意见》中强调把劳育纳入人才培养全过程,贯通中小学各学段,贯穿家庭、学校各个方面。

而目前多数一线教师对劳育的认识仅停留在关注技术层面的培养上,将技术操作体验等同于劳育。这样的方式仅仅停留在劳动而非教育上。如何深化劳育?其途径必然是将劳育与其他学科融合,这样不仅培养了劳动技能,也提升了包含劳动意识、观念及劳动过程中的审美观念等。

(二)项目式学习的深化

项目式学习以陶行知先生的"教学做合一"思想为指引,通过学生的"做",即实践操作、数学实验、具体体验等引导学生进行深度学习和研究。生活为拓展项目式学习提供丰富的资源,实践为项目式学习提供了无限可能,充分彰显了项目式学习的魅力。项目式学习在盐小已经走过了几年的发展历程——盐小以学科内的尝试为起点,到多学科的融合,再到跨学科的项目学习,最后到现在的超学科的项目学习。除了在项目学习种类的深化与拓展,我们在项目学习主体层面也在不断深化与培养。

(三)美育的深化

纵观中外教育发展史,受教育者的核心素养,尤其是审美素养的培养一直是教育领域跨时代、跨国界的论题。德智体美劳全面发展是新时代教育变革与人才培养的基本要求。但由于受应试教育体制及"唯分数"评价体制的限制,"五育"常常被分裂且发展不均衡,"美育"更是被弱化。培育"五育"全面发展的人才,应以"五育"融合为出发点,以哲学"主体间性"理论、心理学"具身认知"理论、美学"人生艺术化"理论为研究基础,以"以美育美""以美育人""以美促教""以美创新"为学校美育建设的现实任务。①

在艺术教育领域，基于地域特色，学校一直以来致力研究盐韵川剧怎么教。秉承传播和创新传统文化的使命，盐小开发了学校"熊猫走世界"系列课程之特色课程——盐韵川剧，以期品"盐"之味，鉴"蜀"之韵。

三、多方协同

随着时代的发展，当代教育已不仅仅是学校的基本教育，更是社会化的大教育，既涉及实际生活中的方方面面，又涉及多方资源的协调互动。资源的整合与协调是实现教育最优化的方法之一。何为资源整合？其实质是优化与重组现有资源，以发挥整体最大功能，实现整体最大效益。应该说，没有整合，资源就不能最大限度地被利用和发挥效益，也就有浪费之弊。② 教育资源整合不是一般物理意义上的结合，而是一种近似于化学意义上的溶合，同时它又是一种创新，可以产生各构件都不具有的新功能和新效益。正如亚里士多德分析整体和组成部分之间的关系时提出"整体大于各部分的和"的论断，教育资源整合也要达到这个目标。

盐小"五育"深度融合的方法——多方协调就是各种资源的开发、利用及整合，以期达到活动目的及效果的最优化。资源的整合力与开发力不仅有助于提升学校的核心竞争力，同时也为盐小在"五育"深度融合的进程中，不断跟进时代的发展需要与方向指引，在课程建设、校本课程开发设计、学生培育等多个领域进行资源的链接和开发，提供多样化的物质条件。

学校一直坚持以社区历史人文背景及乡土民族文化资源为主轴，配合社会领域的学习内容，秉承学校发展与社区发展相融合、社区资源与学校办学理念相结合、社区资源与学生发展相适应的理念，基于自然的生态建设、全球的国际理解、国家的文化传承、个体的安全意识，将社区课程分为四大类——花园社区、文化社区、平安社区、国际社区。社区课程的开办旨在促进孩子的全面发展，使其做到理论学习与实践相结合，为孩子的未来成长打好基础。具体的社区治理课程研发如图6-1所示。

---

① 宁本涛，杨柳. 美育建设的价值逻辑与实践路径——从"五育融合"谈起［J］. 河北师范大学学报（教育科学版），2020（05）：26-33.
② 毛文鑫. 学校资源整合策略研究［D］. 苏州：苏州大学，2007.

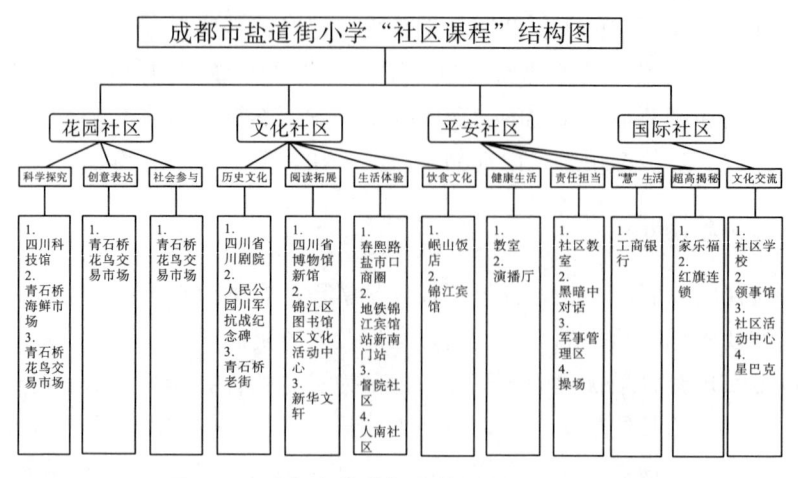

图 6-1　成都市盐道街小学"社区课程"结构图

四、整体建构

整体建构不仅是一种方法、思维，更是一种优化内部结构的体系，在"五育"深度融合的持续建构中，我们将整体建构与细化局部紧密结合。在宏观上，体现为"五育"融合的全面培养模式如何进行整体建构；中观上，表现为学校整体发展规划的目标确定与具体操作策略的制定层面；微观上，即各项课程与活动的建设与推进。

宏观而言，从"五育"并举到"五育"融合，盐小一直以来不断探索深度融合的全面育人模式，始终坚持德智体美劳全面发展，致力于解决发展的片面化、畸形化、失调化。回顾过往，盐小经历了以活动求整合（1986—1999年）、以主题求整合阶段（2000—2006年）、以实践求整合阶段（2007—2014年）的三大发展阶段。如今，我们的课程推进是立体推进、全面推进、整体推进的过程与脉络，建构起一个"以实践求整合"的德育为先、立德铸魂的广域实践课程体系，在取得实践成果的背后，实现了盐小课程由1.0版本向3.0版本的飞跃，体现出"整合""均衡""多维"的特点。

此外，在学校的三年规划中，不断涌现出对"五育"融合的目标及任务的制定。例如2016—2019年的三年学校发展规划中，重点项目中居于首位的是"立德树人的德育建设项目"，旨在建设提升学生道德素养的德育课程，以德育构筑"五育"融合的实施课程；"提升学生核心素养的课程研发项目"聚焦于学生的核心素养，对课程的目标和内容体系进行互通的、系统的、深入的有机架构，并融入未来元素，调整课程结构与内容。

五、务实精进

务实精进与党的十八大报告中求真务实的思想是一脉相承的，是"空谈误国，实干兴邦"在实践中的具体体现，要求营造"真抓实干、务实发展、勇于创新"的发展氛围。"务实"就是清醒认识学校发展面临的社会环境、时代要求，牢固响应以"厚德如盐，适融入道"办学理念的号召，始终坚持实事求是，着力把学校教育各方面工作做细、做实、做全、做好，切实肩负起百年名校的时代责任。"精进"就是适应形势发展，紧跟时代步伐：其一，充分调动和激发学校教师工作的主动性、能动性、创造性，开拓创新不守旧，积极进取不懈怠；其二，持续挖掘"五育"融合的新时代要求，不断破解"五育"融合的难题。

在这里，盐小致力于把"五育"融合这一新理念，全方位弥漫、渗透、贯穿于教育生活中的全过程，让融合理念真正进学校、进课程、进课堂、进班级，进入到学校教育中的"毛细血管"之中，变为学校师生日常生活中的一部分，变成属于时时、处处、人人的"五育"融合。

务实精进是一种思想、一种精神、一种状态，更是一种行动、一种思路。坚持务实精进是适应教育高质量发展的迫切需要，是应对社会急速变化、多样化变化的必然选择，是保持学校竞争力，巩固百年老校盐道品牌的客观要求。除此，务实精进这样的工作态度与推进思路体现出我们如何持续深入推进"五育"融合全面培养模式的过程。

第七章　全面育人的三个概念

【故事导入】

全面育人下的盐小学子是什么样的？

"妈妈，再见！"今天是星期一，穿着整齐校服的乐乐在校门口微笑着和妈妈说再见，便大踏步走进校园，一路上，乐乐和各个点位的值周老师热情地打招呼："老师，早上好！"路上不时有和他一样穿着整齐校服的小伙伴向他点头微笑，互打招呼。走进教室，乐乐有礼貌地和老师、同学问好过后，便迅速地放好书本、整理文具，翻到昨天刚学过的《树之歌》，大声地朗读起来，教室里顿时响起琅琅的读书声。

叮……早锻炼开始了！同学们排着整齐的队伍，踏着小碎步到达操场。庄严的中华人民共和国国歌奏响，盐娃们标准的少先队礼、挺拔的身姿、整齐嘹亮的歌声无不向我们诉说着他们是未来建设祖国的栋梁之材。欢快的《七彩阳光》音乐响起，盐娃们规范的动作、轻盈的身姿，是朝气与活力的完美绽放。

上课铃声响起，数学课本和学具早已整齐地摆放好，同学们一个个坐得很端正，聚精会神地听老师讲课，当老师提出问题时，手立得直直的，眼睛里闪着灵动的光，发言声音洪亮，自信大方，真理就这样在观点的碰撞中自然显现。

课间10分钟，说话轻声细语，见到老师问好，上下楼梯靠右行早已印在每一个盐娃的心里，早已践行在盐娃的一言一行中。乐乐从洗手间回来，正好碰到住在一个小区的四年级的美美，她穿着白色的纱纱裙，原来，美美今天是主持人，她正和同年级的同学前往演播厅参加一个国际艺术交流会。盐小教育集团携手三个国际乐团，通过乐队演奏方式进行艺术交流、文化互动。乐乐好美慕，便暗下决心，一定好好练钢琴，认真上音乐课，找机会参加这样的交流活动。

转眼已到下午，盐娃们最兴奋的体育课时间到了。离上课列队还有七八分钟，孩子们便开始做各种准备：把外套脱了，整齐叠好；把鞋带系好，体育课上可不能松；从书包里取出卷好的跳绳。盐娃们陆陆续续开始在走廊上排队，等候上课铃声响，等候老师的到来。清凉的微风伴随着盐娃们灵动的身姿，操场上盐娃们挥洒汗水，乐在其中。

很快，一天的课结束了，孩子们安静快速地收好课本文具，值日生积极地、动作娴熟地做好当天的教室清扫、讲台整理等工作。教室是孩子们的"家"，陪伴着他们学习成长，放学了就需要让孩子们热情的双手还它整洁、还它美丽。

在学习中，孩子们积极通过自己的劳动画出精美缜密的思维导图、清洗收集平时生活中的可回收垃圾、把自己的房间收拾得干净整洁……孩子们还通过职业体验、志愿服务、实践创造等活动增强劳动技能。

这就是盐娃的一天，德、智、体、美、劳全面发展。习近平总书记提出，我们要培养德智体美劳全面发展的社会主义建设者和接班人，"五育"并举，全面发展。盐小在践行"五育"并举教育理念的基础上，不断开发和完善"五育"课程，盐娃在盐小"五育"特色课程滋养下，正昂首阔步，走向更加灿烂美好的明天。

一、概念一：全面发展概念

（一）全面发展的思想演进

1. 全面发展思想的形成

（1）全面发展思想的萌芽

对于人的发展理论可追溯至文艺复兴时期，当时人文主义者力图恢复与发扬古希腊时代"身心既美且善"的传统，争取实现人的身心和谐发展，即达到"灵肉一致"，精神完美，"一切学术义理、处世治身之道无一不做到修养成熟，而彻底精通的"[①]，多才多艺，"人们能够完成他们想做的一切事情"[②]。当时，"人的全面发展"还没有成为一个独立而明确的概念。

（2）全面发展思想的发展

17世纪英国启蒙思想家洛克提出"有健康的身体才有健全的精神"的著名论断，并在体育、德育和智育方面提出了具体主张。18世纪法国启蒙思想家和近代教育思想奠基者卢梭提倡培养"自然人"，"自然人为自己而生存，他

[①] 王锐生，景天魁. 论马克思关于人的学说[M]. 沈阳：辽宁人民出版社. 1984：35.

[②] 雅各布·布克哈特，福泽谕吉. 意大利文艺复兴时期的文化[M]. 北京：中国社会出版社. 1999：108.

是数的单位,也是数的全体,他只依赖于自己和按照自己的爱好而生活"①。如何培养"自然人"?他认为应当把教育和劳动结合起来,其中劳动包括手工业劳动和农业劳动,且着重强调手工业劳动,其观点是"目前所有支持人的生活的职业中,最近于自然状态的是手工业的劳动;所有的职位,最能独立不依赖于命运的,就是工匠。工匠只依赖自己的劳动生活,他是一个自由人"②。当然,"自然人"并不是手工业者,而是"劳动如农民,凝思如哲学家"③。简言之,在卢梭自然主义教育思想中,不乏教育和劳动结合、脑力劳动和体力劳动结合这样一些思想。与卢梭同时代的经济学家亚当·斯密在考察工场手工业造成人的片面发展基础上,没有奢谈人的全面发展或自由发展,而建议由国家实行国民教育,以防止由于分工造成的人民群众的完全萎缩。19世纪以前的思想家和社会改革家虽然间或提到人的"全面发展",但他们所说的实际上是"人的"发展、"人性"的发展、"理性"的发展,而不是人的"全面"发展。④真正开始考察人的全面发展的是空想社会主义者,代表人物有圣西门、傅立叶、欧文等。圣西门说:"十五世纪的欧洲人,不仅在物理学、数学、艺术和手工业方面有惊人的成就,他们还在人类理智可及的一些最重要的最广泛的部门十分热心地工作;他们是全面发展的人,而且是自古以来首次出现的全面发展的人。"⑤傅立叶指出,"协作教育的目的在于实现体力和智力的全面发展"⑥。

(3) 全面发展思想形成

文艺复兴和启蒙运动的思想家,主要从抽象的人性出发考察社会上层建筑,并试图单纯从社会上层建筑角度解决人的发展道路问题;空想社会主义者已经注意到社会经济制度——主要是劳动制度——同仁的发展关系。圣西门的"实业制度",傅立叶的过渡性的"保障制度""协作制度"与最终的"和谐制度",慈善家欧文的"工厂制度"与变成空想共产主义者后欧文的"合作公社制度",是他们构思出来的未来社会的模式,也是他们实现人的全面发展的基本途径。

近代产业革命基本完成后,资本主义固有矛盾的暴露,工人运动的兴起,

---

① 张焕庭. 西方资产阶级教育论著选 [M]. 北京:人民教育出版社. 1964:97.
② 张焕庭. 西方资产阶级教育论著选 [M]. 北京:人民教育出版社. 1964:123.
③ 张焕庭. 西方资产阶级教育论著选 [M]. 北京:人民教育出版社. 1964:124.
④ 陈桂生. 人的全面发展理论与现时代 [M]. 上海:上海教育出版社. 1988:16.
⑤ 圣西门. 圣西门选集. 下 [M]. 北京:商务印书馆. 1962:183.
⑥ 傅立叶. 傅立叶选集第3卷 [M]. 冀甫,译. 北京:商务印书馆. 1964:217.

给马克思、恩格斯在创立无产阶级革命学说的过程中，奠定了人的全面发展理论的科学基础。马克思在批判资产阶级人性论过程中，提出"人的本质并不是单个人所固有的抽象物。在其现实性上，它是一切社会关系的总和"①。人类社会，人们的社会关系，是马克思和恩格斯超越资产阶级人性论的历史哲学而确立的新的出发点。这也是马克思主义关于人的全面发展理论和非马克思主义关于人的全面发展理论在出发点上的区别。马克思在《资本论》中通过对资本主义生产方式的历史考察，更全面、深入地揭示了人的发展与社会的发展是统一的现象，并在此基础上形成了马克思主义关于人的全面发展的科学理论。

2. 社会主义新中国关于全面发展理论的探索

毛泽东同志在1957年2月《关于正确处理人民内部矛盾的问题》一文中，提出了人应该德育、智育、体育三方面发展。这是毛泽东根据中国革命和建设中国具体国情对人的发展提供的一个科学解释。德育是指培育和塑造人的道德品质和政治思想，是教育的根本。智育是指人的身体素质、科学文化和技能的教育开发。体育是指以身体锻炼为基础，增加人的身体素质的社会活动。人的发展必须是多方面的发展，健康的体质是进行各种活动的前提和基础。毛泽东认为要实现人的发展，健康的体质是进行各种实践活动的前提和基础，必须将德育、智育、体育"三育"并重。同时，更加注重智力和体力的协调发展。这一理论，指明了社会主义建设中人的发展方向和道路，不仅继承和发展了马克思的人的全面发展理论，而且不断创新和论证了人的全面发展的实现路径。

邓小平同志以我国正处于社会主义初级阶段为出发点，提出了发展、四有新人、社会主义精神文明建设等思想，为人的全面发展提供了理论基础，促进了人的全面发展理论的创新和发展。江泽民同志在2001年7月1日中国共产党建党八十周年的讲话中，指出"我们要在发展社会主义社会物质文明的基础上，不断推进人的全面发展"②。从中我们不难看出，建设中国特色社会主义的本质就是要求人要全面发展，同时人的全面发展是在建设中国特色社会主义的过程中实现的。江泽民的"人的全面发展观"阐述了社会主义初级阶段和高级阶段发展的根本目标就是实现人的全面发展，并指出两个阶段之间的辩证关系及人的全面发展的现实途径。江泽民同志立足中国特色社会主义建设和人类

---

① 文学图本卷. 马克思恩格斯列宁斯大林论教育 [M]. 北京：中国社会科学出版社，2016：11.
② 金东禹，边长庆. 社会主义社会人的全面发展江泽民关于人的全面发展思想研究 [M]. 长春：吉林人民出版社，2006：1.

社会发展变化的形势，提出了党在社会主义初级阶段的历史任务，继承了马克思主义的全面发展的精髓，并推动了新的历史条件下人的全面发展理论的进步。胡锦涛同志在十六届三中全会中提出了科学发展观的核心——以人为本，科学发展观和人的全面发展理论不可分割、相互联系。前者视后者为自己的终极价值目标和价值取向，后者是前者的理论依据和理论说明。中国特色社会主义的建设，最重要的就是关于人的建设即人的全面发展建设，因为只有人实现了全面发展，社会发展才具有动力。因此，我们想要实现人的全面发展，应该首先以社会主义初级阶段为出发点，在人的全面发展过程中坚持理论自信，在坚持理论自信过程中实现人的全面发展。

习近平同志在党的十九大报告中，多次提到"不断促进人的全面发展"，这是马克思主义理论在新的社会发展条件下，对人的全面发展的进一步探索，是马克思关于人的全面发展理论中国化的成果。习近平非常重视人的全面发展的问题，强调我们必须要坚持"以人民为中心"，人民是历史的创造者，是决定党和国家前途命运的根本力量。发展依靠人、发展是为了人、发展成果由人民共享。人的全面发展可以从满足人、依靠人和引导人三个方面来分析：满足人就是满足人的不同层次上的物质生活需求和精神需求；依靠人即依靠人的潜在能力的发展，并促进人的所有能力的全面发展；引导人是指通过多方面的机制，引导人的发展和行动，主要有文化引导、制度引导、资源引导等，将每个人放在适合的擅长的工作领域。人的全面发展，是我们构建"人类命运共同体"的思想基础，是三个"超越"的共同话语和共同根基。

（二）全面发展的本质内涵

当下，如何把握"全面发展"的内涵？学者们大致以拆分"人的全面发展"中人、全面、发展和从整体上阐释其内涵两种方式来理解"人的全面发展"。前文中已提到，"人的全面发展"是随着社会的发展和人们的需求而发展变化的，因此，当下我们要准确把握"人的全面发展"的实质，更应该从整体上对其进行分析。我们认为"全面发展"的内涵包含四个层面的内涵，即完全发展、整体发展、多样化发展和独特的个性化发展。

1. 完全发展

"人的全面发展"首先是指人的"完全发展"。何谓完全发展，即人的最基本的素质必须得到完全的发展，各个基本面可以有发展程度上的差异，但缺一不可。"完全发展"强调的是教育要尽可能地挖掘学生各个方面的潜力，促进学生的全面发展。

2. 整体发展

"整体发展"是"全面发展"的应有之义。全面发展的出发点和归宿处都是"人"。马克思认为"人的本质不是单个人所固有的抽象物,在其现实性上,它是一切社会关系的总和"①。也就是说,人并不是抽象的、虚幻的人,而是在一定社会关系中从事一系列实践活动的人,是现实的人、社会的人。基于此,如何理解人的全面发展?马克思基于"类"这个整体概念来探讨人的发展。"类"是指人的全面发展和人的社会化发展的全过程。全面发展的主体是"人",人是个体的存在,也是类的存在,是两者的统一。人的全面发展的前提是个人的发展,没有个人的发展,就没有类的发展,个人在其发展中,逐步扩大,就能达到类的发展。

另外,整体发展也指人的各种基本素质必须获得协调的发展,各方面发展不能失调,否则就是畸形发展。一般说来,一个人只要生活在社会中,他的各种最基本的素质,如德、智、体、美、劳等基本方面都会获得一定的发展。如果某一方面的发展过于低下,一个人的发展就会失衡,就会呈现出畸形状态,这不仅会影响其他素质的发展,也会影响人的整体素质的发展。"整体发展"强调的是各基本素质之间关系的协调,是人的发展上所体现出的一种美。

3. 多样化发展

长期以来,人们对于智能的构成一直有不同的看法。仅在20世纪的前几十年,就出现了斯皮尔曼的智力二因素说、卡特尔的定型和不定型智力说等。20世纪80年代后,美国心理学家斯腾伯格提出智力三元说,认为智力主要包括分析性智力、创造性智力和实践性智力三个方面。戈尔曼则提出情感智力的观点,认为不能忽视情感对人的思维的影响,故有必要对智力的情绪和情感成分进行分析。霍华德·加德纳在他所著的《智力的结构》(1983)中提出,每个人至少有七项智能,即语言智能、音乐智能、数理逻辑智能、空间智能、身体运动智能、人际交往智能和自我认识智能。② 1996年,加德纳在七种智能的基础上又提出了第八种智能,即自然观察者智能。简言之,人们已突破传统中"智力是以语言和数理逻辑能力为核心"的观念,已形成人类个体的智能多元化的共识。此外,多元智能理论强调,每一种智能的发展实际上都有其独特的轨迹,不同的智能发展阶段不同。不仅如此,在每一个个体身上,智力的结构

---

① 文学图本卷. 马克思恩格斯列宁斯大林论教育[M]. 北京:中国社会科学出版社,2016:11.
② 吴志宏,郅庭瑾,等. 多元智能理论、方法与实践[M]. 上海:上海教育出版社. 2003:9.

组合也不同。

综上,"人的全面发展"中必然蕴含着多样化发展,人类个体的智能多元化、个体身上智力的结构组合的多样化、智能发展阶段的差异性等皆突出了全面发展中的多样化发展的必然性!

4. 独特的个性化发展

人的"全面发展"和"人的个性化发展"有何联系?马克思提到的个人全面发展即个性全面发展,其中的"个人""个性"是复数,是就"任何人"而言的,不是指单个人的"个别性"[①]。换言之,人的全面发展指的是"有个性的个人"的全面发展。即使在一定的社会关系里每一个人都能成为出色的画家,但这绝不排斥每一个人成为"独创的画家"的可能性。

此外,"人的全面发展"还意味着人的"自由发展",即人自主的具有独特性和富有个性的发展。"自由发展"的本质就是"个性发展","个性发展"的核心就是人的素质构造的独特性,这主要体现在两个方面:一是指人的基本素质中各要素及其要素因子在发展上应努力形成范围和程度上的个人独特性,即个人不可能在某一基本素质内的所有方面都获得发展,也不可能在几个方面获得平均程度的发展,各素质之间总会有一定的不平衡或偏移;二是指人的各基本素质和其内部各要素及其要素因子在其组合上应努力建构个人的独特性,假设两个人所具有的素质成分相同,但如果这些成分不同,那么他们呈现出不同的个性和特长。正因为如此,马克思才把"每个人的全面而自由的发展"作为未来社会的基本原则,特别强调"个人独创和自由的发展",才极力倡导人的"自由发展"。

"人的全面发展"在不同的历史时期和不同的社会条件下有着不尽相同的内涵和层次,然而,无论是不同历史时期的人还是同一历史时期的不同人对"全面发展"的理解和追求有多么不同,其实质却是相同的,即不断地追求自身的完善。所谓"全面",只是相对的,不是绝对的,它主要是指人的发展的自主性、多面性和"每一位有拉斐尔才能的人都应有不受阻碍地发展的可能性"。

二、概念二:全面培养模式

(一)模式

何谓模式?模,在《说文解字》中称为"法",即借助一定的工具和方法

[①] 陈桂生. 人的全面发展理论与现时代 [M]. 上海:上海教育出版社. 1988:7.

来制造物品。后随着语言的发展，人们给"法"这一基本含义又赋予了新的意义：一是模式，样式；二是模型、规范；三是模仿、效法。因此，从词性来看，"模"兼有名词和动词的词性；从词义来看，"模"既而已是制作产品的方法，也可以是充当标准的事物，但强调的是事物的型、范或式，即结构。①

式，就是样式、式子。将"模"的几种含义和"式"结合起来，即模式——既可以指某一种模型、样式，又可以指规范、标准，前者倾向于物品的形态，后者更加强调方式、方法。全面培养模式中，"模式"属于后者，换言之，"模式"就是方法论，是指将解决某一类问题的方法整合到理论的高度，形成的某种标准形式。

（二）培养模式

学校教育作为国家组织的，由教育行政部门安排专职人员承担的有目的、有系统、有计划的活动，其目的在于影响受教育者的身心发展并使其达成预期目标。这一预期目标也就是学校教育的培养目标。学校教育的一切行为模式都为达成这一目标而努力，我们称之为教育的培养模式。

纵览古今对教育培养模式的研究，学界对培养模式的内涵界定各不相同。综合学者的研究，我们将人才培养模式归纳为两个方面。一是将培养模式限定于教学活动之中。魏所康认为培养模式是一定教育机构或教育工作者群体普遍认同和遵从的关于人才培养活动的实践规范和操作样式，是直接作用于受教育者身心的教育活动全要素的总和和全过程的总和。② 蔡炎斌认为人才培养模式是在一定的教育思想、教育理论和教育方针的指导下，学校根据人才培养目标，对培养对象采取的某种特定的人才培养策略体系及教育教学活动的组织样式和运行方法的总称。③ 也有的认为培养模式是指在一定的教育思想和教育理论指导下，为实现培养目标而采取的培养过程中的某种标准样式和运行方式。④ 二是将培养模式扩大到整个教育管理中。有学者认为人才培养模式是一个系统，至少应包括创新人才的培养模式和人才成长环境两个部分。创新人才培养模式是创新人才培养的核心，是在一定的教学组织管理下实施的，包括培养目标、专业结构、课程体系、教学制度、教学模式和日常教学管理；创新人

---

① 王晓辉. 一流大学个性化人才培养模式研究 [D]. 武汉：华中师范大学，2014.
② 魏所康. 培养模式论：学生创新精神培养与人才培养模式改革 [M]. 南京：东南大学出版社，2004：23.
③ 蔡炎斌. 高校创新人才培养模式之探索 [J]. 湖南师范大学教育科学学报，2006，5（2）：79-81，84.
④ 龚怡祖. 略论大学培养模式 [J]. 高等教育研究，1998（1）：86-87.

才成长的环境是创新人才的保证，包括师资队伍、教学硬件和校园文化氛围。高素质的创新人才培养应是从教师到学生、从观念到制度、从软件环境到硬件环境进行全方位、多角度的综合建设。[①] 有人认为人才培养模式主要指一定教育机构和教育工作者群体普遍认同和尊崇的关于人才培养活动的实践规范和基本样式，以教育目的为向导，以教育内容为依托，以教育方法为具体实现形式，直接作用于教育者身心的教育活动全部要素和全部过程的总和，它反映处于教育模式之下具体教学方法之上的教育现象，由培养目标、培养过程、培养制度、培养评价四要素组成。[②]

无论是从教育管理角度入手还是从教育活动切入，培养模式都是围绕两个问题在进行，即培养什么样的人和怎么培养人才。结合学校处于基础教育阶段的客观实际，我们将"人才"这一培养主体定为普通小学生，将培养模式定义为以培养目标为导向、以培养内容为依托、以培养策略为具体实现形式，直接作用于受教育者身心的教育活动全要素和全过程的总和。至于培养什么样的人，即培养德、智、体、美、劳全面发展的人。

（三）全面培养模式

如何理解全面培养模式？全面培养模式指的是德、智、体、美、劳这五个方面和谐发展的模式。

立德树人、发展学生核心素养、"五育"并举是当今教育发展的目标。党的十八大明确提出："全面贯彻党的教育方针，坚持教育为社会主义现代化建设服务、为人民服务，把立德树人作为教育的根本任务，培养德智体美劳全面发展的社会主义建设者和接班人。"[③] 随着党的十八大和十八届三中全会提出的关于把立德树人的要求落到实处，2014年教育部研制印发《关于全面深化课程改革落实立德树人根本任务的意见》，提出"教育部将组织研究提出各学段学生发展核心素养体系，明确学生应具备的适应终身发展和社会发展需要的必备品格和关键能力"。并于2016年发布"学生发展核心素养"具体要求，以科学性、时代性和民族性为基本原则，以培养"全面发展的人"为核心，分为文化基础、自主发展、社会参与三个方面（见图7-1），综合表现为人文底蕴、科学精神、学会学习、健康生活、责任担当、实践创新六大素养，具体细

---

① 朱宏. 高校创新人才培养模式的探索与实践 [J]. 高校教育管理，2008 (3)：6-11.
② 王晋光. 从当前大学生就业难看人才培养模式的创新 [J]. 中国电力教育，2010 (25)：10-12.
③ 冯建军. 立德树人的时代内涵与实施路径 [J]. 人民教育. 2019 (18)：39-44.

化为人文积淀、人文情怀、审美情趣、理性思维、批判质疑、勇于探究、学会学习、勤于反思、信息意识、珍爱生命、健全人格、自我管理、社会责任、国家认同、国际理解、劳动意识、问题解决、技术运用等十八个基本要点。①

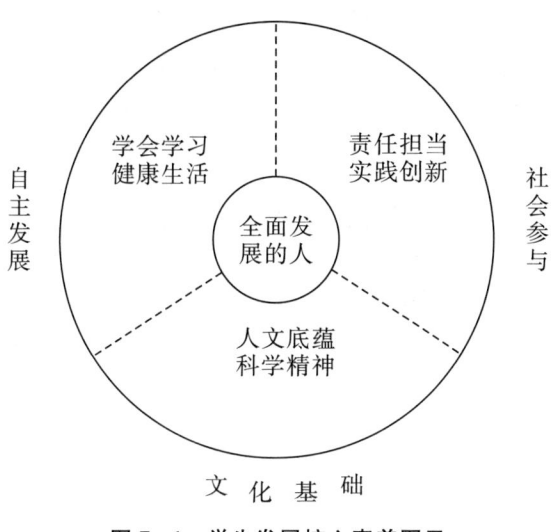

图 7-1 学生发展核心素养图示

　　文化基础、自主发展、社会参与三个方面构成的核心素养总框架，充分体现了马克思主义关于人的社会性等本质属性的观点，与我国智学修身、济世的文化传统相呼应，有效整合了个人、社会和国家三个层面对学生发展的要求。六大要素涵盖了学生适应终身发展和社会发展所需的品格和能力，六大素养之间相互联系、相互补充、互相促进，在不同情景中发挥整体作用。

　　改革开放和社会主义现代化建设、促进人的全面发展和社会全面进步对教育和学习提出了新的更高的要求，培养什么人、怎样培养人、为谁培养人这一事关国家前途命运的根本问题。② 盐道街小学自办学以来，始终全面贯彻党的教育方针，坚持社会主义办学方向，遵循教育基本规律，尊重学生的主体地位，坚持"厚德如盐，适融入道"的办学理念，坚持改革创新，以顺应天性、完善人格、开发创造力、培育人才、塑造生命的教育目标，落实促进学生德智体美劳全面发展的育人模式，创造性地借助特定的机制、方法或工具，以谋求"五育"之间的深度融合，进而促进学生德智体美劳的全面发展，培养具有创

---

① 核心素养研究课题组. 中国学生发展核心素养［J］. 中国教育学刊. 2016（10）：1-3.
② 习近平. 习近平出席全国教育大会并发表重要讲话［EB/OL］.（2018-09-10）. http://www.gov.cn/xinwen/2018-09/10/content_5320835.htm.

新精神和实践能力的社会主义事业的建设者和接班人。

三、概念三:"五育"深度融合

(一)"五育"思想的起源

何为"五育"?自习近平总书记提出德智体美劳的"五育"的思想与1912年蔡元培的"五育"并举思想有何联系?有何不同?

1. 蔡元培"五育"并举的思想

我国最早提出"五育"教育思想的是蔡元培。蔡元培,浙江绍兴人,中国近代教育家、革命家、政治家,1916—1927年任北京大学校长。18世纪60年代,随着蒸汽机的诞生,西方国家的机械化生产逐渐代替原始的手工业,大大提高了生产效率,工业革命使资本主义社会飞速发展;而当时的清政府正在实行闭关锁国。1840年,英国的利炮打破了清政府长期关守的大门,《南京条约》的签订带来的是更多的列强和更残酷的条约签订,自给自足的封建社会被卷入资本主义弱肉强食的游戏之中,一个大国正在被猎兽蚕食。面对主权丢失、国土侵犯、白银流失,蔡元培提出通过培养全面发展的人才以振兴民族。1912年2月11日,蔡元培在《对于新教育之意见》中明确提出"五育"并举的安仁教育观,包括军民国教育、实利主义、公民道德教育、世界观教育和美感教育,前三者主要指为人民塑造安稳、富强、和谐的幸福生活,后两者属于超轶于政治的教育,注重人的精神享受和修养。假如"以教育界之分言三育者衡之,军国民主义为体育,实利主义为智育,公民道德及美育皆毗于德育,而世界观则统三者而一之"[①]。

一是军国民教育,即体育。蔡元培的全面育人教育方针,旨在培养"共和国民健全之人格",所以体育教育也就排在"五育"之首。"体育者,循生理上自然发达之趋势,而以有规则之人工补助之,使不致有所偏倚",他指出体育锻炼要遵循自身发展规律,在自然的基础上加以锻炼,不能有所偏废。面对列强侵略、军队残弱,他提出"夫军国民教育者,与社会主义僻驰,在他国已有道消之兆。然在我国,则强邻交逼,亟图自卫,而历年丧失之国权,非凭借武力,势难恢复"[②]。面对北大萎靡不振的校风,他指出"殊不知有健全之身体,始有健全之精神;若身体柔弱,则思想精神何由发达?或曰,非困苦其身体,

---

① 高平叔. 蔡元培教育论著选 [M]. 北京:人民教育出版社,2011:6.
② 高平叔. 蔡元培教育论著选 [M]. 北京:人民教育出版社,2011:1.

则精神不能自由。然所谓困苦者，乃锻炼之谓，非使之柔弱以自苦也"①。他认为良好的精神状态以健全的身体为前提，若身体柔弱，精神必困于躯体之中。只有通过体育训练，养成良好的体育习惯，锻炼强健的体魄，养成坚实的体力基础，才能运用思维，创造属于自己的事业。身体是一切物质活动的基础，是自由的前提。

二是实利主义教育，即智育。实利主义从字面意思讲指实现利益，字面上和"资本主义""利己主义"相关，但其实不然。欧洲国家的实利主义常常与高等教育联系起来，"欧美各国虽定有义务教育年限，亦多不收学费，以图教育之普及。然此等制度以初等教育为限。其高等教育往往学费甚昂，非素封之家不能使其子弟受此等教育。于是高等教育遂为资本家所专有。而其教育又大抵偏重实利主义，几若人类为金钱而生活者。遂使拜金主义弥漫全国。美国其代表也"②。而蔡元培所提到的"实利主义"则是为了强国富民，解决百姓生计问题，"我国地宝不发，实业界之组织尚幼稚，人民失业者至多，而国甚贫。实利主义之教育，固亦当务之急者也"③。换言之，实利主义教育应该向学生传授与生计密切相关的普通文化科学知识和职业技能，培养学生生存与发展的能力。从《智育十讲》中可以了解到，蔡元培将智育内容分为文字、图画、音乐、戏剧、诗歌、历史、地理、建筑、雕刻、装饰十个方面。他认为智育的基石是文字；图画与美育直接相关；音乐有感人至深、移风易俗的作用；戏剧感人甚深，有功于社会，起到社会教育的作用；诗歌是人们心理和情绪的表达，通过叹词的承接，按照"平上去入"的声调来将数种情绪融合为一体并用复杂的语言记录下来的一种文学形式；历史是"记载已往社会之现象，以垂示将来者也。吾人读历史而得古人之知识，据以为基本，而益加研究，此人类知识之所以进步也。吾人读历史而知古人之行为，辨其是非，究其成败，法是与成者，而戒其非与败者，此人类道德与事业之所以进步也。是历史之益也"④；地理，不仅是科学课程的概念，更与人文知识紧密相关联，"所以考地球之位置区画，及其与人生之关系者也"；建筑、雕刻、装饰均代表人生观的智育方式，传递文化和智慧的力量，承载着美学特色。

三是公民道德教育，即德育。蔡元培认为，实施军国民教育、实利主义教育固然可以富国强兵，但也会造成"强欺弱，智欺愚""贫富悬绝"，甚至还会

---

① 高平叔. 蔡元培教育论著选 [M]. 北京：人民教育出版社，2011：101.
② 高平叔. 蔡元培教育论著选 [M]. 北京：人民教育出版社，2011：209-210.
③ 高平叔. 蔡元培教育论著选 [M]. 北京：人民教育出版社，2011：2.
④ 周蜀溪. 蔡元培讲教育 [M]. 北京：新华出版社，2005：122-123.

酿成"资本家与劳动家血战之惨剧"。所以仅有军国民教育和实利主义教育是不够的，必须"教之以公民道德"，"军国民教育及实利主义，则必以道德为根本"。而"德育实为完成人格之本。若无德，则虽体魄智力发达，适足助为恶，无益也"。他认为，德育是为提高国民德性，营造和谐、稳定的社会。蔡元培在体育和智育的基础上提出公民道德教育①。在德育教育中，蔡元培继承了我国古代传统儒家思想，同时又吸收了西方自由主义思想。他提出自由、平等和博爱的观点，如"匹夫不可夺志也""己所不欲勿施于人""己欲立而立人，己欲达而达人"等；也提出关于现代文明教化的内容，如注意公共卫生、爱护公共财物等。

四是美育。蔡元培认为美学超越一切，具有普遍适用的功能，在"以美育代宗教说"的演讲中，他提出"纯粹之美育，所以陶养吾人之感情，使有高尚纯洁之习惯，而使人我之见，利己损人之思念，以渐消沮者也。盖以美为普遍性，决无人我差别之见能参入其中"②。

五是世界观教育。世界观教育是蔡元培思想中的独特之处，其中既有对现实生活的追求，又有对精神世界的向往，教育的立足点在现象世界，目标是实体世界。世界观的教育，归根到底是培养人对现象物质世界的超然态度。实际上是对世人的实体观念的培养，思考人存在的价值，探究宇宙人生的本质，最终体现出现人的自由意志。③

需要提到的是虽然在蔡元培的"五育"内容中没有正式提及劳育，但劳育却在"五育"实施中有所体现。蔡元培将劳育与体育教育和实力主义教育相结合，"人之动作，非仅凭脑，脑部之外，尚有手足。苟只凭用脑力研究学问而不劳力，则身体上不能获得平均之发达，以致年龄愈大，脑力愈衰。劳力者一字不识，仅以力量工作，有如蜂、蚁，结果恐永无进步。是故研究教育事业，必须脑力、劳力同时互用，否则不能有良好结果。"而脑力与劳动同时并进之好处，非独养成身体平均之发达，而最大关键是打破了劳动阶级与知识阶级之界限。蔡元培提倡劳动以"康强其身"的观点，是很有远见卓识的，这种观点打破了中国两千年来脑力劳动者和体力劳动者相分离，读书人轻视劳动的状况。这既是对脱离实际的中国教育制度的一大改革，也是对死守几本教科书的教育方法的一大改革。④

---

① 曾成栋. 论蔡元培之"五育"教育观［D］. 长沙：湖南师范大学，2015.
② 高平叔. 蔡元培教育论著选［M］. 北京：人民教育出版社，2011：90.
③ 郑然. 蔡元培教育伦理思想研究［D］. 石家庄：河北师范大学，2012.
④ 王玉生. 蔡元培大学教育思想论纲［M］. 北京：光明日报出版社，2007：35.

值得注意的是，蔡元培坚持"五育"不可分割，各育之间紧密相连，缺少任何一育，都会影响健全人格的实现。就好像人的身体，"军国民主义者，筋骨也，用以自卫；实利主义者，胃肠也，用以营养；公民道德者，呼吸机循环机也，周贯全体；美育者，神经系也，所以传导；世界观者，心理作用也，附丽于神经系，而无迹象之可求。此即五者不可偏废之理也"①，这五大教育都是不可偏废的。在具体的学科教学实践中，五种教育不是相互割裂的，而是互融互通的，且各个学科所担任的教育有主次之分，也有多寡之分。如地理学科就是融实利主义教育、军国民教育、美育、德育和世界观教育于一身，气候和地势分布属于军国民教育，因地质差异产生各地不同的风景属于美育，各民族风俗习惯属于德育，对世界地理的推想和感受又可以作为世界观教育的导向。蔡元培这一思想在实施"五育"并举中具有至关重要的意义，和我们所提倡的"五育"深度融合是一脉相承的。

2. 现阶段"五育"内容的解读

从2010年国务院颁布的《国家中长期教育改革和发展规划纲要（2010—2020年）》中我们可以领会到，我国学校教育的目标是培养德智体美劳全面发展的社会主义建设者和接班人，因此，学校教育的内容就是德育、智育、体育、美育、劳育，简称"五育"。

德育，"五育"之首，旨在形成受教育者一定思想品德的教育，在中国包括思想教育、政治教育和道德教育②三个方面的内容。政治教育包括政治立场、政治信念、政治态度的教育，思想教育包括世界观、人生观、价值观的教育，道德教育包括道德规范、职业道德、行为规范的教育。随着核心素养的提出，健康的心理也是当代教育的重要内容，所以心理素质教育也被纳入了德育范畴。从组成成分上讲，德包括道德认知、道德情感、道德行为。就学校教育而言，德育就是教师将道德知识传授给学生，学生将知识内化，并形成一定的道德情感，从而外化为道德行为的过程。

智育，从教育学原理来解读，是教育者创设一定的情境以提升教育对象的智慧水平为目标的教育。其中，"智力"是指认识方面的各种能力，即观察力、记忆力、思维能力、想象能力等。③ 也有学者这样定义，智育是对人的智慧、才能的培养过程，通过对人类文明所创造的一切物质和精神财富的继承和发

---

① 高平叔. 蔡元培教育论著选 [M]. 北京：人民教育出版社，2011：6.
② 顾明远. 教育大辞典简编本 [M]. 上海：上海教育出版社，1999：53.
③ 成有信. 教育学原理 [M]. 沈阳：辽宁大学出版社，2007：221.

展，以提高人类认识客观事物并运用知识解决实际问题的能力，是一种综合的潜在心理能量的开发。① 思维能力的培养是智育的核心，所以知识的掌握和能力的培养缺一不可，知识是促进学生能力发展的基石，能力是反应和巩固知识的手段。

体育是一种复杂的社会文化现象，它以身体与智力活动为基本手段，根据人体生长发育、技能形成和机能提高等规律，达到促进全面发育、提高身体素质与全面教育水平、增强体质与提高运动能力、改善生活方式与提高生活质量的一种有意识、有目的、有组织的社会活动。就学校教育而言，体育主要是指对受教育者身体素质以及运动能力的一种培养和基本训练。诚如毛泽东所言，"体育，载知识衣车，而寓道德之舍也"，"体育之效，至于强筋骨，因而增知识，因而调感情，因而强意志。筋骨者，吾人之身；知识、感情、意志者，吾人之心。身心皆适，是谓俱泰"②。同时体育又有助于培养坚韧不拔的意志和不甘落后的进取精神。

美育，最早是18世纪"美育之父"席勒提出的，他认为美育是促进鉴赏力和美的教育，其目的在于培养我们的感性和精神力量的整体达到尽可能的和谐，将美育界定为情感教育。③ 现代汉语词典中又将美育界定为审美教育，是以培养审美的能力、美的情操和对艺术的兴趣为主要任务的教育。④ 学校教育所提倡的美育，是通过培养学生认识美、体验美、感受美、欣赏美和创造美的能力，使其具有美的理想、美的情操、美的品格和美的素养，以丰富、发展和完善学生的情感，使个性得到充分自由的成长。

劳育，即劳动技术教育，包括劳育和技术教育，目的是培养学生的劳动观念、劳动习惯和学习生产技术的兴趣，掌握现代生产技术的一些基础知识和基本技能，掌握组织和管理生产的初步知识和技能。

有学者将"五育"的结构组成成分及价值意义进行总结（见表7-1）。

---

① 肖宁，孙伟. 试论教育体系中德、智、体、美、劳"五育"的关系及地位 [J]. 吉林教育科学：高教研究. 1996 (3)：68, 35.
② 孙宜辰，郭文亮. 从《体育之研究》看毛泽东的体育哲学思想及当代价值 [J]. 毛泽东邓小平理论研究，2014 (08)：75-79, 92.
③ 席勒. 美育书简 [M]. 徐恒醇，译. 北京：中国文联出版公司，1984：22.
④ 中国社会科学院语言研究所词典编辑室. 现代汉语词典：第7版 [M]. 北京：商务印书馆，2016：889.

表 7-1　人的素质结构组成成分、发展过程及其价值体现表[①]

		德	智	体	美	劳
组成成分		主要由道德认识、道德情感、道德行为习惯所组成	主要由知识、智力及相关智力技能等组成	主要由身体素质及人体基本活动技能和能力组成	主要由审美感、审美观、审美能力及艺术创造才能等组成	主要由生产过程的基本原理和技能（中小学是以劳动观点、态度、技能）组成
发展过程		一种由知到行的过程，其中情感起了很大的作用	本质上是一种特殊的认识发展过程	是人的生理上的成长、成熟以及相应的技能技巧掌握过程	是对美的感受能力以及美的创造才能的发展过程	是知识的实际运用和操作技能掌握与能力形成的过程
价值	社会的	巩固和发展一定的社会制度遵循社会准则，维护社会秩序	具有从事社会各种活动的知识和能力	是建设社会、保卫国家的物质基础、身体条件	对现实生活产生美好的情感，热爱生活并创造美	使人具有参加和发展社会生产的实际能力，能使可能生产力转化为现实生产力
	个人的	促进人格完善，学会做人	满足求知欲，学会求知与创新	使身体健康、健美、减少疾病，学会健体	自我创造，学会审美	具有一技之长，动手动脑，学会劳动与生存

（二）"五育"深度融合

马克思主义唯物辩证法提出一切事物、现象之间及其内部诸要素之间都是相互依赖、相互制约、相互影响和相互作用的。所以在认识和把握"五育"时，我们要把整体性原则作为基本的出发点，从总体上把握事物的本质和功能。从"五育"整体系统上看，它是由德育、智育、体育、美育、劳育组成的，但不是这些部分的简单相加或机械相加。所以在教育中，我们要从整体与部分的有机联系中综合地、系统地把握，避免孤立地、片面地实施教育，因此我们提出了"'五育'深度融合"这一概念。

[①] 隗建勋. 试论素质发展与"五育"整合［J］. 西南师范大学学报：人文社会科学版，2001(5)：51—55.

1. "五育"间的联系

北京师范大学哲学教授桑新民依据马克思在《资本论》中所运用的科学抽象方法，将"五育"划分为三个层次。他认为德育、智育、美育属于心理发育层次，体育属于身心和谐发展的层次，劳动技术教育属于培养创造性实践能力的层次。从心理发育层面看，对真的追求和与此相应的科学教育就不仅是对现有科学知识的学习和传播，而且要注重培养突破与超越现存知识王国的能力；对善的追求和与此相应的道德教育就不仅是对现行社会道德规范的熟识与遵从，而且要为文明发展和道德进步造就出善于识别、突破、超越腐朽落后道德规范和道德观念的一代新人；对美的追求和与此相应的情感教育则不仅要能欣赏前人创造的审美对象，而且更要善于自觉地按照美的规律去建造、去开创一个更加美好的王国。其中，德育是灵魂和方向，智育是前提和基础，美育是将智育和德育联系起来的桥梁以及各育间的内在动力。

2. "五育"深度融合

什么是融合？《现代汉语词典》这样定义：几种不同的事物合成一体。晋朝著名史学家常璩《华阳国志·汉中志·涪县》："屠水出屠山，其源出金银矿，洗，取火融合之，为金银。"这里的融合是指不同层次的事物通过一定的碰撞或聚集之后，其认知、情感或态度倾向相互渗透，融为新的有机体的过程。聚集是融合的前提条件，渗透是融合的关键步骤，整体化的新事物生成是融合的最终目标。

较早提出"整体－融合"的是四川社会科学院的查有梁先生，他提出在教学中将知识、能力、人格、健康、环境五大要素有机融合起来，如图7－2、图7－3所示。

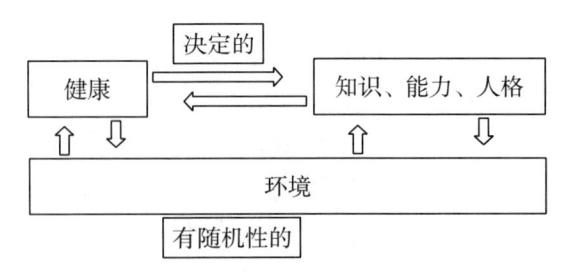

图7－2　知识、能力、人格与健康、环境的融合

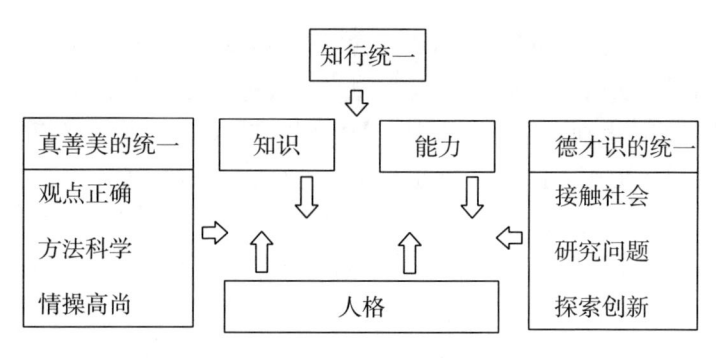

图 7-3　知识、能力、人格的融合

通过上述两张图，我们可以清楚地看到，知识、能力、人格、健康、环境五者是相互作用、相互影响的，这其中也蕴含了"五育"。在大环境中，健康属于体育的范畴，知识与能力的培养是智育的体现，真善美和知行统一是美育和德育的培养目标，接触社会和研究问题是劳动技术教育的领域，"五育"有机融合最终实现健全的人格。

"五育"深度融合不是简单意义上的"五育"并举，不是德育、智育、体育、美育、劳育的简单拼凑和叠加，而是聚焦于学生的课程和活动之中。正如上海市教委副主任倪闽景所说："对培养孩子而言，德智体美劳就像一朵花的五个花瓣，本身就是一体的，哪一个花瓣都不该缺。"[①]

四川社会科学院查有梁先生提出"五育"的"整体－融合"，指出德、智、体、美、劳的关系都是不可分割的整体，其中每一育都是一个"全息"的整体，即每一部分中都包含着整体的"主要信息"，不应该机械割裂。

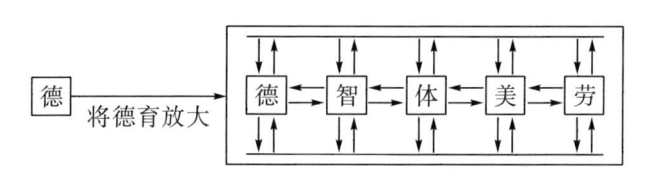

图 7-4　每一育中都应是德智体美劳相互融合的整体

学者李政涛从五个方面分析了"五育"融合的价值及内涵：第一，"五育"融合是一种"育人假设"，它预设人的成长发展，既是全面发展，更是融合发展。第二，"五育"融合是一种"育人实践"，强调教育的完整性或完整性的倡导，着重于实践方式或落实方式，致力于在贯通融合中实践"五育"并举。"并"和"融"在于理想与实践、目标与策略之分。第三，"五育"融合是一种

---

① 宁本涛. "五育融合"与中国基础教育生态重建[J]. 中国电化教育，2020 (5)：1-5.

"育人理念","五育"融合的提出还蕴含了"融合理念",直指制约育人质量提升的各育割裂对立论。第四,"五育"融合是一种"育人思维",包含"有机关联式思维""整体融通式思维""综合渗透式思维"等,既提升各育之间的关联度和衔接度,又使各育自身的推进方式、运行方式和发展方式发生革命性变化。第五,"五育"融合是一种"育人挑战"。对于学生而言,"五育"融合式学习是挑战;对于教师来说,如何在教学活动中融合"五育",形成"五育"效应是挑战;在校长那里,如何建构适应"五育"融合的体制机制、制度体系、课程体系、教学体系、班级建设体系以及整体性的学校文化体系也是挑战。[①]

学校是以促进人的全面和谐发展为出发点和归宿点的,学生的样态应该是德智体美劳全面和谐发展,具有健全人格的样态。"五育"不可偏废,因为德育不好是危险品,智育不好是次品,体育不好是废品,美育不好是质品,劳育不好只能是样品。百年盐小,以生为本。盐道街小学一直秉持着"厚德如盐,适融入道"的办学理念,致力于培养全面发展的有思想、有道德、有文化、有纪律的学生,坚持"五育"深度融合的教育模式,着眼于学生的德、智、体、美、劳的发展,针对"五育"在知识形态、学习方式、发展方式三个方面的差异与冲突,借助有效的机制、方法或工具,将"五育"加以重组而成为一个有机的整体,充分发挥出整体的育人效益。

---

① 李政涛."五育融合",提升育人质量[J].中国教师报,2020(1):1—2.

第八章　全面育人的五个观点

【故事导入】

盐小作为百年名校,时常需要接待一些领导、专家。有一次,某位领导来校视察,那天正巧赶上学校开展一个传统与现代游戏结合的活动,其中传统项目主要有剪纸、做糖人、打曲棍球等,现代项目有飞碟杯、冰球、羽毛球、竖笛表演等,活动分为不同摊位,由教师指导,学生体验。学生分班级来到每个摊位面前体验不同的项目,每个摊位都十分热闹,孩子们个个生机勃勃、自信开朗,无论见到谁都落落大方,并且都能在不同的摊位上展现自己的才能。孩子体验完一圈后,纷纷表示玩得十分尽兴,领导见此场景会心一笑,说:"这才是当下全面育人应该培养的孩子。"

要知道一所学校如何,最终还是要看学生是否得到全面发展。在多年的探索中,盐小总结出关于全面发展的五个基本观点。

一、全面发展的实质是个性的充分发展

(一)全面发展的实质

人类很早就萌芽了对人的完美、和谐发展的追求,但直到19世纪,马克思和恩格斯才在继承和发展前人思想的基础上,率先对这一问题做了科学的历史分析。马克思与恩格斯指出,人的发展与社会发展的一致性,强调人的全面发展只有在合理的社会制度下才能完全彻底地实现,认为造就全面发展的人的唯一方法是教育与生产劳动相结合。

马克思认为,人的全面发展是指"人以一种全面的方式,也就是说,作为一个完整的人,占有自己的全面的本质",换言之,就是全面发展人的一切能力,是现实的个人的自由发展。恩格斯也指出,"全面发展的人"是"各方面都有能力的人"。此外,马克思还指出"建立在个人全面发展和他们共同的社

会生产能力成为他们的社会财富这一基础上的自由个性"① 是新的社会形态的特征。马克思、恩格斯在很多地方都谈到了对人的能力、需要、爱好、志趣等各方面的发展的重要价值。可见，全面发展是相对于片面发展而言的，是指人的各种基本素质和能力都得到发展，而全面发展的实质则是个性的充分发展。

（二）个性充分发展的本质内涵

全面发展的实质是个性的充分发展，这里，首先就有必要对个性发展的本质内涵做以下探讨。个性发展是什么呢？

个体在个人生理基础上从出生开始所拥有的独特品质不断发展演变的过程，即为个性发展。教育的对象是具有独特性质的个体，是个性的人，因此，教育学首先强调个体差异是人的一种客观存在，教育者应当实施因人而异的教育内容，采用不同的教育方法。个性发展，顾名思义，就是个性生发和成长，是形成个性品质、开发个体潜能、增强个性特征和实现个体价值的过程。个性发展的核心就是挖掘、显示个体寓于共性之中的差异性，使个体优势得到强化和有序发展，满足个体不断向前的各种发展需要。遗传是个性发展的基础，它的先天差异和独特性为个性发展提供了可能。然而在后天环境中，个体通过社会生活和社会实践使个性发展的进程、方向发生转变，教育的意义就逐渐显现了出来。个性发展是个体通过社会和教育以及主体的社会实践活动在身心、才能、德行、技能等方面的完善及人生观、世界观、道德观、价值观等的形成的过程。

充分则是与不完全的、不足的相对，个性充分发展在强调我们不仅应该重视个性发展，还应当使学生的个性在教学过程中得到完全的、足够的发展。

（三）个性充分发展的价值

首先，充分的个性发展是自主学习的前提。因受传统"班级授课制"制约，学生大多时候缺乏自主学习的意识，但当学校有意识地培养学生的个性时，学生就会逐渐产生比较独立的意识，对于生活中的选择和学习知识渐渐都有自己的判断，这样利于培养学生的个性，也能使学生更好地进行自主化学习。

其次，充分的个性发展是创新学习的土壤。良好的个性对于培养学生创新能力有着至关重要的作用。一个具有独特意识和思维，有着独特的想象，有着

---

① 马克思. 马克思恩格斯全集：第46卷（上）[M]. 中共中央编译局，译. 北京：人民出版社，1979：104.

独具一格的表达方式的独具个性的人，会在个性发展的积极影响下逐渐产生更多的良好效果，逐渐培养起创新意识，发展出创新能力。而缺乏个性、故步自封、人云亦云的人，是很难拥有创新能力的。

最后，充分的个性发展还能促进自身价值的实现。一个有良好个性的学生从小就能清楚地制定自己的目标，并且会顺着所制定的目标坚持学习，在未来的学习生活中也会有较为清晰的发展计划，这能很好地促进学生自身价值的实现。

二、全面培养的实质是基于"五育"并举的"五育"融合，"五育"融合的关键则是课程整合

（一）基于"五育"并举的"五育"融合

自中华人民共和国以全面发展为教育质量标准的教育目的提出以来，全面发展的具体内容从德育、智育、体育的"三育"逐步发展为今天的德智体美劳的"五育"并举。"五育"并举的思想丰富了全面发展教育中的基本领域，找到了共同支撑着人的全面发展的五个基本面。"五育"的思想是值得肯定的。

然而，现阶段，学校在探索"五育"的全面培养模式的过程中遇到了一系列亟须解决的问题，包括：①学生片面发展的问题。具体体现为"五育"中以智育为主，德育和体育为辅，忽视美育和劳育，且重视课内而忽视课外，最终导致学生片面发展，强于智，而平于德体，弱于美劳。②学生畸形发展的问题。具体表现为学校的德智体美劳课程已经开足、开全、开精，但"五育"课程之间缺乏联系，导致学生在德智体美劳五个基本面的发展上彼此分离而没有达到整体协调，从而导致人的畸形发展。③学生同质发展的问题。学生德智体美劳都获得整体的发展，但不能将知识与自我、他人与自我、社会与自我、自然与自我进行整合，欠缺运用知识进行探究与创新的能力。

可见，简单的叠加、整合改变不了事物的本质，它只是堆积，没有质的变化，不可能产生新的事物。人的全面发展不仅需要学生在德智体美劳五个基本面的完全发展，还需要这五个基本面的有机统一发展，唯有如此才能解决学生的片面发展问题、畸形发展问题、同质发展问题，促进学生完全的发展、多方面的整体发展、多样化个性的发展。总之，融合乃是全面发展教育的关键，全面培养模式的实质应是基于"五育"并举的"五育"融合。学校为了解决学生全面发展的问题，必须要进行教育的"五育"融合。

（二）课程整合是"五育"融合的关键

教育界较早提出"整合"概念的是赫尔巴特，他吸收和改进了莱布尼茨与

康德的统觉理论。课程整合并不难理解，其实质上就是一种采用各种有机整合的形式，使学校教学系统中分化了的各要素及其各成分之间形成有机联系的课程形态，它是一种新型的课程形态。[1] 关注学生的终身发展的内在需要，着眼于学生个性的全面发展，是课程整合的根本价值追求。对德智体美劳等不同学科之间关系的处理以及学科内知识与知识关系的处理，是学科整合的表现形式。可见，全面发展教育的实质是基于"五育"并举的"五育"融合，而课程的有机整合则是"五育"融合的关键。

此外，部分教师理解不透彻，他们认为，整合的课程与分科的课程是相对立的。面对学校教师的不安和紧张，我们首先应该澄清整合课程与分科课程的关系，让教师明白整合与分化是相互补充、相互包含的关系。[2]

（三）盐道课程整合的更迭

盐道课程整合经历了四次课程整合结构的更迭。

在盐道课程 1.0 版本中，学校形成了由基础课程、拓展课程、整合课程三大板块架构的线性课程体系，如图 8-1 所示。

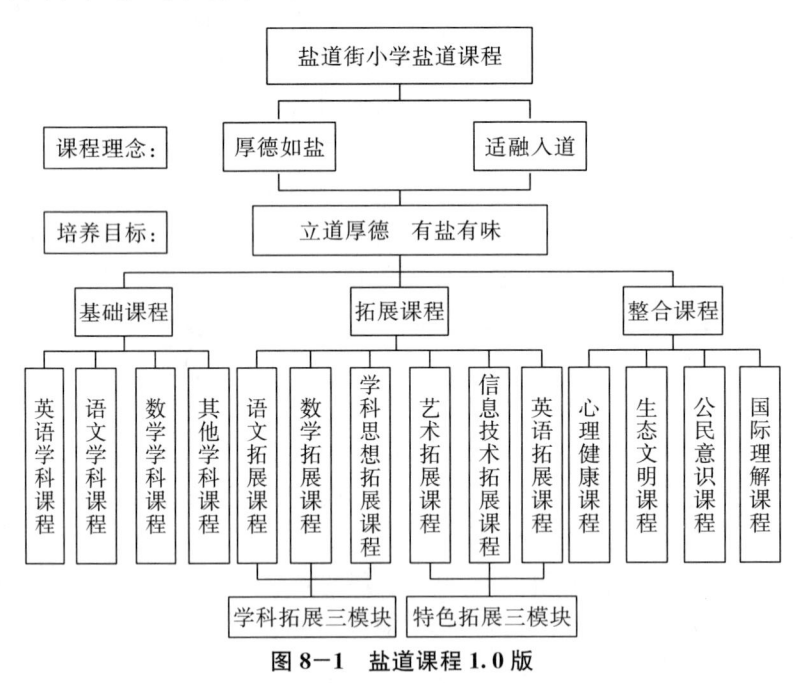

图 8-1　盐道课程 1.0 版

---

[1] 黄甫全. 整合课程与课程整合论 [J]. 课程·教材·教法，1996（10）：6-11.
[2] 徐玉珍. 从学校的层面上看课程整合 [J]. 课程·教材·教法，2002（04）：21-27.

在盐道课程 2.0 版本中，我们以学生成长为目标取向，以社会发展为价值取向，以学校现实为操作取向，在办学理念的引领下，深化"立道厚德，有盐有味"两类课程目标，以课程的组织形式为划分依据，形成了从线性结构到平面架构的升级（如表 8-1 所示）。

表 8-1　盐道课程 2.0 版

层级		四大课程领域				实施方式
		语言与理解	品行与健康	数学与科学	艺术与审美	
共通性课程		语文 英语	品德与生活 （道德与法治） 生命·生活 ·安全 体育	数学 信息技术 科学	音乐 美术 书法	课堂学习
拓展性课程	赏识与视野	生活中的识字 童声童韵 走遍世界 绘本阅读 Phyme 世界 读遍世界	盐道公约 国际象棋 围棋 盐小乖娃娃 成长的烦恼 套路基本功	智力游戏 科学时事 信息前沿 购物策略 自然与我	你唱我 Show 民间艺术作品欣赏 西洋乐园 国乐声韵 艺术大师作品欣赏 欧美儿童的涂鸦 作品欣赏 书法通识 汉字发展史	规范性拓展 灵活性拓展
	兴趣与能力	古诗词赏析 名著赏析 新闻播报 英语小主播 Super Speller	镇定与应对 最佳小导游 生命招贴 户外心理拓展 玩转三大球 速度与激情	思维空间 神算高手 拼装天地 养殖基地 种植园地 数码描绘 电脑动画 美图大师	硬笔书法 软笔书法 泥塑大比拼 版画真奇妙 剪纸乐 创意画 小小民间艺术家 乐器 DIY	
	品质与品位	Authentic English 世界同理心 对联对韵 国学活用	我是合格小公民 安全 BBS 成长的幸福 花式短绳 体育舞蹈	数字时代学习 数学之美 数学之妙 观鸟行动 科学生活 网络道德	水墨绘丹青 大师画我也画 歌之百灵 舞之精灵 书法欣赏	

续表 8-1

层级		四大课程领域				实施方式
		语言与理解	品行与健康	数学与科学	艺术与审美	
综合性课程	领域内综合	阅读日 CECEC 英语八达通 金耳朵 国际理解 国际交流	鲁鲁小屋 学生运动会 亲子运动会 校园心理剧	数理应用 小小发明家 根与芽 电子刊物 电子小报 网站制作	达人秀 书画展 舞台表演 脸谱连连看 川剧"俏盐娃"	课程探究 多元理解 广域体验 综合实践
	跨领域综合	集体朝会 班队活动 小白鸽广播站 小白鸽电视台	入学课程 毕业课程 文化浸润课程 志愿者课程	六一游园 建队日 艺术节 双语迎新	环保行动 社团秀 职业体验 春秋游	
未来孩子核心素养		人文情怀　科学精神				
盐小孩子特色素养		国际理解　信息素养　艺术气质				

在盐道课程 3.0 版本中，盐小将领域划分为以基础的课程体系重新架构的以单科课程为基础的课程体系，并在三级课程上继续细化课程的目标、结构、实施与评价，形成新的课程整合，如图 8-2 所示。

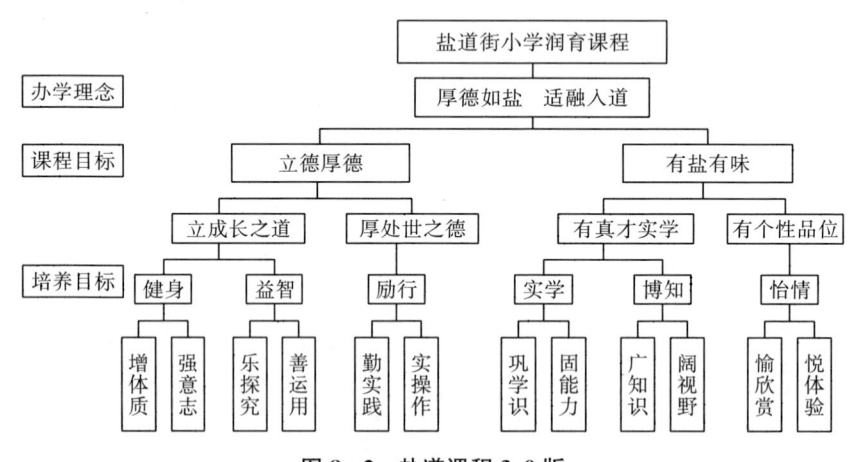

图 8-2　盐道课程 3.0 版

盐道课程 4.0 版本是盐小在"厚德如盐，适融入道"办学文化引领下，对"善创学子"的课程目标的具体化，以培养学生创新性人格、发展学生创新性思维为课程目标，形成学科基础型课程、跨学科拓展型课程、超学科实践型课程的三维善创课程结构，如图8-3所示。

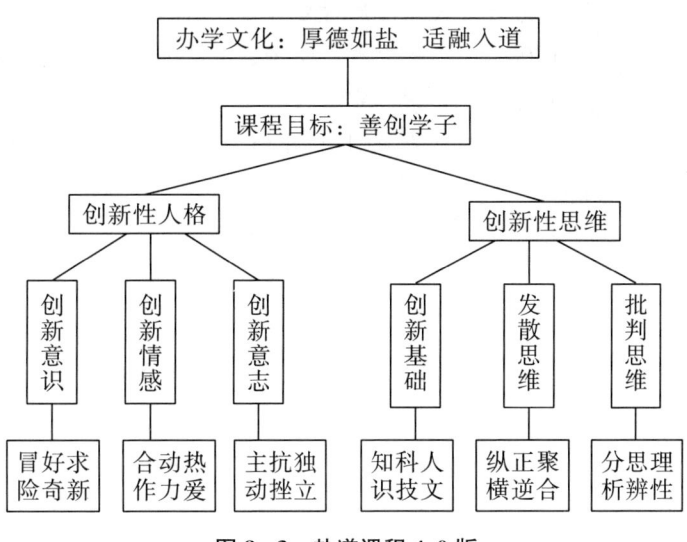

```
办学文化：厚德如盐  适融入道
            │
      课程目标：善创学子
       ┌────┴────┐
   创新性人格    创新性思维
   ┌─┬─┐       ┌─┬─┐
  创 创 创      创 发 批
  新 新 新      新 散 判
  意 情 意      基 思 思
  识 感 志      础 维 维
  │ │ │       │ │ │
  冒 合 主    知 纵 分
  好 动 抗    科 正 思
  求 热 独    人 聚 析
  险 作 立    识 横 理
  奇 力 挫    技 逆 辨
  新 爱 动    文 合 性
```

图8-3 盐道课程4.0版

三、活动是学生全面发展的根本机制，实践是学生全面发展的根本途径

（一）活动：学生全面发展的根本机制

人的素质是靠自身努力慢慢发展起来的。人必须通过自身的能动活动来发展自身的全面素质。维列鲁学派、皮亚杰等人的研究为此提供了有力证明。维果茨基指出，人的高级心理机能是在与周围人的交往活动中产生和发展起来的，个体心理活动发端于个体所参加的集体活动。皮亚杰借鉴生物学中的同化、顺应及平衡的概念，解释以主体自身活动为中介的主体与客体之间相互作用的具体机制与过程。杜威则从有机体与环境的相互作用以及通过不断改造以适应变动不居的环境的角度，解释人如何通过自身的活动或经验以获得自身的发展。

可见要实现学生全面的发展，必须要为学生设计全面、完整的活动。盐小人始终相信，只有根据教学内容、学生实际情况以及教学目标，为学生设计与组织一种主导性的活动，才有可能实现学生完整的、充分的、和谐的发展。

（二）实践：学生全面发展的根本途径

活动是学生全面发展的根本机制。那么，学生发展的根本途径是什么？整合课程最关键就是要回答这个问题——找到学生发展的根本途径。一方面，我们展开"以活动求整合""以主题求整合"等一系列的整合育人探索实践，在实践中不断寻找学生学习方式发生实质性变化与革命性变化的根本路径。另一方面，我们汲取前人的智慧，在各大教育学家、社会学家的理论成果中寻求指导。最终，我们找到了答案：实践。实践乃是学生发展的根本途径。

正如马克思指出，实践是人类根本的社会方式，实践是认识的来源与归宿。不管是活动统整下的课程与学习，还是主题统整下的课程与学习，其实质都倡导学生在实践中去获得知识、形成技能，塑造情感、态度与价值观，可以说，实践是一种最具代表性的整合性学习方式，实践是学生全面发展的根本途径。

（三）"以实践活动求整合"的整体优化培养模式

盐道街小学已进行了为期十三年的"以活动求整合"的实践，形成了由"德智体美劳多元内容"与"课内+课外、校内+校外互相耦合"而构成的小学整体优化培养模式。

1. 整合对象

第一，课内+课外。将课内学科知识学习与课外学科知识运用相结合，让学生先学后用，在学科学习中学知识、学方法，在课外活动中用知识、用方法。第二，校内+校外。将学校教育与校外服务相结合。以参与劳动实践活动为途径，拓宽课程活动场域，校内与校外相结合，校内资源与校外资源相融合。

2. 整合途径：活动课程

活动课程是对课内与课外、校内与校外进行整合的最优途径之一，共包含以下三个部分。第一，课程活动——整合教材。将语文、数学、自然、地理、历史等学科进行重新编排与拓展，改革课堂教学活动。第二，课外活动——学以致用。通过课外活动巩固迁移课堂所学，培养学生的兴趣和能力，发展学生的个性和特长，对学生进行思想道德教育，提高学生的文化科学素质、身体素质和劳动技能素质。第三，校外活动——劳教结合。校外活动作为基础教育和社会教育的重要组成部分，对学生个性品质和创新能力的培养起到独特作用。

四、实践参与是"五育"融合与课程整合的根本方式，大概念是"五育"融合与课程整合的基本工具

无论是学生全面发展的促进，还是学生核心素养的培育，都有赖于一种更

具整合性的教学样态。那么，怎样的方式才能实现更有深度的"五育"融合？什么样的工具才能将学习内容整合起来呢？

（一）实践参与："五育"融合与课程整合的根本方式

什么样的学习模式才能实现"五育"融合与课程整合？换言之，什么样的学习模式才能将知识与事物、知识与知识、知识与行动、知识与自我有机整合起来？答案是实践参与。与其他学习模式相比，实践参与无疑是最具整合性的学习模式。在实践参与中，学生不仅要运用独立尝试、协作探究和实践反思等多种学习方式，还有机会去沟通知识与事物、知识与知识、知识与行动以及知识与自我的内在联系。学生不仅同时经历着"切身体验—高阶思维"和"深度理解—实践创生"，还发展出关键能力、必备品格和价值观念。但是，我们强调实践参与并不一定要让学生下田、下地、下工厂，其实质是引导学生参与问题的分析、探究与解决。在具体课堂教学设计中，为了引导学生在问题解决中学习，教师先要将以知识为主线的课堂转变成以问题为主线的课堂。目前中小学大量关注的项目式学习正是在这个方面所做出的努力。

（二）大概念："五育"融合与课程整合的基本工具

怎样的工具能将学习内容整合起来呢？答案是大概念。大概念为"五育"融合和课程整合提供了一个新的理念和方法。

无论是学生的核心素养发展还是学生的全面发展，都需要整合性教学。我们所强调的大概念，则为整合性教学提供了新的方略和途径。大概念是最能反映一定范围内事物本质属性与特点的理论性表达。以大概念作为"五育"融合与课程整合的基本工具，可以有效地解决长期以来教师们的"知识点"情结，解决学生知识学习的"散""低""浅"问题。"散"即学生获得了太多孤立、零散的概念或观念；"低"，即学生获得了太多下位的概念或观念；"浅"，即学生获得了太多表层的概念或观念。以大概念为核心的概念群帮助我们搭建结构化知识体系，使项目式学习成为一个有机联结的整体。一方面，大概念将教学目标、教学过程与教学评价整合成一个完整的过程；另一方面，大概念解决了课时与课时之间割裂的问题，每一个课时都联结在一起为大概念的理解提供支持。

（三）大概念在"五育"融合与课程整合中的实施

1. 大概念的寻找

在以大概念为核心的"五育"融合与课程整合的实施中，我们遇到了一个现实难题：如何找到我们所强调的大概念？根据实践，大概念的筛选与确定主要有以下三个路径：第一，借助课程标准中的高频词句。第二，通过教材的深度理解。第三，超越惯常理解的抽象概括。

2. 大概念的实施

大概念对于学生的学习与发展具有整合作用，但大概念的整合作用终归是一种有待激活的潜在作用。在激活大概念潜在的整合作用时，我们首先需要确立两点基本认识：①大概念是课程知识向核心素养转化的中介机制。②实践参与是学生整合性学习的根本机制。如果说大概念使学生的整合性学习成为可能，那么，实践参与则使学生的整合性学习成为现实。这意味着，以大概念为核心展开整合性教学，需要引导学生在实践参与和问题解决中学习。

我们提出以大概念为核心展开整合性教学设计的中介者模式，即"确定大概念—外显大概念—活化大概念—建构大概念—评价大概念"。

五、项目式学习是促进学生实践参与的重要方式

（一）项目式学习的内涵与特征

项目式学习是围绕某个具体的学习项目充分选择和利用最优的学习资源，在实践体验、内化吸收、探索创新中获得较为完整和具体的知识，形成专门的技能和得到充分发展的一种学习方式。

基于学校对实践性学习方式的研究，我们发现项目式学习是一种典型的实践性学习方式，其本质是一种整合性学习方式。项目式学习具有四个特性：第一，实践性。项目式学习是促进学生实践参与的学习，是引导学生展开问题解决的学习。第二，综合性。项目式学习是引导学生展开综合理解的学习，是促进学生搭成整体建构的学习。第三，纵深性。项目式学习是促进学生进行切身体验与形成高阶思维的学习，是促成学生深度理解的学习。第四，创生性。项目式学习是形成具体作品的学习。

因此，通过对课程的项目化，可以实现"五育"更深层的融合，从而促进学生全面发展，促使其核心素养融合创生。

（二）项目式学习中的实践参与

项目式学习并不是简单地让学生完成活动、做出成果，而是要让学生经历有意义的学习实践过程。项目式学习要锻炼和培育学生在复杂情境中的灵活的心智转换，是一种包含知识、行动和态度的"学习实践"，而不是按部就班完成探究的流程。项目式学习是促进学生实践参与的重要方式，原因有三：第一，项目式学习需要学生的亲身实践。这种实践是带有思考并整合技能、态度

的行动。第二，在真实世界中解决问题。项目式是多样的实践组合而成的，而不是一个孤立的探究流程。第三，实践具有情境依赖和身份代入的特征。

在项目式学习中，我们构建出五类实践参与：探究性实践参与、社会性实践参与、审美性实践参与、技术性实践参与以及调控性实践参与。

（三）项目式学习中学生实践参与的示例

生活是最好的课程，在这段特殊的疫情防控期间，盐小在思考：如何在疫情防控期间给孩子上一堂生动的社会生活课，更好地促进孩子成长？因此，盐小研发了"五育"融合系列在家学习实践课程。本次项目式学习活动基于学习情况将学生分为三段，每段以不同主题开展学习活动。具体安排如表8-2所示。

表8-2 知行战"疫"项目学习

第一模块	围绕"自然与健康"，整合学科内容，以广泛阅读、动手操作和自主探究为主		
第二模块	年段	项目式学习主题	整合
	低年段	聚焦疫情、查找资料、引发思考，学会关注生命和自然	德育、智育
	中年段	问题导向、观察生活、深入思考，寻找并致敬心中英雄	德育、智育
	高年段	严防研疫、科学应对、理性思考，自我成长，担未来之任	德育、智育、体育
第三模块	学校课程设置强调年段化、序列化，教师引导路径强调主题式、自主性。在此基础上，鼓励学生特别是中、高段学生自主选择学习方式，整合优化学习内容，培养自我学习、自主管理能力		

第九章　全面育人的"五育"融合模型

【故事导入】

2020年春季，新型冠状病毒疫情暴发，全国上下响应党中央、国务院号召自行居家隔离。特殊时期，盐小三年级学生在疫情期间开展项目式学习"做一天家庭规划师"。在这一整天，他们规划并参与家里的大多数事宜，通过身份互换、自身实践参与体会父母照顾一个家庭的不容易，从而激发他们学会感谢父母的养育之恩的热情。安排一天的花销和各种琐事，可以锻炼他们画图表、做分析的能力。在家里面和父母一起锻炼身体或是做亲子活动，既能锻炼身体，增强抵抗力，又能增进关系，构建和谐家庭。为家里打扫卫生、收纳整理又能让他们感悟整洁的美，整个过程的参与更是一种劳育。在更高层次上让学生知道每一位家庭成员的定位，通过换位思考明白所有人都有自己的责任。家庭成员之间的相互理解和相互扶持，又是营造一个和谐温馨家庭的必要因素。

一个小小的项目式学习任务，既完成了在疫情防控这个特殊时期对学生心理的安抚、品质的培养，更是全面培育了学生的德智体美劳各方面的能力。这就是盐小所追求的育人模式——全面培养，"五育"融合。

盐小还有很多这样的育人模式，这一系列的育人模式是盐小对落实习近平总书记要求的"立德树人，'五育'并举"重要举措的积极响应。盐小更是结合自己的办学经验，开发出一套以落实"全面发展"为核心的育人模式的结构模型。

一、建构全面培养的"五育"融合模型

前文已经提到盐小对全面育人的三个概念的理解和五个基本观点的论述，但是，在具体的操作上，学校该如何落实"全面育人，'五育'融合"呢？面对复杂多变的教育环境，要让"五育"深度融合，从而实现学生的全面发展，我们需要基于中国教育的本土实践，基于盐小办学的不断探索，建构一个全面

育人模式的结构模型。

模型是人们依据研究的特定目的，在一定的假设条件下，再现原型客体的关系、结构、属性、功能、过程等本质特征的物质形式或思维形式。按照表现形式，模型可以分为物理模型、数学模型、结构模型和仿真模型。其中，作为研究复杂系统的一种有效手段，结构模型是主要反映系统的结构特点和因果关系的模型。[①] 鉴于全面培养的"五育"融合的结构性特点及其内部认知过程的复杂性，我们可以借助结构模型的思想方法，来探讨"五育"融合的实现机制。

在建立育人模式的结构模型前，我们首先应该明确"育人"到底是培育怎样的人，即明确什么是育人的目标。对于基础阶段教育而言，育人的总目标就是为了贯彻习近平总书记在党的十九大报告中提出的要求，"要努力构建德智体美劳全面培养的教育体系，形成更高水平的人才培养体系，培养德智体美劳全面发展的社会主义建设者和接班人"。完善教育体系，要坚持德育为先，德育、智育、体育、美育、劳育"五育"并举，促进学生全面发展，重视学生综合素质的培养，克服片面追求某一或某几方面教育的现象，即要"全面育人，'五育'融合"。因此，一套符合当下教育体系的好的育人模型必须具备全面育人和"五育"融合两个特点。全面育人解决的是学生发展不均衡、不充分的问题。"五育"融合是让学生德智体美劳各方面有机整合，在每一个基本面发展的同时达到提升整体素质的要求。

综合前面所有的理论分析，一个好的育人模式的结构模型大致应当是这样一种样态：以学生的全面发展为目标，在"五育"融合的指向下进行课程整合，经过对教材的深度理解和学生学情的深度分析，筛选出大概念，由此设计一个大主题，并在大主题下创设一个激发学生深层动机的主问题，针对主问题设计一系列的活动序列，让学生在这样的实践参与中得到充分个性化发展。

二、"P-CTPA"模型

"P-CTPA"模型是目前盐小基于上述的理论分析，并结合自身经验专门研发的全面育人的"五育"融合模型，如图9-1所示。"P-CTPA"中的P、C、T、P、A分别指实践参与（Practice）、大概念（Big Concepts）、大主题（Big Theme）、主问题（Primal Problem）、活动序列（Activity Sequence）。其中，实践参与是"五育"融合的根本方式，无论是大概念、大主题、主问题还

---

① 李松林. 回归课堂原点的深度教学 [M]. 北京：科学出版社. 2016：17.

是活动序列，这四个环节都必须在实践参与中进行。大概念则是落实"五育"融合与课程整合的基本工具，是实践参与和问题解决学习模式下的学习内容的整合器。大主题是实践参与活动的上层设计与培养目标，学生围绕具有挑战性的学习主题，全身心积极参与、体验成功、获得有意义的发展。主问题则为实践参与活动中的核心问题，我们设计的一个主题很大，但要明确学生应着重探究的核心问题，根据核心的学习内容为学生设计高质量的主问题。活动序列是促进学生能力发展的根本机制，学生的最优发展是通过按照标准进行排列的活动实现的。

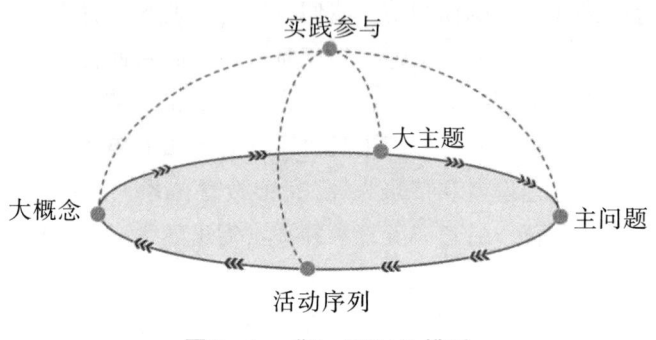

图 9-1 "P-CTPA"模型

（一）实践参与："五育"融合与课程整合的根本方式

在知道了培养目标之后，如何才能实现学生的全面发展，又是如何将"五育"有机整合？对此，我们需要找到一个实施育人模型的落脚点。在基础教育阶段，要达成"全面育人，'五育'融合"一定离不开课程，但是单独的学科课程不足以达成目标，我们必须做到课程整合。课程整合不是简单的德智体美劳五个基本面发展的机械总和，也不是简单地堆叠几门学科课程，而是在弄清"五育"的各自知识形态、学习机制和发展路径的基础上，将"五育"交互整合在一起。

那么，什么样的方式才能实现"五育"融合与课程整合呢？盐小结合办学特色和时代发展需要，认为"实践参与"是达成"五育"融合和课程整合的根本方式。说到底，任何核心素养都是在具体的实践活动中生成与发展起来的，而且它本身就是关键能力和必备品格在成功解决问题过程中的实践性运用。正是在实践参与中，学生才能够很好地整合知识与事物、知识与知识、知识与行动以及事物、知识、自我与世界之间的内在联系。

实践参与有助于帮助学生更深刻地认知，更身临其境地感受，依循需要解决的问题，找到"五育"之间的共同点和侧重点。通过"五育"不同的表现方式，同时了解和分析参与项目活动的心理因素及活动所需的各种心理品质和行为模式。这常常会带来惊人的成效，这样有别于传统教育的实践参与，更加契合"全面育人，'五育'融合"的目标，也能完美地将课程整合在一起。

（二）大概念：落实"五育"融合与课程整合的基本工具

在实践参与和问题解决的学习模式下，为实现"五育"融合与课程整合，一个重要任务就是学习内容的整合性设计。无论是教师引导学生更具整合性地建构知识体系，还是教师引导学生建构更有整合性的知识体系，都需要教师对学生的学习内容进行整合性设计。因此，教师需要确立一个新的学习设计理念与整合工具，即"大概念"。

大概念（Big Concepts）又叫作大观念（Big Ideas）。大概念是学科中或学科间处于更高层次的概念、居于中心地位的概念和具有广泛迁移作用的概念，如"文学作品具有多意性""形散而神不散""物质可分""公平与公正""极限思想"等。

从总体上看，我们可以将大概念看作一个由纵向上的四个层次和横向上的三个类型有机结合而成的网络化结构，如表9-1所示。

表9-1　大概念的网络化结构表

层次属性	结论与结果	方法与思想	作用与价值
学科课时内			
学科单元内			
学科单元间			
跨学科			

由此看来，我们所强调的大概念为整合性学习提供了新的方略和工具。从根本上讲，大概念之所以能够让更具实质内涵的整合性学习成为可能，其根源在于大概念本身是一个蕴含丰富内涵的意义模式。大概念是一个兼具认识论、方法论和价值论三重意义并具有广泛迁移力的意义结构。这种独特的结构性决定了大概念对于学生的学习与发展都具有整合作用，集中体现在三个方面：一是大概念的意义性以及由此所具有的高阶性、中心性、深刻性和灵活性使其能够"向上"整合下位概念、"向中"整合外围概念、"向下"整合表层概念和"向外"整合实践经验。二是大概念的意义性以及由此所具有的高阶性、中心性、深刻性和灵活性使其成为知识与知识、方法、价值观念与行动、能力与品格的交错点，从而较好地整合学生的多种学习过程和学习方式。三是大概念的

三重意义以及由此所具有的高阶性、中心性、深刻性和灵活性不仅使其成为连接课程知识与核心素养的中介，而且能够较好地统摄与整合学生在关键能力、必备品格和基本价值观念等多个方面的发展。因此，我们将大概念作为"五育"融合与课程整合的基本工具。①

（三）大主题："五育"融合与课程整合的上层设计与培养目标

大主题（Big Theme）既是在大概念的结构下，针对某一次或某一系列活动、课程的中心思想和主要题材，居于大概念的下位，也是具体育人活动的主题和主要内容。学生围绕具有挑战性的学习主题，可以全身心积极参与、体验，从而获得有意义的发展。大主题是"五育"融合与课程整合的上层设计与培养目标。

相较于普通的活动主题，大主题承接了大概念，具有更深刻的内涵和更广阔的外延，如图 9-2 所示。

大主题的内涵具有多样性和辩证性，往往具备两重思想。一是字面上的含义，即大主题是明确让人知道的中心思想和主要内容，其多是学科知识的掌握和理解，技能方法的熟练和巩固。二是隐藏在字面之下的含义，大主题是在学生参与活动当中自行体悟到的精神内核，表现为意志锻炼、思维开发、人文提升等。这两种内涵，既可以从中心思想的学习中升华成精神内核，又能在精神内核的引领下感受到中心思想，他们之间相互依存、难以分割。

图 9-2 大主题

大主题的外延具有连续性、阶段性和实践性。一个大主题，可以是某一堂具体的课、一次活动、一场讨论甚至是一个作品，但是无论是何种表现样态，

---

① 李松林，贺慧. 整合性：核心素养的知识特性与生成路径[J]. 教育科学研究，2020（6）：13-17.

大主题都必须具备连续性和一定的阶段性。因为在育人过程当中并不是单纯只看一次活动的得失和成败，而是关注学生长期发展和终身学习情况。所以，在设计育人活动的时候除了具备本身主题内容要求需要完成的任务，还会有和学生身心发展规律，学生曾经所学知识、掌握的技能有所关联的任务。在大主题中，学生不是孤立地完成某个任务，而是在符合学生身心发展的基础上，完成该阶段学生需要培养的主体目标，以便学生能够结合课前理解进行知识、技能的迁移。而且，每一次育人活动都要求学生进行实践参与，在参与中有所得，在参与中有所悟。

（四）主问题：实践参与活动中的核心问题

在设计好一个合适的大主题后，我们还需明确在某一个大主题下某次具体活动需要解决的主要问题是什么。

其一，"主问题"的核心是"问题"。我们认为问题解决学习是深度学习的基本范式，其实质是让学生在问题的分析、探究与解决中展开学习，因此设计者要根据大概念，将抽象、枯燥且缺乏活性的核心内容改造、设计成精妙、鲜活且具有整合性的问题。无论我们采取何种路径和方法设计深度学习，深度学习的发生都高度依赖问题情境。反过来，深度学习的实现必须回到具体的问题情境，并通过对问题实际的解决才能加以确证。高质量的问题情境，更为有效地沟通知识与事物的联系、知识与知识的联系、知识与行动的联系、行动与思维的联系以及事物与自我的联系，从而成为深度学习发生与实现的最佳场域。正是高质量的问题情境，才更为有效地激活学生的深层动机，驱动学生的切身体验和高阶思维，进而促进学生的深度理解和实践创生。

其二，主问题突出在"主"字上。设计的活动不应该是应试的、不变的、片面的，不然就带有形式主义和教条主义的色彩。好的活动应该关注学生在成长阶段亟须解决的问题，这需要设计育人活动的老师在了解上级部门的要求的同时清楚学生学情。上级部门要求主要指的是全国或者地方统一的课程标准中明确提出的需要学生解决的问题，这是每一名老师都应该烂熟于心的内容。学生学情大不一样，学生在成长阶段因为生活环境、地区差异具有非常鲜明的集体问题和突出的个人问题，它们都属于学生当下最需要解决的问题。因此，在设计育人活动时一定要认真分析学情，熟悉当下学生的状态，找准学生需要解决的主要问题。

主问题之外，我们可以在大概念和大主题框架下增设"五育"层次的不同的小问题，帮助老师在实施育人过程中做到有的放矢，利用小问题的解决推进大问题的解决，如图9-3所示。

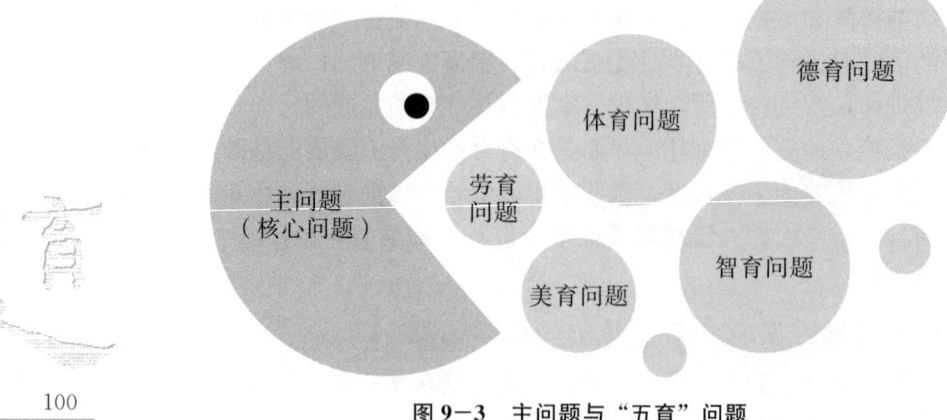

图 9-3　主问题与"五育"问题

以"爱心汇聚，理性消费"项目式学习为例，主问题与"五育"层次的问题设计如下。

主问题：我们如何利用自己的知识和能力，集合有爱心的人，为身处困境的小朋友提供实实在在的帮助？

学情分析：此项目式学习精准分析了学生所处环境较好，资源充足，没法体会到大山里孩子们的艰辛和大山中资源匮乏的情况；也注意到六年级的学生正进入自我同一性和角色混乱的冲突中，容易进入极端自我、不考虑他人的叛逆期。但是这群孩子普遍具有同情心，在知道其他学生所处环境之后，会愿意帮助他们。因此设定的主问题精准有效。

在主问题之外，另设智育问题、德育问题等作为补充。

智育问题：百分数的意义是什么？如何利用互联网收集数据？如何高效地整理收集的数据？如何撰写项目书？如何绘制宣传海报？

德育问题：遇到有困难的人我们应该怎样做？怎样协调有限的力量尽可能做到最好？

（五）活动序列：促进学生能力发展的根本机制

因为活动是学生发展的根本机制，所以在明确了主问题之后，我们需要确定具体的活动来解决问题，阐述大主题，明确大概念。而由于单一的活动虽然用时短、见效快，但是延展性差，可持续性也不强。并且根据艾宾浩斯遗忘曲线，学生在单次活动所学所得会在很短时间内就忘得一干二净，培养的能力也会随之消退，只有反复加深学习、巩固练习才能较好地培养学生。所以，在具体设计活动的时候，不是简单地设计一次活动或者一堂课，而应该有意识地设计活动序列。即"五育"融合与课程整合需要根据主问题，从整体上规划学生的活动过程；同时根据"五育"层次的子问题群，从微观上设计出等待学生完成的若干学习活动。在这里，主问题及其"五育"层次的子问题群成为学习活动即学习过程设计的基本依据。

活动序列，是将由子问题群设计出来的学习活动按照标准而进行排列的优化后的活动群，是由逻辑键连接的一系列活动的总称。在每次活动之间，有相同的活动要素，各活动之间的结构关系和运行方式遵循一定的逻辑，如果各部分之间关系能够起到一加一大于二的效果，就能使活动的具体运行更加行之有效，推进更加自然。因此，总体上看序列活动一定是多个活动的叠加。在大概念的模式指引下，具有相通的大主题各自承担大主题的阶段性主问题，而单独每一次活动都应该具备活动主题、目标、规划内容和流程设计。

一般来说，活动的序列化需要注意四点：一是根据学生的认知特点和思维特点，做到各种活动的切换自然得体；二是抓住学生学习的困难处和关键点，准确定位学习过程中的主导活动；三是根据已有水平、现实水平、潜在水平三个学生发展的水平区域，依次设计出具有层次性的学习活动；四是根据学习的核心目标，优化组合不同类型的学习活动，让学生有机会在多种学习方式中开展学习。

以盐小设计的语文国学赏析项目举例，其中的活动序列如下。

此序列活动阐述了"国学"主题，并且通过不同阶段的赏析方式和内容，帮助学生逐步完善家、民族、国的概念，掌握文人墨客背后的家国情怀。

其具体分为四大板块。

板块一：读经诵典，汲取精华。

通过诵读国学经典，如唐诗、宋词、元曲和精选文言文等，在丰富学生语言积累的同时，引导学生亲近中国古典文化，汲取中文之精华，感受祖国文化的魅力。

板块二：分层阅读，修身气华。

从绘本阅读开始，逐步引导学生阅读童话故事、成语故事、想象类故事和现代名家作品，学习赏析、评价文学作品，形成健康的审美情趣。

板块三：挥毫泼墨，魅力熏陶。

引导学生了解文字的起源，欣赏书法作品，学习写字，每一年都把自己最满意的一份书法作品收集到自己的成长袋中，高段开展书法展示，使学生不仅能体会学习书法的乐趣，而且能在书法学习中感受中国文字的魅力。

板块四：了解时事，关注社会。

三年级开始增加了时事追踪板块，引导学生看报、办报，帮助学生养成看报的习惯，希望孩子们从小学习关心世界、关心时事。四年级老师们不仅指导学生学会看报，而且利用午会时间举办交流会。五年级老师引导学生关注身边发生的事件，学习采访和编辑校园新闻。六年级老师引导学生了解国内国际新闻，增进对世界和社会生活的了解。

　　随着序列活动的开展，"五育"融合与课程整合中所涉及的大概念更加具体化和直观化，序列活动充分阐释了大概念的特性。不仅如此，学生也在序列活动中建构了目标大概念。在实践参与中，育人模型从大概念到大主题到主问题再到活动序列，而后学生在序列活动中掌握大概念，即由活动序列再次到大概念，该结构模型形成逻辑闭环，完满完成"全面育人，'五育'融合"的主旨。

第十章　构建"五育"融合的全面培养目标

【故事导入】

我衣我秀

"我衣我秀"是一个针对盐道街小学三年级学生，以语文学科为主导，涉及数学、信息技术、美术、科学、品德等多学科的大项目。以北师大版三年级《语文》"幻想和想象""智慧"单元为核心，结合数学、信息技术、美术、科学、品德等学科知识内容进行项目活动。项目设计的初衷，一方面是从小学生自身学习和生活中的实际问题出发，结合学科知识的学习，以协作学习为主要学习方式，提高学生研习能力。另一方面是引导学生关注生活，激发学生对学习和生活中存在的问题进行观察、思考，运用学到的知识和技能解决困难的能力，拓展学生思维能力，提高学生动手能力、创造能力、解决实际问题的能力。培养学生协调各方面关系的能力，培养学生勇于表达、善于表达、乐于表达。该项目课程丰富多彩，包括整体讨论课程、儿童衣物色彩与图案课程、衣服测量课程、衣物设计图课程、小组优选讨论课程、衣物制作课程、模特课程等。

随着经济和科技的迅猛发展，人们的生活条件和学习条件越来越好，但现实中依然有很多问题亟待解决。于是聪明的人们利用高科技、新型材料设计发明了立体防震纳米运动服、防晒衫、冲锋衣等功能性强、能解决现实问题的衣服。对于学校三年级的孩子来说，他们已经有了敏锐的观察力、敏捷的思维能力及较强的实际操作能力，在他们的学习和生活中，也存在着譬如坐姿不端、近视普遍、迷路忘路等问题，希望能通过这个项目让孩子们增强观察能力和思维能力。整个项目活动流程分为四个阶段，分别是问题讨论、课程学习、活动展示及项目总结。最后教师和家长团队根据T台展示效果进行评价，进行项目成果总结。

一、"五育"融合的全面培养目标结构

蔡元培先生从养成健全人格的观点出发，提出了军国民教育、实利主义教育、公民道德教育、世界观教育和美感教育"五育"并举的教育思想。这"五育"教育体现出对传统教育思想的继承、超越，以及对西方教育思想的主动汲取。从"五育"并举到"五育"融合，已经成为新时代中国教育变革与发展的基本趋势。[①] 与最早提出"五育"并举的蔡元培及其时代相比，新时代所提出的"五育"融合有独特的时代需要和时代问题。"五育"融合给新时代带来的是"教育新体系"，"五育"融合是一种"育人假设""育人实践""育人理念""育人思维"和"育人能力"。

2019年，中共中央、国务院印发了《关于深化教育教学改革全面提高义务教育质量的意见》，提出"五育"并举的指导方针，要求"突出德育实效""提升智育水平""强化体育锻炼""增强美育熏陶""加强劳动教育"。"五育"并非彼此独立，"五育"融合与"五育"并举是手段与目的的关系。[②] "五育"融合重构课程教学，以往中小学课程之间边界比较分明，教与学之间存在学科割裂的局限性，将"五育"与课程、教学相衔接尤为必要。这就要求中小学要探索融合路径，使各育在关注本身任务的基础上渗透"五育"，以此达到相互融合的"乘法效应"；要以教材为载体，树立"全学科"育人理念，在课程设计上把实现学生的全面发展作为学科核心素养，充分挖掘各育的要素并适切地融入教学内容；要借助实践活动，将学习、体验、实践、研究相结合，在实践活动中促进"五育"要素的融合共生。基于此，学校将知识、艺术、思想等融入一系列极具特色的项目式学习中。不同年级的教师根据教学大纲和学生认知水平，设计出不同难度的项目式学习并选取跨学科的主题内容，从更深层次的维度对学生的综合能力进行培养和提升，促进学生全面发展。

总的来说，构建"五育"融合的全面培养目标是为了培养学生的可持续的整体发展力。具体来说，把"五育"融合的全面培养目标以高阶思维为核心，分解为整体认知、综合理解、融合创生三个维度。基于此，呈现出来的"五育"融合目标结构，如图10-1所示。

---

① 李政涛，文娟."五育融合"与新时代"教育新体系"的构建[J].中国电化教育，2020(3)：7-16.

② 李政涛."五育融合"，提升育人质量[N].中国教师报，2020-01-01.

图 10-1 "五育"融合目标结构图

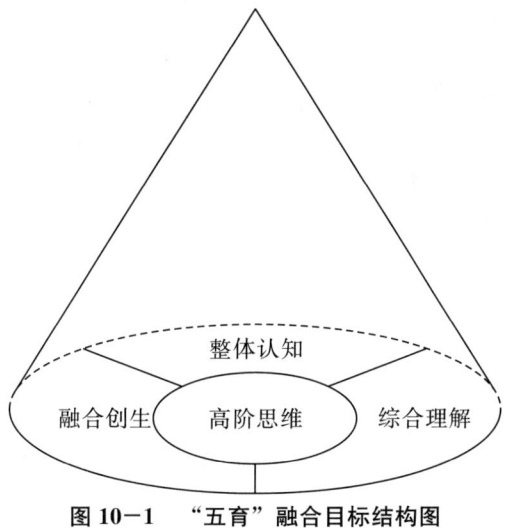

二、"五育"融合的全面培养目标分解

"五育"融合的全面培养目标以高阶思维为核心，分解为整体认知、综合理解、融合创生三个维度，从维度、指标以及表现来呈现"五育"融合目标分解情况，如表10-1所示。

表 10-1 "五育"融合目标分解表

纬度	指标	表现
高阶思维	反思思维—批判思维	从 KUDB 四个方面具体论述
	整体思维—辩证思维	
	实践思维—创新思维	
整体认知	整合性思维	
	创造性思维	
综合理解	整体思考的能力	
	洞察问题的能力	
	想象力、类比力	
	直觉力	
	解释力	
融合创生	融合创生知识力	
	融合创生学习力	
	融合创生思维力	
	融合创生操作力	

（一）高阶思维

1. 定义

高阶思维是一种能够加以实践运用，并具有反思性、批判性、创新性和整合性的思维质态。从分析的意义上讲，高阶思维可以用三个字加以理解：一是"深"，即更具深刻性的思维，包括反思思维与批判思维；二是"合"，即更具整合性的思维，包括整体思维与辩证思维；三是"活"，即更具灵活性的思维，包括实践思维与创新思维。

2. 指标

在学科教学条件下，要使学生学习的过程更有深度，就要引导学生开展连续的且有纵深的自主建构，其关键是引导学生超越浅层的学科思维局限，分别从更具深刻性的反思思维与批判思维、更具综合性的整体思维与辩证思维、更具灵活性的实践思维与创新思维等方面，去发展学生的高阶思维。

（1）反思思维与批判思维

回到课堂实践中，反思思维与批判思维的培育重在引导学生学会反问、追问、质问等提问方式，学会对结论进行质疑和评论，展开更加谨慎的检查并学会评判式的思考。具体来说，反思思维是引导学生对自己尝试学习和发现学习的过程与方法进行反思，总结自己的学习心得，不断优化自己的学习过程与学习方法。批判思维是引导学生对现有知识或者其他同伴观点、见解等进行对话和质疑，其目的是帮助学生养成质疑、批判、创新的意识和能力。

（2）整体思维与辩证思维

整体思维与辩证思维的培育重在引导学生学会从整体和全面的视角把握对象，在联系、发展和对立统一中认识事物。整体思维是引导学生从更为全面的角度思考问题，把事物之间相互联系的各个方面及其结构和功能进行整体认识。辩证思维是引导学生学会运用整体与发展的观点来认识事物，既要看到事物的对立又要看到事物的统一，既要看到事物肯定的一面又要看到事物否定的一面。

（3）实践思维与创新思维

实践思维与创新思维的培育重在设计出更具真实性、实践性与开放性的问题，引导学生在问题探究与实践创作中展开学习。实践思维是引导学生通过亲自动手操作，积极参与实践的方式展开问题的分析与解决，具有明确的针对性和指向性。创新思维是引导学生以新颖独创的方法解决问题，突破常规思维的限制，以新的角度、新的方式去思考问题，提出与众不同的解决方案，从而产生新颖的、独到的、有创造性的成果。

（二）整体认知

1. 定义

整体性概念通常用于描述某一总体各个要素的关系，这样一种关系将这些要素结合起来，并使总体出现新的、其他孤立的要素所不具有的属性和规律，因此整体性始终是在各种集合的基础上实现的。整体认识不等于各部分认识之和，整体认知指向对整体的内部结构与性质的认识。

2. 指标

整体认知是学习力的重要体现，主要包括以下指标：

（1）整合性思维

格式塔心理学主张以整体的动力结构观来研究心理现象，认为整体不是由部分决定的，而整体的各个部分则是由这个整体的内部结构和性质决定的，所以完形组织法则意味着人们在有知觉时总会按照一定的形式把经验材料组织成有意义的整体。在教学实践中，要使学生达成对知识的深度掌握和理解，就要引导学生建构知识与知识之间的联系，将散乱的知识点整合成有意义的知识结构。

（2）创造性思维

不同于系统整体论，生成整体论认为整体是动态的、有生命的，不是部分通过相互作用构成整体，而是整体通过信息反馈、复制与转换生长出部分。在格式塔心理学家韦特海默看来，对情境、目的和解决问题的途径等各方面相互关系的新的理解是创造性地解决问题的根本要素，而过去的经验也只有在一个有组织的知识整体中才能获得意义并得到有效的使用。因此，创造性思维都是遵循着旧的完形被打破，新的完形被构建的基本过程进行的。回到课堂教学中，生成的过程需要学生具备创造性思维，从而能够打破旧的知识结构而形成新的结构。

3. 表现（见表 10-2）

表 10-2 整体认知的具体表现

K（Know）	掌握各学科的基础知识
	掌握各学科的知识体系与结构
U（Understand）	理解学科内、学科间知识与知识之间的联系
	理解各学科知识的结构体系
D（Do）	能从整体出发，站在顶层的高度思考问题
	能综合运用学科知识，不断完善自己的知识结构

续表10-2

B（Be）	成为有整体性意识的人
	在解决问题时能调用知识结构，寻找事物之间的联系，整体性地分析、思考、解决问题

（三）综合理解

1. 定义

理解能力是指一个人对事物乃至对知识的理解的一种记忆能力。理解，有三级水平：低级水平的理解是指知觉水平的理解，即能辨认和识别对象，并且能对对象命名，知道它"是什么"；中级水平的理解是在知觉水平理解的基础上，对事物的本质与内在联系的揭露，主要表现为能够理解概念、原理和法则的内涵，知道它是"怎么样"；高级水平的理解属于间接理解，是指在概念理解的基础上，进一步达到系统化和具体化，重新建立或者调整认知结构，达到知识的融会贯通，并使知识得到广泛的迁移，知道它是"为什么"。

2. 指标

理解力是衡量学习效益的重要指标，它包括以下几个方面：

（1）整体思考的能力

学习需要借助积极的思维活动，弄清事物的意义，把握事物的结构层次，理解事物本质特征和内部联系，需要对学习材料做整体性的思考。因此，个体应该培养自身的全局观点，考虑问题要从大局出发，着眼于整体问题的解决。这是因为整体思考能力的强弱影响着个体的学习效果。

（2）洞察问题的能力

在学习中，我们需要不断地思考，在解决问题的过程中不断地发现问题，对问题要具有洞察力。只有这样才能更深刻地理解学习的材料，取得良好的学习效果。

3. 表现（见表10-3）

表10-3 综合理解的具体表现

K（Know）	掌握基本的学科知识
	掌握各学科基本的概念、原理、规则、体系等
U（Understand）	理解基础学科知识、事物之间的关联和关系
	理解知识的意义和结构体系

续表10-3

D（Do）	以解决问题为导向，从大局出发，从整体思考和解决问题
	将同类事物进行比较，发现相似和相异之处，对其进行比较、分析，加深对所学知识的理解
B（Be）	成为具有全局意识、想象力和类比力的人
	综合运用所学知识，自主制订学习目标和计划，理解社会事物，剖析社会现象，解决社会问题

（四）融合创生

1. 定义

融合在物理意义上指熔成或熔化、融成一体。心理意义上指不同个体或不同群体在一定的碰撞或接触之后，认知、情感或态度倾向融为一体。创生指的是在创新、创造中生成。创新的定义是推出新事物，或是以现有的思维模式提出有别于常规或常人思路的见解为导向，利用现有的知识和资源，在特定的环境中，本着理想化需要或为满足社会需求，去改进或创造新的事物、方法、元素、路径、环境，并能获得一定有益效果的行为。

中文"创新"一词是在20世纪80年代才被人们接受的。英语Innovation是指科技上的发明、创造，后来用于指代在人的主观作用推动下产生所有以前没有的技术、文化、商业或者社会方面的关系，也指自然科学的新发现。综观近十年的研究成果，虽然国内学者对创新能力的理解各不相同，但他们对创新能力内涵的阐述基本上可以划分为三种观点：第一种观点以张宝臣、李燕、张鹏等为代表，认为创新能力是个体运用一切已知信息，包括已有的知识和经验等，产生某种独特、新颖、有社会或个人价值的产品的能力。它包括创新意识、创新思维和创新技能三部分，核心是创新思维。第二种观点以安江英、田慧云等为代表，认为创新能力表现为两个相互关联的部分，一部分是对已有知识的获取、改组和运用，另一部分是对新思想、新技术、新产品的研究与发明。第三种观点从创新能力应具备的知识结构着手，以宋彬、庄寿强、彭宗祥、殷石龙等为代表，认为创新能力应具备的知识结构包括基础知识、专业知识、工具性知识或方法论知识以及综合性知识四类。上述三种观点，尽管表述方法有所不同，但基本上能将创新能力的内涵解释清楚。

基于上述分析，在课堂教学条件下，融合创生指的是打破学科壁垒，实现学科融合，在"五育"融合的教育体系中，实现德智体美劳的全面发展。学生能够推出新事物，或利用现有的知识，去改进或创造新的事物、方法、元素、路径和环境，并获得一定有益效果的行为。

2. 指标

（1）融合创生知识力

知识是创新能力的基础，可分为基础知识、学科知识、交叉知识及创新知识。基础知识是指知识面的广度，学科知识则反映学生学科知识的深度，交叉知识则反映学生对各学科知识融会贯通的能力，创新知识则表征对创新方法与理论体系的认知。

（2）融合创生学习力

在创新能力结构中，创新学习能力属保障性条件。创新学习能力包含发现问题的能力、信息检索能力、知识更新能力和标新立异能力。发现问题的能力考查学生是否有强烈的好奇心和主动学习的意识，是否喜欢探索、善于捕捉新的信息，并且能够主动发现问题。信息检索能力则考查学生是否能针对某一特定主题主动收集资料，是否具有较强的信息搜集和检索能力，能否迅速对信息的真伪做出准确的判断并对信息进行加工，去粗取精。知识更新能力考量学生是否关心科技的发展与变革，是否对创新学习富有激情，是否喜欢主动探索，是否能够及时更新、完善已有的知识体系。标新立异能力反映学生是否不盲从权威、敢于质疑、勇于发表自己的见解、具有较强的求新求变的意识。

（3）融合创生思维力

创新思维能力是创新能结构的核，是多种形式的思维交融后形成的综合思维，在创新能力结构中占有较高的比重。创新思维能力包含直觉思维能力、逻辑思维能力、创新想象能力和批判思维能力。直觉思维能力的特点是直接性和快速性，它反映个体对新事物、新问题快速识别和直觉判断的能力。逻辑思维能力是指在感性认识基础上运用概念、判断、推理等形式进行间接的概括、推理的能力。创新想象能力则表征个体是否善于借助图形、表格等形式将抽象知识具象化。批判思维能力反映创造主体是否敢于批判已有事物、观念，并提出新的理论方法。

（4）融合创生操作力

融合创生操作力是创新能力的重要指标，也是创新成果转化的重要途径。

3. 表现（见表10—4）

表10—4 融合创生的具体表现

K（Know）	掌握基础知识、学科知识、交叉知识和创新知识
	将各学科知识融会贯通，掌握一定的创新方法和理论体系

续表10-4

U (Understand)	理解创新的知识和理论体系，形成自我的知识结构，并对已有的理论进行批判性理解	
	具有一定的想象力和整体思考的能力，能够利用所学知识去理解复杂问题	
D (Do)	综合运用各学科知识，改进或创造新的事物、方法、元素、路径、环境	
	在感性认识基础上运用概念、判断、推理等形式进行间接的概括、推理	
B (Be)	关心科技的发展与变革，对创新学习富有激情，喜欢主动探索，能够及时更新、完善已有的知识体系	
	具有坚定的信念和强烈的创新个性、持之以恒的创新精神	

案例一　中国美食

在部编版二年级《语文》"识字：中国美食"一课中，学校以"中国美食我来夸"为主题。首先，明确事项——界定问题。向学生明确交代"推荐自己制作的美食并制作一个思维导图"这个事项，引导学生发现和提出"自己制作的美食和制作的方法都有什么特色"这个有待深度探究的问题。其次，探究问题——提出创意。引导学生探究"自己制作的美食有什么特色"和"自己制作美食的方法有什么特色"两个问题，再引导学生抓住美食及美食制作方法的特色，提出推介美食的独创性想法。再次，论证创意——形成框架。引导学生分别从独特性、新颖性和有意义等方面论证自己的独特创意，对推介美食的思维导图框架进行构思。最后，产生作品——展现互动。引导学生完成推介美食的思维导图制作，并根据自己的思维导图进行深度互动。基于"五育"融合的全面培养目标的理念，设计"中国美食"培养目标如表10-5所示。

表10-5　"中国美食"培养目标

	核心素养	语言建构与运用：文化理解与传承
核心目标	具体表现	Know（知道什么）	1. 表示中国美食制作方法的字常带有"火、灬"等偏旁 2. 常见的中国美食及其特点 3. 某些美食的制作方法及其特点
		Understand（理解什么）	1. 美食制作方法与火之间的关系 2. 中国美食的四大特点：精、美、情、礼 3. 推荐美食的方法及其原因
		Do（能够做出什么）	能够抓住特色推介中国美食及其制作方法
		Be（希望成为什么）	做一个中国文字和中国美食文化的传承者

案例二 走进星空

三年级音乐课"走进星空"一课中,学校以"梵高星空之高"为主题。首先,界定问题——独立尝试。引导学生在欣赏梵高《星空》的基础上,将思考的焦点集中于探究"梵高笔下的星空究竟高在哪里"这个核心问题。再引导学生分别从画面、技法和意境三个方面,提出自己对梵高《星空》之"高"的观感和见解。其次,协作发现——深度探究。引导学生分享自己的观感和见解,分别围绕梵高《星空》的独特之处、梵高造型的表现手法及其作用以及梵高《星空》的精神内核三个问题展开深度研究。再次,概括整合——升华概念。引导学生对问题探究的过程和方法进行概括整合,建构"点彩法"和"色彩并置"两个核心概念,让学生对点彩法的艺术精髓进行分析,建构起"视觉空间混合"和"色彩运动"两个大概念。最后,拓展应用——自我反思。引导学生运用油画棒点彩法表现不同的形象,使学生对问题探究的过程和方法进行反思。基于"五育"融合的全面培养目标的理念,设计的"走进星空"培养目标如表10-6所示。

表10-6 "走进星空"培养目标

核心目标	具体表现	核心素养	图像试图、美术表现、审美判断、创意实践
		Know（知道什么）	梵高《星空》的独特之处 梵高的造型表现方法
		Understand（理解什么）	点彩的技法及其表现作用 梵高《星空》的艺术特色及精神内核
		Do（能够做出什么）	运用油画棒点彩法模仿笔触表现形象 运用油画棒点彩法达到不同的表现效果
		Be（希望成为什么）	成为一个具有审美情趣的创意表达者

第十一章 "五育"深度融合的课程整合模式

【故事导入】

音乐味、文化味、童年味交融的音乐盛宴

声音——人们生而有之的而且是最优美的旋律，可以使音乐成为属于每个人的沃土……

"侗家的晚上，最迷人的是火塘，弹起那琵琶琴声在火塘边飞扬，跳动的火苗，伴随我们把歌唱……"一阵阵悦耳的歌声飘到窗外，在进行合唱比赛吗？

不，不，不，原来是"核心素养导向的中小学课堂唱歌教学策略研究"活动在成都市盐道街小学隆重举行。盐道街小学的黄颖老师正在呈现课例"迷人的火塘"。在音阶起伏中，盐娃们时而引吭高歌，时而轻吟低唱。他们的悦耳童声，拨动了大家的心弦……从聆听到体验，从参与到创造，从创设到习得，黄老师通过灵活运用多种教学方法，让孩子们仿佛穿越到"侗"味十足的火塘旁，高效地培养了孩子们自信有感情的歌唱，训练了孩子们的唱歌基本技能，发展了孩子们的歌唱表现能力，也让孩子们理解"每一首歌曲都有它独特的风格特点，每一种表现形式都能带给人不同的艺术享受"这一大概念！在德智体美劳全面发展理念的导向下，音乐教师们以美育人，帮助学生获得更加完美的发展、整体的发展、个性的发展。

这是一场精彩的音乐学科研讨活动，是一场浓郁的音乐味、厚重的文化味和甜美的童年味交融的音乐盛宴，更是不同教育理念不断碰撞交融的提炼与升华。"科研兴校，科研助教"一直是盐小发展的方法论，最美的风景不在过去，而在前进路上，盐小那追求教育创新的步伐将永不停歇！

一、大概念统整的实践性课程模式

如何将学生习得的知识转化为学生自身的能力，是"五育"深度融合下课程探索需要思考的问题。学生在学习知识之后，甚至在未来的生活中清晰浮现并运用出已习得的知识，是教师传授知识要达到的终极目标。我们认为，只有找到在空间上具有中心性、在时间具有持久性、在实践上具有迁移性的知识结构，才能更好地达成上述教育目标。

大概念就是一种从具体中抽象出来的具有整合、迁移作用的意义结构。从认识论的角度来说，大概念是指从事物、现象、经验等抽象、概括出来的某种共同的本质的特征；体现在方法论上，大概括具有上位意义，它能够辐射下位知识，也能够关联相关知识；同时，由于其来自具体事物、现象或经验提取，大概念又具备实践与迁移意义。大概念能够关涉某一门学科并统整相关的学科课程知识。基于此，我们认为"五育"融合课程的建构要充分利用和发挥大概念的整合作用，在知识学习与探究实践中达成全面育人的目标。

大概念的操作模式简单来说，是大概念在具体的教学中的实践流程。本章从大概念统整的实践性课程模式操作流程的逻辑由来出发，对大概念在实践性课程中的操作流程与操作环节进行分述，并结合实际案例进行阐述与说明。

（一）流程的逻辑由来

大概念落实在学校具体的课程建设中，需要我们探究出可行的操作流程。根据大概念来源于具体实践的思路，我们对大概念进行逻辑倒推：

大概念关涉世界中的各种事物、现象、经验，当其投射到教育中时，我们需要考虑将概念表述到国家课程的教学目标与内容之中，因此，选定大概念后的下一步工作就是确认大主题。在此，我们达成了课程知识在空间上的中心地位。

在表征清楚教学目标与内容的主题后，需要思考"如何更好地发挥大主题的持久性和迁移性的问题"，课程设计者则可以设置相应情境，让学生在其中完成纵深性的思考。由此，我们能够通过主问题的方式串联目标与内容。

最后，问题的达成并不是学生自然而然完成的，此时还要充分发挥教师的引导作用，设置相应的具体学习活动，使得学生在学习活动的落实中构建起大概念。

综上所述，我们将大概念的课程落实表示为以下操作模式：大概念→大主题→主问题→活动序列。

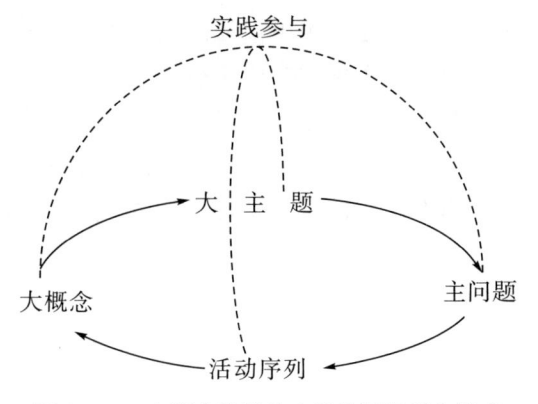

图 11-1 大概念统整的实践性课程操作模式

（二）简述操作流程

从流程上看，大概念统整的实践性课程模式从概念的选择出发，教师将大概念与当前的学科教学课程相结合，进行大主题的确定；继而在具体主题的达成中，选择出主问题，并化解为系列小问题；最终将小问题与教学实践结合起来，落实为学生可以操作的学习活动方式与方法，并在活动的进行与评价中，高质量地完成学习。

在此基础上需要注意的是，在四个环节的流程中，要时刻把握教与学的实践参与。课程设计者要充分考虑教师当前的设计与实施空间，并在落实中创设学生可进行的主体活动空间。

（三）分述操作环节

环节 1 大概念的确定

每一门学科都有其浩瀚无垠的知识内容，庞大的知识体系与内容就要求了每一门学科都需要具备其独有的核心概念，以进行系统性的运作。

"大概念的确定"需要结合相应学科的核心知识，在宏观角度大致把握相应学科的核心知识进行概念的提炼，它能够较为有效地解决当前教学中出现的知识低位、零散、浅表的现实困境。但由于在当前的教学实践中，教育者和教师对大概念的认知与认知不足，大概念的确定成了一个难题。教师需要首先找到概念、命题、观点、问题、主题等学科核心知识，例如语文中的大概念就有"形散而神不散""文学作品的现实性""比喻的手法"，数学中的大概念就有"几何直观"，科学中的"空间""密度"，等等。总而言之，教师可以从跨学科的概念倒推到学科单元间的概念，最后具体到单元内或者课时内的大概念。在此基础上，教师下一步需要做的是能够结合国家课程标准以及教材所出现的高频知识进行选择，形成关键概念，也可以通过自身的教学经验进行抽象提炼。最后，课程设计者即教师需要考虑大概念在本课程、本学年、本单元、本课时中的定位，要使得确定的大概念能够观照和引领本课的教学重点和难点。

大概念在选择出来以后，设计者还需要对概念进行回顾和考量，需要反思选择出来的大概念是否符合学生的最近发展区、是否能够关涉本课的全部教学内容、是否较好地成了教学目标与教学内容之间的桥梁。

环节2 大主题的生成

"大主题的生成"是指从教学目标、教学内容乃至学生学习实际情况出发，对学生学习目标进行具体化的过程。这一过程与教师将教学内容向具体的教学目标进行转换的过程类似。

如同教师进行教学设计：展开具体教学活动的设计之前，需要对教材进行解读，然后依据学生的学情，形成具体的教学目标，以此更为有效地引导教师在进行教学流程设计时有方向、有重点。大概念的确定已经完成了"解读"这一过程，现在要做的是，教师充分考虑学生的具体学情，进行目标层面的细化。如何确定目标？我们以"KUDB目标模式"为框架，在核心素养的引领下，结合具体教学实践和当前的学习水平，对大概念下的教学目标进行调整，形成可以达成的预期目标。

林恩·埃里克森（H. Lynn Erickson）所提出的KUD模式为我们搭建了一个较为完整的目标模式，他强调在事实性层面上的"知道"、在概念层面上的"理解"以及在技能层面上的"做"。同时国内有相关学者结合我国的三维目标对目标模式进行了进一步的完善。李松林[①]在其《深度学习设计：模板与示例》中认为，对大概念的表征和描述的实质是将核心目标具体化为预期可见的学习目标，并从知道什么、理解什么、能做什么以及想做什么四个维度进行了具体的描述。陈倩[②]对此模式进行了更为详细的阐述，认为KUDB目标模式的设计主要是基于以下考虑：其一在于，事实性知识（Know）是大概念发展的起点，我国教师对学科中的知识点非常熟悉而且掌握得很扎实，学生在课堂外习得的知识大多零散、表层、不系统，但是这些经验性的事实正是"大"概念最初的萌芽；其二在于，为打破知识点学习所带来的弊端，使学习走向深度与连续，学生必须建构更具深度与关联性的知识（Understand），这也是大概念形成的内容基础；其三在于，使用知识与技能的实践活动（Do）是大概念

---

① 李松林. 深度学习设计：模板与示例[M]. 成都：四川师范大学电子出版社，2020.
② 陈倩. 大概念统整的学科项目化学习设计研究[D]. 成都：四川师范大学，2020.

形成的过程基础，也是评估的依据；其四在于，大概念的意义性与课程教学的教育性的内在要求与本质要求在于促进学生核心价值观的生成（Be）。

基于以上分析，我们认为在大概念统整的实践性课程中，学生的学习目标可以具体表述为"知道什么""理解什么""能做出什么"以及"希望成为什么"。

环节3　主问题的设计

设计主问题的目的在于将大概念转化为切实可行的教学目标。大概念本身在知识体系中承担了中心统摄的作用，那么课程设计还需要充分发挥主问题的探究作用，将学生带入深层次的思维活动，在追问中使得学生主动构建起知识与知识之间的关联。

为了更好地发挥学生在学习活动中的能动性，激发学生学习的兴趣，我们总结实践经验发现，主问题及其问题集通过项目式问题和课题化问题两种方式来进行。

环节4　活动序列的落实

"活动序列的落实"是为达成主问题而设计的教学活动模块。为了更好地落实主问题及其问题群，我们认为活动序列可以分为"准备活动""展开活动""活动深化"以及"迁移运用"几个模块。

具体而言，"准备活动"是学生熟悉任务背景，提出核心问题的模块。"展开活动"是学生依据提出的系列问题，设计出活动过程，并在讨论中尝试解决问题的模块。"活动深化"即学生在活动的思维重溯中，得出结论的认同，进一步深化认知，结合以上过程中产生的思考与结论，理解大概念的模块。"迁移运用"则是在追问中，将所得知识迁移到新的情境中，进行实践应用的模块。

二、明晰设计难点：大概念的确定与运用

（一）大概念的概念、特征、形式

在教育领域，大概念的理念其实早已有之。奥苏贝尔的"要领概念"、布鲁纳的"一般概念"、布鲁姆的"基本概念"、怀特海的"惰性观念"和菲尼克斯的"特色概念"等，都已具有大概念的内涵和意义。尽管学者们都是从自己的视角和侧重点出发，赋予大概念以不同的内涵，但学者们在大概念的内涵认识上也明显有三个共识：①大概念是抽象概括出来的概念。认为大概念是在经验和事实的基础上，对概念与概念之间的关系加以抽象概括的结果。②大概念是联系整合概念的概念。认为大概念是概念的集合，能够将各种相关概念和理解联系成为一个连贯的整体。③大概念是更能广泛迁移的概念。认为大概念超越了个别的知识和技能，能够在更大范围内加以迁移运用。简而言之，大概念

就是抽象概括出来的具有联系整合作用并能广泛迁移的概念。

但是，大概念毕竟是一个舶来品。我们究竟应该如何理解大概念？尤其是基于新一轮的中国中小学校课程教学改革与实践，我们所强调的大概念究竟是什么样的概念？对于这个问题的追问和澄清，我们认为需要确立两个方法论前提：一是弄清大概念所指向的实际问题。二是把握大概念本身所独有的理论内涵。

回到中小学课程教学实践，中小学生在知识学习上普遍存在三个问题：一是"散"。在强烈的"知识点"情结下，学生较少在一个连续的整体中去建构知识体系，学到的知识大多庞杂而零散。二是"低"。由于教师较少从更高层次去理解学科知识，学生自然学到太多低位的知识，难以从更高层次去俯瞰和理解低位的知识。三是"浅"。在知识的表层化理解下，学生学到太多符号化、形式化的知识，较少理解知识背后所蕴含的逻辑根据、思想方法和价值意义。正是学生在知识学习中存在的上述三个问题，共同导致了一个严重的结果：学生学到太多无意义的惰性思维，难以在更大范围内和更高层次上迁移运用自己所获得的知识。应该说，学生学得"散""低""浅"以及由此所导致的缺乏广泛迁移力问题，恰恰是我们之所以如此强调大概念的实践动因。唯有回到学生学习的实际问题上来，我们才能准确把握大概念的实质内涵。

基于以上分析，我们认为"大概念"是指处于更高层次、居于中心地位和藏于更深层次，兼具认识论、方法论和价值论三重意义，因而更能广泛迁移的活性观念，其根本特性乃是意义性。如果说意义性是大概念的根本特性，那么，处于更高层次的高阶性、居于中心地位的中心性、藏于更深层次的深刻性以及由此所具有的更能广泛迁移的灵活性则是大概念的四个基本特征。"高阶性""中心性""深刻性"与"灵活性"分别从"向上""集中""向下"和"向外"四个方向，表征了大概念的基本特征。

（二）大概念在课程与教学中的核心价值——整合性

从根本上讲，大概念之所以能够让更具实质内涵的整合性教学成为可能，其根源在于大概念本身是一个蕴含丰富内涵的意义模式。如前所述，大概念是一个兼具认识论、方法论和价值论三重意义并具有广泛迁移力的意义结构。这种独特的结构性决定了大概念对于学生的学习与发展都具有整合作用，其整合作用集中体现在三个方面：一是大概念的意义性以及由此所具有的高阶性、中心性、深刻性和灵活性使其能够"向上"整合下位概念、"向中"整合外围概念、"向下"整合表层概念和"向外"整合实践经验。二是大概念的意义性以及由此所具有的高阶性、中心性、深刻性和灵活性使其成为知识与知识、方法与价值、观念与行动、能力与品格的交错点，从而较好地整合学生的多种学习过程和学习方式。三是大概念的三重意义以及由此所具有的高阶性、中心性、深刻性和灵活性不仅使其成为连接课程知识与核心素养的中介，而且能够较好地统摄与整合学生在关键能力、必备品格和基本价值观念等多个方面的发展。

大概念对于学生的学习与发展具有整合作用，但大概念的整合作用终归是一种有待激活的潜在作用。激活大概念潜在的整合作用，我们首先需要确立两点基本认识：一是大概念是课程知识向核心素养转化的中介机制。在课程知识学习与核心素养发展之间的交互关系中，大概念发挥着中介联接和双向转换的作用：一方面将课程知识与核心素养两个本来不同的范畴连接起来，从而成为课程知识学习与核心素养发展之间的重要桥梁；另一方面，大概念将外部活动经验向内转化为兼具认识论、方法论和价值论三重意义的认知结构，向外又将内部认知结构转化为具有现实力量的核心素养（关键能力、必备品格和价值观念）。这意味着，以大概念为核心展开整合性教学，需要将大概念作为课程知识（内容）与核心素养（目标）的中介，以充分发挥大概念在学生学习与发展中的连接转化作用。二是实践参与是学生整合性学习的根本机制。如果说大概念使学生的整合性学习成为可能，那么，实践参与则使学生的整合性学习成为现实。试想：还有哪一种学习模式比实践参与更具有现实的整合性？正是在实践参与中，学生能够很好地整合知识与事物、知识与知识、知识与行动以及事物、知识、自我与世界之间的内在联系。一句话，实践参与乃是整合性学习的根本机制。但是，强调学生的实践参与并不是要让学生下田、下地、下工厂，其实质乃是让学生参与问题的分析、探究与解决。这意味着，大概念统整的深度学习，需要引导学生在实践参与和问题解决中学习。

（三）大概念的类型

从形式上看，我们可以把大概念理解为一个概念（如"修辞手法""表达方式"）、命题（如作文命题"父爱如山""难忘的第一次"）或理论（如"体育课运动量的大小与练习数量、强度、时间、密度、动作质量有关""新课程的核心理念是一切为了每一位孩子的发展"），还可以理解为一个主题（如"人人平等""合作与交往"）、问题（如"你有怎样的感受？""你是如何理解的？"）、观点（如"精卫是不是英雄""一根筷子和一捆筷子的力量"）和矛盾之说（如"谎言与善意""福不双降，祸不单行"）。

从总体上看，我们可以将大概念看作一个网络化结构，它由纵向上的四个层次和横向上的三个类型有机结合而成的。我们先从纵向上看，这个网络虽然层次十分分明，但它却是一个相对性的概念，由低到高涉及四个层次：一是学科课时内的大概念，如"认识乘法"一课中的"简化思想"，"大自然的声音"一课中的"抓住本质特征说明事物"，"球的表面积"一课中的"极限思想"。二是学科单元内的大概念，如"元角分"这个单元内的"转换与组合"；"平面图形的面积"这个单元内的"分类处理"和"化归思想"；"劳动"这个单元内的"劳动观念"；"新中国的成立与巩固"这个单元内的"新生事物的前途是光明的，道路是曲折的"。三是学科单元间的大概念，如"不等式"与"方程"两个单元之间的"函数思想"，若干文学作品单元之间的"文学作品的多意性"，若干物理学科单元之间的"物质观念"。学科单元间的大概念再往上加以抽象概括，常常就成为本学科的大概念。四是跨学科的大概念，如"多样性""结构性""交互性""原因－结果"，等等。

万物皆有属性，根据大概念的属性，它在横向上又包含三个基本类型：一是结论与结果类的大概念。这类大概念属于知识的最终成果类，例如盐道街小学三年级项目组开展的"我衣我秀"主题活动，充分展现了美术学科中的"审美与色彩搭配"、科学学科中的"服装材料及功能"、语文学科中的"查找并阅读有关服装材质功能及设计的资料"、数学学科中的"运用分数和比例测量、裁定衣服尺寸"、品德学科中的"关注社会，关注生活"。这一活动将每个学科的学科特色及涉及的知识成果生动具体地串联在一起，培养孩子对知识的融合与整合能力。二是方法与思想类的大概念。这类大概念属于知识的发现与建构类，例如在盐道街小学二年级项目组开展的"好玩的玩具"中，语文学科的"阅读归纳法"和"口语表达思想"、科学学科的"制作原理法"和"动手操作思想"、美术学科的"图案设计法"和"培养审美思想"、信息技术学科的"搜集信息法"和"搭建立体思想"，都属于知识的发现与建构类。在这一活动中教师通过引导将孩子所学的知识方法，落实到实践中，构建更加深入的思想体系。三是作用与价值类。这类大概念属于知识的迁移与运用类，例如盐道街小学六年级项目组开展的"爱心汇聚，理性消费"是一个跨单元涉及多学科的大项目，以数学学科为主导，同时涉及信息技术、语文、美术、品德等学科知识，综合考虑以前学过的四则运算的意义，通过对课程内容进行项目式重构，结合信息技术、语文、美术、品德等学科知识内容进行项目活动。其中包含的知识的迁移与运用有"统计意识与数据分析""信息整理与处理""沟通协作""目标意识"，等等。

（四）大概念的筛选路径

如何在小学课程中精准地找到大概念，这不仅需要我们把握大概念的特征与形式、类型与构成，还需要找到大概念的筛选与确定的路径。就其实践逻辑，大概念的筛选与确定有三个路径：

第一是借助课程标准中的高频词句。即熟悉课程标准，紧紧抓住课程标准中反复出现的高频词句，从这些高频词句中去捕捉大概念的踪影。例如，小学数学课程标准中有数感、符号意识、空间观念、几何直观、数据分析观念、运算能力、推理能力、模型思想、应用意识和创新意识等核心概念。再如，小学语文课程标准中经常出现识字写字能力、阅读能力、写作能力、口语交际能力、思维发展等高频词语。由于这些核心概念已经经过了抽象概括，教师就可以直接抓住这些核心概念，去提取小学数学和语文的大概念。

第二是通过对教材的深度理解。由于大概念往往潜藏于教材知识的内核和深处，要让大概念的雏形得以显现，教师需要分别从知识的产生与来源（如乘法的产生、寓言的来源）、事物的本质与规律（混合运算律）、学科的方法与思想（如信息技术学科中"搜集信息法"和"搭建立体思想"）、知识的关系与结构（如不等式、方程、数列都是函数）和知识的作用与价值（如语文学科中"标点符号的作用"、《精卫填海》一文所蕴含的锲而不舍与坚持不懈的精神）等五个方面，去深度理解教材。

第三是超越惯常理解的抽象概括。说到底，大概念都是抽象概括的结果。教师可以基于自己的惯常理解，从四个路径抽象概括出大概念：（1）从现象到本质。例如，科学学科所学习的气温中关于现在南极和北极的冰川越来越少的现象，反映的就是温室效应在加剧的本质。（2）从事实到意义。例如，小学五年级语文课程中《"精彩极了"和"糟糕透了"》一文则通过父母对自己的不同态度展现了父爱与母爱。（3）从特殊到一般。例如，虽然作者在某篇事物说明文中使用了独特的说明方法，但"抓住本质特征说明事物"则是说明事物的一般方法。（4）从部分到整体。例如，边长和周长都属于"长度"，周长、面积和体积都是一个"数"。

在对大概念的合理性进行论证时，可以集中围绕大概念的中介连接作用追问三个问题：（1）这个大概念有效连接了本课的核心目标（核心素养）与核心知识吗？（2）这个大概念有效整合了本课的核心内容与核心过程吗？（3）这个大概念有效沟通了学生的深度理解与迁移运用吗？

三、案例分析

（一）完整案例分析

完整的真实课堂案例的呈现有助于帮助我们形成关于大概念统整的实践性课程的直观理解。在此我们选择了成都市盐道街小学盐道校区程泽丽老师设计的《青铜葵花》一课，详细阐述大概念统整的实践型课程的设计过程。

程老师从"准备活动—展开活动—活动深化—迁移运用"四个部分出发进行课程的设计。其中准备活动帮助学生发现"矛盾"，在活动的展开中通过发挥学生的主动性、探究性去解析矛盾、破解矛盾，最终以达到通过活动深化进行矛盾运用的目的。为了发挥大概念在迁移中的重要作用，通过举一反三，由一篇到多篇，运用"矛盾分析阅读法"，使学生在阅读中获得更多、更深的感受。

案例1：

书中的矛盾

——《青铜葵花》阅读策略分享课

盐道街小学盐道校区　程泽丽

整本书阅读较单篇文本阅读而言，主题、内容等更加繁茂，更能成为大概念下提升学生学科素养的沃土。用大概念做指导，学生的整本书阅读也能更加系统、高效。在指导学生课外阅读时，我们发现有一类书，学生在阅读之后，感受是因人而异甚至是互相矛盾的。如《悲惨世界》中的沙威警长，是否该拘捕市长身份掩盖下的逃犯冉阿让；《老人与海》中，最终大战鲨鱼却一无所获的老人是成功了还是失败了；《不老泉》中人们是否该饮下长生不老的泉水得到永生……这些矛盾，正是语文核心素养中的思辨能力的很好的培养点。我所执教的六年级，学生已经普遍有自己的独特见解，乐于并敢于表达，但在表达逻辑和方法上还处于较低水平。于是，我将"辩证思维"这一学科思想作为大概念，与整本书阅读结合，设计了《青铜葵花》一书的阅读指导课。在"辩证思维"这一大概念下，还有"论证与推翻""分解与整合"等阅读方法的小概念。

具体活动如下：

表11-1　"书中的矛盾"学生活动的课例设计

活动版块	学生活动	教师活动	设计意图	所涉大概念
准备活动（发现矛盾）	1. 阅读完成后，用一个词语概括青铜和葵花的生活（"痛苦""幸福"） 2. 发现这两种感受是互相矛盾的，怎么办	引导学生发现	驱动问题来自学生的真实经历，这节课我们就要解决问题	辩证思维

续表11-1

活动版块	学生活动	教师活动	设计意图	所涉大概念
展开活动（解析矛盾、破解矛盾）	1. 提出用辩论的方式解决驱动问题。分为正反两方。 2. 分方讨论，写辩词 3. 交流辩词，完善、分工 4. 展开辩论： 一辩（开篇立论） 二辩（详细论述） 三辩（自由辩论） 四辩（总结陈词）	巡视、启发、帮助	学生用自己提出的方法解决驱动问题。写辩词活动让学生有充分的活动时间和空间 辩论的过程让学生有依据表达、仔细倾听、运用举例、类比、引用、反问、追问、回避等方法开展辩论	整合与分解 有依据地表达 论证与推翻
活动深化（运用矛盾）	1. 回顾双方辩论，学生对"痛苦"和"幸福"有了新的认识 2. 抓住这个矛盾来研究，对我们读这本书有很多意义。（理解作者写作意图、如何面对自己的生活……） 3. 回顾我们围绕着矛盾的做法，得出"矛盾分析阅读法"（发现矛盾—解析矛盾—破解矛盾—运用矛盾）	引导学生整合、反思 引导学生深入思考 引导学生回顾、总结、提炼	这一环节是课程重点，让学生将双方的辩论综合思考，发现"幸福"和"痛苦"其实相互依存，并由此引发对自己、对世界、对人生更深入的思考 学生将自己的做法归纳为一种新的读书方法	分解与整合 辩证思维 创新思维
迁移运用	将"矛盾分析阅读法"运用于阅读其他同类小说	引导学生归类，再次阅读	由一篇到多篇，运用"矛盾分析阅读法"，学生在阅读中获得更多、更深的感受	举一反三

从以上课例我们可以看到，大概念下的整本书阅读，更加聚焦并深入。这节课立足整本书阅读，以"辩证思维"为大概念，利用书中的矛盾，设计了以辩论、讨论为主的学生活动，使得学生呈现出更强的信息提取和理解把握能力、更强的分析和综合能力，更可贵的是使学生在活动中发展了辩证思维能力。

细化到每一个教学步骤，以大概念下的小概念——有依据地表达、分解与整合、论证与推翻、创新思维作为目的，设计学生的写辩词、辩论、反思、归纳等活动，使学生的学科素养在本课堂得到提升。

课后，学生还将成果——矛盾分析阅读法，迁移运用到其他的整本书阅读中。学生把在这节课中学习到的大概念作为知识生长点，靠大概念自主进行整本书阅读，在未来持续发生作用。

本课例分享在于以大概念的理念来贯穿课堂内容，并深化学生的学习。除此之外，本课为了更好地发挥大概念下课程的实践参与性，程老师、黄晶晶老师结合项目式学习的方式进行学习驱动。

表 11-2　基于大概念的"书中的矛盾"项目化学习设计模板

基本信息	学校名称	成都市盐道街小学（盐道校区）
	授课对象	六年级学生
	课程名称	语文
	授课题目	书中的矛盾
	授课教师	程泽丽、黄晶晶
内容分析	知识的来源与产生	小说起源于神话传说，小说家用故事来表达他们对世界的看法。20世纪90年代儿童文学从静态的青春期心理状态分析和探索，向关注少年动态成长转变，成长小说受到关注。成长小说是讲述个体在"内心自我"与"外部规约"的激烈争夺中最终做出重大的人生选择、形成自己的世界观和人生观的小说。成长小说的特点是：以少年的精神的动态成长为核心，以成长的视角为主视角，并精心设置了成长的引路人的角色，对少年的成长做了形象的阐释
	事物的本质与规律	学生运用思辨性阅读，在读成长小说的过程中进行精神建构、文化建构、语言建构。曹文轩的《青铜葵花》"苦难叙事"中，人物是"幸福"还是"痛苦"，可运用思辨性阅读进行精神建构
	学科的方法与思想	以读促悟，抓住小说中典型的人物形象"青铜"和"葵花"分析人物的精神成长 以读促思，挖掘故事情节背后的价值——诗化表达的美与故事情节的苦 以读促说，提炼小说的主题内涵——青铜葵花是幸福还是不幸，进行个性化阅读和个性化表达
	知识的关系与结构	小说阅读：把握故事情节／揣摩人物形象／注意环境描写 → 认知生活（认知世界·丰富语言·阅读人生） 成长小说：梳理成长关键事件／寻找成长引路人／发现主人公的成长标志 → 认知成长（自我意识·外部规约·矛盾统一） 曹文轩小说阅读：抓矛盾观点／确定论点 收集论据／辩论表达 深化认知 → 思辨性阅读（建构精神·建构文化·建构语言）
	知识的作用与价值	培养学生思辨思维在认知、表达、决策、创新和人格等诸多方面会产生积极有益的影响。培养学生成为能有理有据雄辩的人，有批判性思维的人，有独立思考能力的人

续表11-2

学情分析	前理解（先见、先知和先验）	先见：处于六年级上期的学生，从《穷人》《在柏林》《桥》这些课文中，学习到读小说的基本方法：读人物、读情节、读环境。学生在生活中见过类似的现象，比如生活中看上去痛苦的经历却被认为很幸福，以及生活中也出现突发意外的情况——亲人的离世，朋友的分离，经济的窘迫都真实地存在学生的生活之中。先知：在阅读整本书《爱尔华奇妙之旅》《海鸥乔纳斯》过程中学习了用心理描写、给人物涂色等方式读人物形象；用思维导图、画情节曲线图、看插图、给人物配音等方式读故事情节；通过读封面、重构章节等方式读作品内涵。在整本书阅读中学生提升了资料检索与分析能力、广泛阅读和信息提取能力 先验：学生正处于思维发展的黄金时期，心理探知的旺盛阶段，辨析能力萌窦初开。虽然他们能够在单篇课文中有理有据表达个人观点，可是平时没有参与辩论的经验，只是在电视上看过辩论赛
	困难处（认知障碍）	1. 从整本书中寻找矛盾，确定观点，梳理能够印证自我观点的事实（与书本对话） 2. 从容地在公众面前表达个人观点并反驳他人观点（表达个人见解）
	触发点（新奇处、困惑处、共鸣处或挑战处）	新奇处：用辩论的方式呈现从阅读中获得的观点和事实 困惑处：如何撰写辩论词 挑战处：在公众面前表达个人观点并反驳他人观点
	关节点（重点点拨的地方）	对同样的论据不同的观点的合理思考和表达
	发展区（可能的提升空间）	基于公正性、开放性、全面性进行质疑反驳，形成理性的、反思性的思维
项目名称		《青铜葵花》整本书阅读
主问题的设计	Thing（事情）	我们发现有一类书，学生在阅读之后，感受是因人而异甚至是互相矛盾的。矛盾的话题进入学生日常的讨论范围，也进入了教师的研究范围，这是一个基于学生真实生活的、教师非常感兴趣的研究课题
	Problem（问题）	究竟是"幸福"还是"痛苦"？ ——读《青铜葵花》确立论点，寻找论据
	Works（作品）	辩论赛、辩论词

续表11-2

		核心素养	思维的发展和提升
大主题的生成	具体表现	Know（知道什么）	1. 能够收集掌握大量的数据和资料 2. 进行资料检索与分析 3. 对"幸福"和"痛苦"概念的理解
		Understand（理解什么）	论据、论点和推导结论的逻辑链条
		Do（能够做出什么）	1. 根据"幸福"或"痛苦"不同观点进行辩词的撰写，有条理地分析和论证 2. 理解"幸福"和"痛苦"在生活中的呈现和表达 3. 在辩论中表达自我观点，合理地质疑，实事求是地反驳
		Be（希望成为什么）	1. 能够运用思辨思维——矛盾分析法进行整本书阅读 2. 运用思辨思维解决生活中的问题，成为明事和睿智的人
大概念的确定	大概念	思辨思维与表达	
	核心概念	1. 分析和论证（梳理逻辑、求异思维） 2. 质疑和反驳（实事求是、合理的判断） 3. 尊重和接纳（理性、开放）	
活动序列的落实	准备活动	读《青铜葵花》后，觉得人物的生活怎么样 学生发表各自看法，"幸福"和"痛苦"，并发现矛盾	
	展开活动	感受有了矛盾，怎么办 提出用辩论的方法来解决，并分正反两方，写辩论词，然后展开辩论	
	活动深化	综合双方论点，有什么新的认识 综合自己和对方的意见，对"幸福"和"痛苦"有了辩证的看法，全面理解作者写作意图	
	迁移运用	我们做了什么？有什么意义 总结出"矛盾分析法"，明白运用该方法可以更深地理解课文，并用于阅读其他同类文学作品	
辅助工具	工具1	读者阅读后感受有矛盾的文学作品，如《老人与海》《不老泉》《悲惨世界》	
	工具2	辩论词表格	
	…	辩论场地和气氛	

续表11-2

维度		标准	结果
学习评价	作品质量	1. 辩论词的撰写与现场辩论 2. 能否将"矛盾分析法"运用于阅读其他文学作品，并产生意义	
	作品展示	"矛盾分析法"是否直观可操作	
	学习过程	是否提升学生语文思维和语言运用能力	
	素养发展	Know：1. 能够收集掌握大量的数据和资料 2. 进行资料检索与分析 3. 对"幸福"和"痛苦"概念的理解	
		Understand：论据、论点和推导结论的逻辑链条	
		Do：1. 根据"幸福"或"痛苦"不同观点进行辩词的撰写，有条理地分析和论证 2. 理解"幸福"和"痛苦"在生活中的呈现和表达 3. 在辩论中表达自我观点，合理地质疑，实事求是地反驳	
		Be：1. 能够运用思辨思维——矛盾分析法进行整本书阅读 2. 运用思辨思维解决生活中的问题，成为明事和睿智的人	

总而言之，通过内容分析知识的来源和产生、事物的本质与规律、学科的方法与思想、知识的关系与结构部分，从先见、先知和先验完成前理解，在认知障碍中确定学生的困难处；在新奇、困惑和挑战的基础上，规定本课的触发点。从中推断学生在本课需要重点点拨和可能提升的地方。最终，确定学生的学习出发点是"基于公正性、开放性、全面性进行质疑反驳，形成理性的、反思性的思维"。

由此，本设计在项目内容上具化了起来。围绕"我们发现有一类书，学生在阅读之后，感受是因人而异甚至是互相矛盾的。矛盾的话题进入学生日常的讨论范围，也进入了教师的研究范围，这是一个基于学生真实生活的、教师非常感兴趣的研究课题"，提出"究竟是'幸福'还是'痛苦'"，确立起"读《青铜葵花》确立论点，寻找论据"。最终以辩论赛的形式在学生的辩论词中进行完整的呈现，并确定了"究竟是'幸福'还是'痛苦'？"的大主题。

基于以上分析，形成本课关于"思辨思维与表达"大概念下的"分析和论证（梳理逻辑、求异思维）、质疑和反驳（实事求是、合理的判断）、尊重和接纳（理性、开放）"的核心概念。

综上所述，通过KUDB目标模式，程老师对学生的素养发展维度进行了完整的分析。首先，学生能够收集掌握大量的数据和资料，并进行资料检索与分析；同时对"幸福"和"痛苦"概念进行理解，以形成论据、论点和推导结论的逻辑链条。而在学生活动中落实的是，学生要根据自身对"幸福"或"痛苦"所形成的不同观点，进行辩词的具体撰写和有条理的分析和论证；更为具体的要求是，学生在内容的撰写中，需要在自身理解"幸福"和"痛苦"的基础上，结合现实生活来进行呈现与表达；最终，学生还要以辩论的形式来表达自我的观点，合理地质疑、实事求是地进行反驳。总而言之，这一目标的落实将会培养学生的理解能力、概括能力、表达能力；同时也会对学生的辩证思维能力、综合运用能力、迁移能力进行提升。

（二）环节案例

1. 大概念的确定案例

"大概念的确定"需要教师充分地结合相应学科的核心知识，把握相应学科的核心知识进行概念的提炼。盐道街小学通桂校区数学老师肖菊设计的"小小创业者"的课题，也对大概念进行了详细的分析。

案例2：

表11-3 大概念的确定案例设计

基本信息	授课对象	三年级学生
	课程名称	数学
	授课题目	小小创业者
	授课教师	肖菊、姚鑫、陶蓉、于钦、李肖孟、亢虹静

续表11-3

层次	内容	确定	路径
大概念	处于高层次、居于中心地位和藏于更深层次，兼具认识论、方法论和价值论三重意义因而更能广泛迁移的活性观念。如"结构与功能""组合与转化""公平与公正""适者生存""数形结合"等	模型化思想	深度理解教材内容 精选最能体现学科本质的内容
	鉴于大概念与具体概念之间，常常是那些体现学科本质，并对学习者具有电击作用的基本概念，如"文体""数""物质""新陈代谢""运动""进化论""空间""生物"等	数据收集与分析数字运算	深度分析学生学情 精选最能促进学生发展的知识
	从核心概念分化出来的概念常常具有"零散""低位""浅表"等特征，因而又容易忘记且迁移能力低下，如"元、角、分""锐角三角形""细胞核""合作的技巧""破折号""三价铁离子"等	四则运算； 简单小数加减法估算； 人民币的换算；	深度分析社会需要 精选最能适应社会需要的知识

本案例从具体内容、概念确定和路径分析三个方面对大概念进行了具体的外显。

2. 大主题的生成案例

大主题的生成从多维度，即"知道、理解、能做、想做什么"进行阐述。成都市盐道街小学528校区江丽萍老师、魏佳老师关于"中国美食"的主题进行了相关的探究，对此我们呈现其主题的生成的过程。

案例3：

表11-4 大主题的生成案例设计

基本信息	授课对象	二年级学生
	课程名称	语文
	授课题目	中国美食
	授课教师	江丽萍、魏佳
生成大主题	Know	1. 表示中国美食制作方法的字常带有"火、灬"等偏旁 2. 常见的中国美食及其特点 3. 某些美食的制作方法及其特点
	Understand	1. 美食制作方法与火之间的关系 2. 中国美食的四大特点：精、美、情、礼 3. 推荐美食的方法及其原因
	Do	1. 能够抓住特色推荐中国美食及其制作方法
	Be	1. 做一个中国文字和中国美食文化的传承者

江老师与魏老师在拟定"中国美食我来夸"的主题下,对学生的学情进行了详细分析,由此产生的基于学生的四个思维过程,使得大概念与核心概念有效地转化为了具体的主题。

3. 主问题的设计

将大概念转化为切实可行的教学目标需要教师结合教学实际情况进行细化与安排。我们继续围绕"安全又刺激的过山车"这一课例进行展开阐述。本课以"物体的运动需要能量的支持以及能量的相互转化与守恒"作为大概念,在大主题下,老师们进行了相关问题的设计。

案例4:

表11-5 主问题的设计案例

基本信息	授课对象	五年级学生
	课程名称	综合性学习
	授课题目	安全又刺激的过山车
	授课教师	郭云霞、刘红
主问题的设计	主问题	如何有效地为过山车的爬升、滑落与倒转提供能量
	子问题	问题1:过山车的运行需要哪些能量
		问题2:如何利用不同的能量使不同运行过程的过山车运行起来
		问题3:利用哪些材料可以制作出可运行的过山车实物模型

围绕学生的发展区,教师结合现实需要形成了主问题及其子问题集。主问题的设计,使整个课堂设计具有方向性,而子问题的具化为教师的活动设计提供了主要思路。

4. 活动序列的落实

落实活动序列具体从"准备活动"—"展开活动"—"活动深化"—"迁移运用"的模块帮助学生获得大概念。以成都市盐道街小学盐道校区的五年级综合跨学科整合课程"安全又刺激的过山车"为例,郭云霞老师、刘红老师围绕"物体的运动需要能量的支持以及能量的相互转换与守恒"这一学科大概念,进行了课程设计,以下出示活动序列的相关内容。

案例 5：

表 11-6 活动序列的落实案例设计

基本信息	授课对象	五年级学生
	课程名称	综合性学习
	授课题目	安全又刺激的过山车
	授课教师	郭云霞老师、刘红老师
落实活动序列	准备活动	1. 向学生明确交代设计一个安全而刺激的过山车轨道模型这一事项 2. 引导学生发现和提出"如何有效地为过山车的爬升滑落与倒转提供能量"这一核心问题
	展开活动	1. 通过模拟小球在运动过程中的能量转换，引导学生体验和探究过山车的动力来源、势能与动能的关系以及能量与运动的关系等问题 2. 引导学生基于自己的认识和现有器械条件，通过提出过山车轨道模型设计的创意
	活动深化	1. 引导学生分别从科学性、安全性、刺激性、美观性和独创性等方面对自己的设计创意进行论证 2. 引导学生运用比例思想设计出过山车轨道的理想化模型
	迁移运用	1. 引导学生最终制作出过山车轨道的实物模型 2. 引导学生基于自己的实物模型，根据既定的评价标准，展开深度而有效的互动

活动序列的落实是本课程在设计中的最后一个环节，围绕拟定的活动模块，学生的思维在步步深入中得到培养。同时，学生的综合性的动手和迁移能力得到实现。

第十二章　全面培养的"五育"融合课程结构

【故事导入】

2000年，盐道街小学有一位学生，他的计算机能力很强，这种强最初体现在一堂信息技术课堂上。有一天，信息技术老师在课堂上布置了一篇打字任务，要求学生在一节课内打完一篇1000字文档并保存在指定文件夹中。当课堂时间过去了三分之一时，大多数同学都低头忙碌地敲着键盘，大部分都只输入到文稿的一半位置。这时，老师注意到，一位学生正无所事事，悠闲地转着笔。老师走过去，轻轻地拍了拍他的肩膀，问："你怎么不打字？在干什么呢？"只见这位同学熟练地打开了电脑上保存的指定文件夹，里面是一篇已经完全打好的千字文档。老师惊讶地问："这都是你打出来的？"他回答："是啊，我五分钟之前就打完了。"老师又问："你以前接触过电脑？"他摇摇头："没怎么用过电脑，只是爸爸在家用的时候，我在旁边看过。"后来，这位学生在学校的信息技术课上展露了非凡的计算机能力——网页设计突出、编程能力强……渐渐地，他的信息技术能力在不断地加强。于是，他想去外面的世界"看看"。

终于，五年级时，他获得了计算机比赛全国一等奖。他捧回一台计算机时，激动地笑了，全校师生都开心地为他喝彩。

这个学生是当年学校第一个参加全国性计算机比赛就获得第一名的孩子。在盐道街小学的六年，他从计算机能力崭露头角到各项素养全面发展，离不开学校的整合课程的实践和开展。学校多年来一直坚持课程整合之路，以课程整合谋求"五育"深度融合发展。

盐道街小学一直以来十分重视学生的全面发展，致力于构建全面培养的"五育"融合课程结构，推动"五育"的深度融合，搭建了整体基本框架。学校通过学科内实践、跨学科实践以及超学科实践三层立体结构搭建全面培养的"五育"融合的课程结构，实现学生德智体美劳全面发展。

一、"五育"融合课程的概述

2018年全国教育大会上，习近平强调培养德智体美劳全面发展的社会主义建设者和接班人是我国教育工作的根本任务，也是教育现代化的方向目标，如何实现这一目标，习近平指出："努力构建德智体美劳全面培养的教育体系要把立德树人融入思想道德教育、文化知识教育、社会实践教育各环节，贯穿基础教育、职业教育、高等教育各领域，学科体系、教学体系、教材体系、管理体系要围绕这个目标来设计，教师要围绕这个目标来教，学生要围绕这个目标来学。"

中共中央、国务院印发《中国教育现代化2035》《关于深化教育教学改革全面提高义务教育质量的意见》（以下简称《意见》）等一系列指导行动的纲领性文件。《意见》明确提出"要坚持'五育'并举，全面发展素质教育"，这既回应了"努力构建德智体美劳全面培养的教育体系，形成更高水平的人才培养体系"的教育现代化要求，又系统地阐释了"五育"的价值意义及辩证关系：既是党的教育方针的具体载体，学校教育的具体任务，也是相辅相成、不可分割、有机融合的整体。

具体而言，德智体美劳"五育"共同指向培养全面发展的人、培养社会主义建设者和接班人，"五育"融合比以往所提的"五育"并举更加强调"融合"二字。"五育"融合注重"五育"之间的联系和贯通，各育的知识和素养的获得是整体的不是局部的；"五育"融合注重知识与能力的整合，各育之间相互渗透，彼此融合，不能分割，不能简单地堆砌。

（一）"五育"融合课程建设目标

近年来，盐道街小学积极响应国家政策、顺应时代要求，从理论出发，结合自身实际，秉承"厚德如盐，适融入道"的办学理念，基于理性思考，围绕"立德树人"，建构起符合学生成长规律、独具特色的"五育"融合课程体系，凝练出"五育"融合课程建设目标：使片面化向完全发展转变、将畸形化向整体化转变、将同质化向个性化转变。

1. 使片面化向完全发展转变

盐道街小学倡导的全面培养的"五育"融合课程最终培养的是德智体美劳全面发展的社会主义建设者和接班人，其基本前提就是要构建完整的"五育"教育体系，为学生提供合理的"五育"课程。因此，"五育"课程建设的目标之一就是要解决教育片面化问题。解决教育的片面化，促进学生的全面发展，其核心要务就是树立"立德树人"的教育观念，立理想信念、立道德品质、立法治素养，树社会主义事业的建设者和接班人、树德智体美劳全面发展的人、树担当民族复兴大任的时代新人。如何将片面化向完全发展转变，盐道街小学坚持课程育人、教学育人、活动育人、文化育人、管理育人、全员育人的观念，促进学生的德智体美劳全面发展。

2. 将畸形化向整体发展转变

"五育"融合的全面发展，其中任何一育的缺失都将导致教育的畸形化。因此，我们要牢牢把握住"五育"融合这个课程建设核心，将德智体美劳渗透进学校的每一项课程之中，将畸形化向整体发展转变。盐道街小学紧抓"厚德如盐，适融入道"的办学理念，开设国际理解、项目式学习、自然探究、社会关注、自我成长等一系列观照学生全面发展且具有盐道街小学特色的课程，将"五育"渗入课程之中，力求促进学生的整体发展。

3. 将同质化向个性化发展转变

成绩至上，学习内容的单调，学习课程只重视智育而导致德育、体育、美育、劳育的边缘化；家庭、学校的强制性、统一性的学习负担过重，这些都是导致教育同质化的原因。究其根本，同质化使学生学习兴趣丧失。学习兴趣的丧失意味着学生没有了学习的动力，没有了对未知世界的探究欲望，没有了对学习的执着与坚守，就没有了真正的个性发展。将教育的同质化向个性化发展转变，也是盐道街小学全面培养的"五育"融合课程建设目标之一。

（二）"五育"融合课程建设特征

盐道街小学"五育"融合课程从培养德智体美劳全面发展的学子出发，在课程建设中体现出如下特征。

1. 整合化

在盐道街小学全面培养的"五育"融合课程的建设过程中，整合化是其最突出的特征。学科内容的整合、知识与能力的整合、"五育"整合，贯穿于"五育"融合课程建设的始终。以盐道街小学的项目式学习为例，盐道街小学发扬"善创"的核心特质，探索并总结实践出了从两育、三育到全面整合的育人方式，这些整合方式不是"五育"之间的简单相加，而是"五育"间的渗透融合。比如学生自发选出的"好玩的玩具"项目，从小组成立、方案制定、设计稿推介会到动手实践、实施评价，学生的德育、智育、美育、劳育以及体育在项目实施过程中得到锻炼提升。

2. 阶段化

学生的全面发展在不同的年龄阶段各有侧重。从小学低段到高段，"五育"课程建设从学科内的实践，到跨学科的实践，再到超学科的实践，最终指向"五育"融合的顶层设计，这一过程正是体现了"五育"课程的阶段化特点。除此之外，随着学段的增长，每一阶段对于"五育"的要求是呈不断升高的趋势，这也是课程阶段化的表现。以盐道街小学的国际理解课程为例，从一年级到六年级，每一学段都有不同的课程要求，如表12－1所示。

表12－1　各年级国际理解课程要求

启动仪式	"做人间真盐"
一年级	盐道街小学娃，携手行——沿着盐道街小学走一圈
二年级	小脚丫，大行程——沿着成都走一圈
三年级	巴蜀情，任我游——沿着四川走一圈
四年级	忆中华，天地宽——沿着中国走一圈
五年级	距千里，万象涵——沿着亚洲走一圈
六年级	中国心，世界眼——沿着世界走一圈
颁奖典礼	"立天下大道"

从一年级到六年级，盐道街小学制定了一套完整可行的国际理解课程，且在此课程中充分关照学生德智体美劳的全面发展。从盐道街小学开始，经成都、四川、中国、亚洲，最终走向世界，盐道街小学想要培养的是具有国际眼光、拥有广大格局的盐道街小学学子。六年的课程实施当中，对学生的人格锻造、知识扩充、沟通能力、价值取向随着年段的增长而提出不同的要求。比如人格锻造方面，就经历了形成初步自我认知，建立自尊与自信；扩展自我认知；拥有主人翁意识，树立自豪感；关心祖国发展，捍卫民族团结；有强烈的民族自尊心、自豪感；形成健全的人格，自尊、自信、进取等几个阶段，层层递进。

3. 信息化

当今社会，学生的全面发展必须根植于时代的发展之上，互联网、信息技术等新技术的广泛应用正在极大地改变着人们的生活，同时也成为推动学校变革的新势能。在教育信息化2.0的时代呼唤下，信息技术与教育教学的深度融合已成为必然趋势。全面培养的"五育"融合课程的建设要求以信息技术为依托，不断实现课程体系的优化。盐道街小学基于学校发展实际，以信息适融为理念，提出了契合自身发展特色的数字校园发展计划。

盐道街小学在数字校园建设中确立了信息适融的发展理念，信息适融中的"适"为原则，"融"为手段。数字校园行动规划的制订和实施要适切于学校实际，信息技术与学校教育的深度融合要适时，学校教育教学方式的变革创新要适宜。在数字校园建设思路方面，盐道街小学确立了核心层、组织层和基础层的三层级设计结构。首先是核心层，包括课程建设、课堂变革、教师专业发展和评级体系。其中，教师专业发展是核心抓手。学校建设的实施者是教师，学校发展的起点是教师，学生成长的助力是教师，教师还是课程的建设者与实践者，是课堂改革的关键，学校软硬件建设的需求也来自教师的诉求。其次是组织层建立的相应的数字校园管理、服务和宣传联络常态化运行机制，形成有效的制度保障。最后是基础层，主要包括基础硬件和软件的建设，构建包括以教育评价、学习互动、成长舞台和服务管理为主的网络应用平台，以数字化、信息化为核心，形成高效平台应用机制。

4. 实践化

学生素养的全面提升，离不开实践。学生在实践中发现问题、解决问题，其间获得一定的知识与能力，从实践中来，又回到实践中去。全面培养的"五育"融合课程建设要突出实践性，用真实的问题去引导和激发学生的创造力。如盐道街小学语文组罗苹老师"制作生活中的自救攻略"、王莉老师"给转到异国的同学回信"、张家艳老师"超级记忆力"，数学组胡娟老师"装修客厅的地砖采购计划"、龚蕾老师"给文具制作价格标签"、张誉川老师"没有尺子怎么办"，英语组黄琳姗老师"如何让学校变得更安全"，等等。这些都是与学生生活密切相关的问题，从实践中发现问题，在课堂中探讨并解决问题，最终将知识整合、运用到实践中去。

综上，"五育"融合课程是指学生德智体美劳全面发展的课程，在建设过程中显现出整合化、阶段化、信息化和实践化的特点。

二、"五育"融合课程的结构

在贯彻国家课程计划，落实学校育人目标的基础上，盐道街小学建立起全面培养的"五育"融合课程体系，构建了学科内实践、跨学科实践、超学科实践的"五育"融合课程结构。

（一）学科内实践

盐道街小学"五育"融合课程体系以学科内实践课程为基础，主要设置为体现学生德、智、体、美、劳发展期望的国家基础课程，在学科内的实践课程中，学生的创新人格与创新思维得到持续性的激发与长足发展。多年以来，盐道街小学的学科内实践的基础课程也在不断发展，从简单的语文、英语、数学和其他学科的划分，到整合的数学与科学、语言与理解、艺术与审美、品行与健康的四大领域课程的划分，再到以不同年段划分共通性课程。学科内实践课程从探索初期的三大平面板块，到三级立体课程架构，再到分年段落地实施的课程体系，课程结构逐渐清晰明确。

盐道街小学"五育"融合课程的学科内实践分为两个部分：大单元实践和课时内实践。

1. 大单元实践

（1）什么是大单元实践

单元教学，是一种系统化、科学化的教学体系。它不是将几篇课文简单地组合在一起，而是要求组成单元的文章必须在某一点上具有内在的联系，能通过大单元学习使学生获得系统的知识并提高技能。通俗地说，我们所说的大单元是以教材的单元为基础，以主题为统领，设计真实情境，整合学习内容，通过一个个活动，完成具有内在联系的一个个任务的学习事件，其完整的过程为情境创设、知识建构、问题解决与反思评价。

盐道街小学"五育"融合课程的实施强调课程内容的整合性，创新素养在国家课程实施中落实的重要途径是连通书本间接经验与学生直接经验，贯通学校生活与社会生活，为学生创新活力的激发提供支撑。这意味着，课程实施既要体现理想的国家课程标准的要求，又要适应现实的社区及学校发展的需求；既要尊重教材编写者的意图，又要充分考虑学生的学习及生活经验。盐道街小学教师在认真研读各学科课程标准的基础上，对各学段各学科教材特点进行了系统分析，进而以主题单元为统领，将学科课程知识结构化。如语文课程，各年级语文教师通过集体教研，对课程目标进行具体化的分解，将十余个单元作为一整个学习阶段，重新安排大单元学习材料，由此架构起校本化的语文课程。

（2）大单元教学怎么做

大单元教学是基于整个单元内容的教学，所以大单元教学首先要厘清大单元目标，分梯度确定每课时具体目标。这就要求教师在备课时，不能单一地备一篇课文。以语文课程为例，教师首先要掌握本单元的"人文要素"和"语文要素"两方面的单元目标，关注"单元导语"以及"语文园地"中的"交流平台"。掌握单元主题和要素之后，再将视线投入每一篇具体文本当中，从精读课文的课后练习，略读课文的课前阅读提示中，找到大单元目标之下的分梯度目标。以统编版小学《语文》三年级上册第七单元为例，呈现其具体目标，如图 12-1 所示。

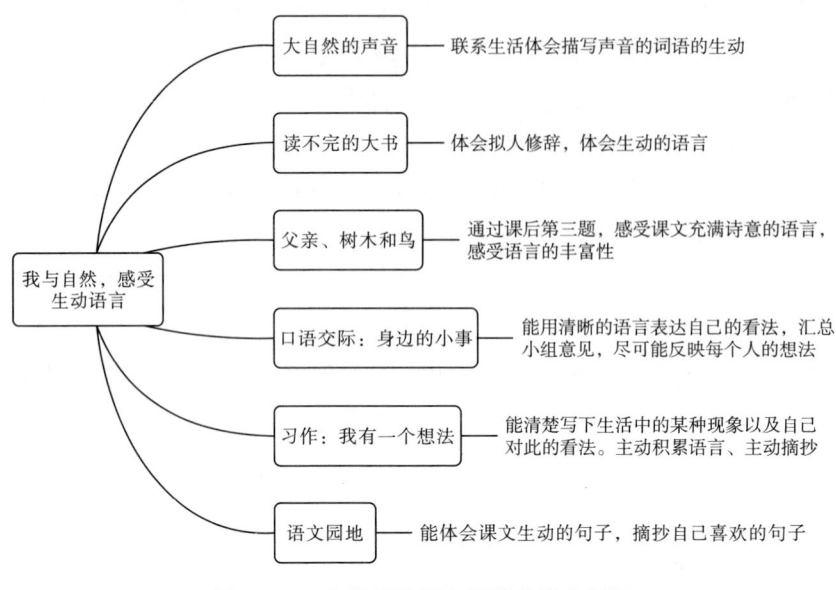

```
                    ┌─ 大自然的声音 ── 联系生活体会描写声音的词语的生动
                    │
                    ├─ 读不完的大书 ── 体会拟人修辞，体会生动的语言
                    │
我与自然，感受      ├─ 父亲、树木和鸟 ── 通过课后第三题，感受课文充满诗意的语言，
   生动语言         │                    感受语言的丰富性
                    │
                    ├─ 口语交际：身边的小事 ── 能用清晰的语言表达自己的看法，汇总
                    │                          小组意见，尽可能反映每个人的想法
                    │
                    ├─ 习作：我有一个想法 ── 能清楚写下生活中的某种现象以及自己
                    │                        对此的看法。主动积累语言、主动摘抄
                    │
                    └─ 语文园地 ── 能体会课文生动的句子，摘抄自己喜欢的句子
```

图 12-1　大单元目标之下的分梯度目标

同时，根据课时的目标，设计不同的课型。大单元教学，应依据大目标，从整体出发，统筹安排单元课型，具体分为：单元预习课、精读引领课、群文阅读课、读写结合课、习作表达课、整本书阅读课、复习巩固课等。这些课型环环相扣、螺旋上升，形成一个不可分割的教学整体。

（3）盐道街小学的大单元教学实践

盐道街小学在大单元教学实践的领域也在不断探索。以统编版教材《语文》二年级下册第一单元为例，该单元由课文《古诗二首》《找春天》《开满鲜花的小路》《邓小平爷爷植树》、口语交际"注意说话的语气"、语文园地一、快乐读书吧几个板块组成。从内容上来看，《古诗二首》《找春天》《开满鲜花的小路》以及《邓小平爷爷植树》都与"春天"这个主题相关；"语文园地一"中的"识字加油站"与"字词句运用"以春天里的公园为背景，"日积月累"呈现了一首与春天有关的古诗——《赋得古原草送别》，"我爱阅读"中的散文《笋芽儿》描写了笋芽儿在春天里生长的情景；口语交际"注意说话的语气"，要使用恰当的语气，让人听了感觉如沐春风，这与春天的特点相契合；"快乐读书吧"中"读读儿童故事"，儿童的顽皮、可爱、懂事、善良，与春天的意象与气质相契合。整个单元的内容都紧扣"春天"的主题,我们由此提炼出"找春天"的单元主题,在单元主题的引导下,用紧密联系的四个任务串联起整个单元的教学目标,创设真实情境,让学生在自主构建知识的过程中提升语文素养,如表12-2的案例"找春天"。

表12-2 "找春天"课堂案例

单元主题	找春天			
情境创设 (让学习在真实的语言运用情境中发生)	"草长莺飞二月天,拂堤杨柳醉春烟",春回大地,小草、纸鸢、春风、杨柳,都是孩子们日常生活中能够感受到的春天的美好景物。孩子们带着自己的生活体验走进课文中的春天,用朗读来感受画面,体会春天的生意盎然,感受儿童们的活泼欢快;在校园、田野里寻找春天,播下一粒种子,领悟春天的生生不息,表达对美好春天的喜爱之情;用春风拂面般的语气开展口语交际			
任务引导 (在整合的学习内容中引导学生深度建构)	读春	找春	种春	说春
学生活动 (让学生在自主建构中提升语文素养)	组织学生诵读《村居》《咏柳》两首古诗,读出诗句的节奏与韵味,感受早春的清新悦目与生机勃勃	阅读《找春天》《笋芽儿》两篇课文,感受春天的勃勃生机与孩子的天真快乐 学习"识字加油站""字词句运用",让学生在具体的情境中识字、运用与思考 开展"我眼中的春天"语文实践活动,带领学生到大自然中寻找春天,用多种方式去展示自己找到的春天	阅读《开满鲜花的小路》《邓小平爷爷植树》两篇课文,让学生领悟种下花籽、栽下树苗,来年就会有一个充满生机的春天 诵读古诗《赋得古原草送别》,感受冬去春来的生命轮回,领悟春天的生生不息 开展快乐读书吧"读读儿童故事"阅读活动	开展口语交际"注意说话的语气"教学,要使用恰当的语气,让人听了感到舒服

续表12-2

单元主题	找春天				
评价反思 (在真实的情境中考查学生的语文能力)	在"单元测评"中，为学生创设一个解决问题与迁移运用的真实情境，通过自评、互评、师评等方式促进学生学会反思				
^	写景点名称：通过公园游览图，让学生根据拼音写出景点的名称，书写景点名称重点考查学生对本单元有关生字的掌握情况。另外，让学生选择一处景点，给它起个名称，主要考查学生观察能力与语言文字运用能力	找春天写句子：引导学生到公园里看一看、听一听、闻一闻，通过写句子，一方面考查学生对春天的感受，另一方面考查学生运用积累的词语写句子的能力。如我来到了哪里，看到了什么，听到了什么，闻到了什么，触到了什么，让学生补写句子，能够对本单元课文的语言进行迁移运用	"春的旋律"朗诵会：一方面考查学生对与春天有关古诗文的积累情况；另一方面重点考查学生的朗读，能够注意语气和重音，这也是本单元的"语文要素"	口语交际：给学生创设了两个情境：一是在湖心亭上，一个同学随手把香蕉皮扔进了湖中，你该怎么对他说？二是在"春的旋律"朗诵会上，你不小心踩到同学的脚，你该怎么对他说	

叶圣陶先生说："教育的最后目标却在种种境界的综合，就是说，使每个分立的课程所发生的影响纠结在一块儿，构成个有机体似的境界，让学生的身心都沉浸其中。"大单元实践教学通过整合单元内容，创设真实情境，实现学生"真学习"。大单元教学摒弃了"先学基础知识和基本技能，然后逐步组合，最后综合运用"的传统教学思维，改变识记、理解、应用的教学顺序，为学生在真实情景中直面一系列的任务，在完成任务的过程中实现知识技能、过程方法与情感态度三维目标高度融合，语文素养获得真正发展。

2. 课时内实践

（1）什么是课时内实践

如果将大单元实践说成"大课堂"，那课时内实践实际上就是"小课堂"，是专注于一篇课文的教学实践。今天的盐道街小学不断调整课程结构，以求将"五育"融合的观念渗透进教育教学工作的方方面面。那么，如何在课时内的实践中将德智体美劳"五育"融为一体呢？盐道街小学用"项目式学习"交出了一份力图令人满意的答卷。

所谓课时内的项目式学习，是指将学科教学内容项目化，通过情境化的小型主题，以一个核心问题贯穿整个课堂，让学生获得较为完整和具体的知识与技能的学习方法。它具有学习内容聚焦、学习时间跨度小、师生便于操作实施、适合常态课堂的特征。

（2）如何进行课时内项目式学习实践

教师可以将项目学习的元素嵌入课堂教学之中，创设具体情境，让学生以真实的社会角色提出驱动性问题进入项目；在进行团队合作时，运用思维导图进行共同学习、思辨交流；在项目完成时，运用"乐享式"游学活动进行成果展示等。项目式学习形式多样，可根据学校文化、学生学情等选择不同的教学形式。

（3）"项目式学习"走进盐道街小学课时内实践

"项目式学习"走进盐道街小学课堂，打破传统刻板的教学模式，以一个核心问题串联起整个课堂。以盐道街小学某老师的统编版教材《语文》四年级上册第二单元第六课"夜间飞行的秘密"第二课时为例，整个课堂以"夜间飞行的秘密是什么？"这个核心问题为驱动，引导学生列出问题清单，再通过交流活动来解决问题清单。其具体教学流程如下表12－3所示。

表 12－3　"夜间飞行的秘密"教学流程

教学流程	学生活动
一、复习导入 师：上节课我们学习了《夜间飞行的秘密》这篇课文的生字，了解了主要内容，提出了问题。今天我们继续来学习，齐读课题 1. 完成任务单中的写一写 师：首先，请孩子们完成任务单中的写一写，注意书写姿势。抽生回答，订正 写一写 科学家 ____(yán jiū)____ 了蝙蝠，从它的峰上得到启发，发明了 ____(léi dá)____，装在飞机上，____(jí shǐ)____ 在夜间 ____(jià shǐ yuán)____ 也能 ____(jià shǐ)____ 飞机安全飞行。 2. 齐读生词 蝙蝠　敏锐　即使　蚊蝇　证明　系铃铛　障碍物　荧光屏　横七竖八 3. 回顾三种提问的角度，梳理问题清单 师：上节课，我们能够从不同的角度去思考，提出自己的问题，通过梳理，我们知道可以从课文内容、课文的写法、联系生活经验这些角度提出问题。请看，这是同学们上节课提出的问题。前三个问题都可以在课文中找到答案，所以是根据课文内容来提问的；第四个问题是根据写法来提问的；还有同学第五六个问题，这些问题课文中没有答案，需要同学们到课外探寻答案，这就是根据生活经验来提问。同学们能从不同的角度提出问题，真能干！ | 问题清单 | |---| | 蝙蝠飞行的秘密是什么？ | | 蝙蝠是怎样用嘴和耳朵配合探路的？ | | 飞机夜间飞行的秘密是什么？ | | 为什么课文没有具体写后两次实验？ | | 飞机在夜间安全飞行仅靠雷达就可以吗？ | | 超声波在生活中还有什么用途呢？ |	齐读课题 完成任务单 齐读生词 回顾问题，整理出问题清单

续表12-3

| 教学设计 | 二、解决问题清单
解决针对课文内容提问的问题
1. 蝙蝠夜间飞行的秘密
师：现在，就让我们到课文中去学习，先来探究蝙蝠夜间飞行的秘密——齐读第三自然段。
（1）哪个词最能说明蝙蝠夜间飞行的特点呢？（灵巧）
（2）哪些地方能让我们感受到蝙蝠飞行的灵巧呢？（关联词：即使……也……，重点词句，联系生活实际）
师：是啊，面对飞行如此灵巧的蝙蝠，人们不禁发问：难道它的眼睛特别敏锐，能在漆黑的夜里看清楚所有的东西吗？这个问题引起了很多人的好奇，也引发了科学家们的研究，来，咱们看看科学家是怎么做的！
2. 理解实验
（1）读第四至六自然段，边读边理解内容，试着填写表格，记录科学家实验的过程。

\| 实验目的 \| 实验次序 \| 实验道具 \| 实验方法 \| 实验结果 \| 实验结论 \|
\| --- \| --- \| --- \| --- \| --- \| --- \|
\| 揭开（蝙蝠夜间飞行的秘密。） \| ① \| （拉）绳子（系）铃铛 \| 蒙眼睛 \| 铃铛一个没响 \| 蝙蝠夜间飞行靠的不是眼睛而是嘴和耳朵。 \|
\| \| ② \| \| 塞耳朵 \| 绳子上的铃铛响个不停 \| \|
\| \| ③ \| \| 封嘴巴 \| \| \|

（2）学生汇报，描述实验的过程，揭开蝙蝠夜间飞行的秘密。（评价：看来你们读懂了课文，表格填写得清楚正确）
3. 解决问题清单中针对文章写法的问题
师：面对科学家的三次实验，有些同学提出了疑问，为什么作者没有详细写后两次实验呢？（观察表格，从记录中发现，实验材料相同，结果相同，所以不详细写了）
师小结：这也给我们的写作带来启发：写作中，我们可以结合写作内容，巧妙布局，不需要面面俱到，相似的地方就可以省略。
4. 尝试用示意图描述蝙蝠的探路过程和飞机夜间飞行的秘密
刚才通过实验，科学家们知道了蝙蝠夜间飞行的秘密，学生自主学习，根据示意图描述蝙蝠探路的秘密 | 齐读第三段

读第四至六自然段，填写表格

交流汇报
根据示意图描述蝙蝠探路的秘密 |

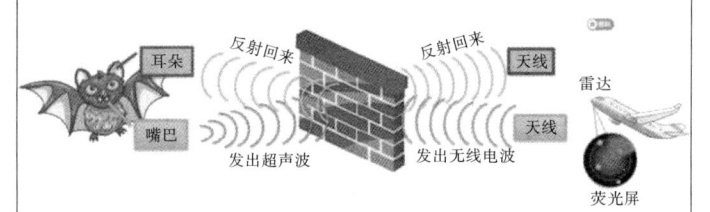

教学设计	飞机的夜间飞行靠雷达,我们揭开了雷达的工作原理,也就知道了飞机夜间飞行的秘密。 四人小组合作:把蝙蝠和雷达放在一起,你们发现它们之间的关联了吗?能用自己的话说说蝙蝠和飞机夜间飞行的秘密吗? 5. 解决问题清单中针对联系实际生活的问题 (学生分享收集的仿生学知识) 师小结:同学们继续联系生活,阅读课外书籍,并且借助网络,老师相信通过你们的努力,肯定能找到满意的答案。 三、自主阅读片段材料,巩固提问策略 1. 阅读教材本课课后资料,从三种不同角度提问 师:相信你们掌握了这样的阅读策略,一定会对阅读理解有帮助的。现在,观察下面这个片段,看看自己是否能从不同角度提出问题。 (生自行在课本上批注) 2. 交流问题,课后小组一同梳理问题,完成问题清单	阅读片段材料 交流问题 梳理问题,完成问题清单

这篇课时内的项目式学习以"夜间飞行的秘密是什么?"这个核心问题为驱动,以"蝙蝠飞行的秘密是什么""蝙蝠是怎样用嘴和耳朵配合探路的""飞机夜间飞行的秘密是什么""为什么课文没有具体写后两次实验""飞机在夜间安全飞行仅靠雷达就可以吗""超声波在生活中还有什么用途呢"等六个问题为任务,充分调动学生自主学习的热情,提升了学生自己解决问题的能力,体现了学生追求真理、整合内容、运用知识的能力。

(二)跨学科实践

跨学科实践是盐道街小学课程的开发及实践的重要思想。基于"五育"融合的跨学科实践的整合课程正是一种综合性的解决之路,它能从多个层面促进人的全面发展。此外,处于知识社会的今天,知识的吸收,仅仅靠教科书、教师的传授远远不够,还需要学生的自主学习、合作和创新。学科之间的界限不再那么严格,出现了向更高层次整合的趋势。故此,开展一种跨学科的、研究性的基于项目的学习是有必要的。

跨学科实践主要通过跨学科课程来实现,而课程的设计最初由教师基于学生德智体美劳全面发展的需要所设计的日常教育尝试所触发,最终形成完整的跨学科课程体系。学生在跨学科课程和项目中,德智体美劳得到了全面发展。

项目式学习是实现跨学科实践的重要途径。倡导学科整合以及课程的综合化，教师群体的智慧和力量不容忽视。在盐道街小学课程4.0版"综合实践活动课程"中，教师的课例实践已经初见跨学科实践的端倪。活动课程集中的"种子发芽记""疯狂超市"等，深受孩子们喜爱、家长们的好评。在课例中，我们看到了多学科融合探究生活实际问题的学习方式给孩子、教师、课堂带来的惊喜。

教科室分管行政总会邀请综合实践课受到好评的执教老师与管理团队分享自己的教学设计、育人理念以及跨学科实践的心得体会，同时教科室也会带着管理团队、受邀教师一起开展理论学习，并商讨"盐道街小学聚焦核心素养的项目式学习活动的设计与实施研究方案"。这个就是盐道街小学开展跨学科实践的最初模型。由此可看出，盐道街小学教师在学校正式开发出跨学科实践课程之前，已经根据时代教育的需要，自发地尝试进行跨学科实践的探索。

跨学科的综合学习与实践，所涉及的学习项目分为两个层次，一是以学科为基础，二是以综合学科为基础。在项目学习的过程中，学生通过调查、观察、设计、制作、创作等方式，运用综合学科的基本概念和原理、借助多种资源、采用多种途径解决问题，从而达成学习综合学科知识、发展解决问题的综合能力的目的。

一个个跨学科的项目式学习实践，让我们看到项目式学习将科学精神和人文精神融合；学科内的项目式学习实践大大促进了学生学科素养和能力的提升，同时充分体现了现代教育理论以学生为本的理念。因此，项目式学习在盐道街小学得到了广泛的认可与应用。

1. 自然探究

教育是不断发现的过程。盐道街小学通过跨学科实践实现对自然的探究，利用项目式学习链接各学科思想形成探索自然的统领思想，让学生用科学的思想和理性的方法进行的自然探索迈出了第一步。在跨学科实践中实现自然探索也是培养德智体美劳全面发展的学生的重要方式，探索的过程也是全面发展学生各项素养的发生之路。

学校自2015年开始尝试STEAM项目，通过5年STEAM项目学习的实践，在专家的引领下，基于工程设计的STEAM项目逐渐发展，形成盐道街小学特色，例如"未来学校""车的世界""火星探测车"等。在对STEAM进行多方了解和学习后，越来越多的老师跃跃欲试，自此STEAM项目在学校逐级推广、层层推开。

从实施范围看，学校从个别社团开始尝试（如科学社团"水火箭"项目），逐步推广到试点年级（如一年级"车的世界"项目），再扩大到全校范围。从项目形式看,学校从以单一学科为基础的项目开始(以科学学科为基础的"搭萝卜塔"项目),逐步向跨学科的项目尝试(四年级的"桥之思"项目)。从实施路径看,STEAM项目在社团活动、年级校本课堂、学科教学课堂中多线实施。社团活动在每周二、三下午,每次时长为一小时;年级校本课堂在每周五下午,一、二年级为每周两课时,三至六年级为每周一课时;学科教学是老师整合教学内容后,随班级课表时间进行(如品德与社会课开展的"4R新人"环保主题项目)。如下表12-4所示。

表12-4 社团开展基本情况

时段	范围		
	社团	年级项目	学科教学项目
2015—2016学年下期	√ 科学社团	√ 一、三、五年级尝试开展,各年级一个主题项目,如"车的世界""蚕宝宝工坊"	×
2016—2017学年上期	√ 科学社团、信息技术社团	√ 一至六年级,每个年级一个主题项目,如"未来学校""桥之思"等	×
2016—2017学年下期	√ 科学社团、信息技术社团、国际理解社团……	√ 一至六年级,每个年级一个主题项目,如"我衣我秀""游戏DIY"等	√ 各学科在教学中融入STEAM项目

目前,盐道街小学采用的是"4.5+0.5"的课程结构模式,即在一周五天的在校时间内,"4.5"天采用分学科课程模式实施国家基础课程和成都市基础性课程,同时项目式学习的理念和方法贯穿其中;而另外的"0.5"天,学校采用专门性的跨学科的项目学习的课程模式,模糊学科边界,让学生进行探索性的学习活动。所以,"4.5+0.5"的课程架构既保证了学生知识的活动,又培养了学生发现问题、解决问题的能力,在国家课程、地方课程和跨学科课程之间找到了一个科学的平衡点,并且做到了优势互补。

盐道街小学还根据不同年级的年龄特点设计了针对不同年级的跨学科课程实践,如下表12-5所示。

表 12－5　不同年级的跨学科课程实践

年级主题	课程	项目展示	作品建议
1. 小达人	结合衔接课程	绘制校园（图书室、教室、走廊等）规则示意图	创编课间文明小游戏、年级巡回宣讲文明游戏规则
2. 小工匠	结合融生课程	STEAM 展示	游戏棋
3. 小导游	结合博物馆课程	介绍博物馆	科学板、PPT、小调查报告等
4. 小艺人	结合非遗课程	介绍非遗产品	表演艺术、手工技能等
5. 小影迷	结合融创课程	电影再现	电影情节再现、精彩片段配音、电影影评
6. 小规划师	结合社区课程	介绍职业规划	职业调研小报告

经过一系列跨学科课程的探索和实践，学生发现自然、认识自然、探索自然的能力得到提升，学生的德智体美劳得到全面发展。

2. 社会关注

任何教育最后都要落到培养"人"的问题上来，培养德智体美劳全面发展的学生是我国当代的育人目标。而人又是社会性动物，教育培养出来的人首先要学会关注社会。而跨学科课程能够从关注社会的角度出发，让学生具备人文理解的情怀与能力。

（1）疫情下的人文理解

疫情面前无外事，疫情之下显担当。疫情期间，盐道街小学学子包洪宇在强烈的爱国主义意识和社会责任感的驱使下，自己上网搜集抗疫相关资料，制作了抗疫双语视频《一场人类保卫战》，获得了良好的社会反响，也让世界看到了盐道街小学学子的公民意识和社会责任感，这是盐娃德智体美劳全面发展的体现。视频中的素材寻找、中英文文稿撰写、视频配音剪辑等系列工作均由包洪宇同学自己完成。作品的呈现是学生在校培育人文素养的结果，也印证了盐道街小学多年来坚持的全面培养的"五育"融合课程获得的显著成效。跨学科实践在疫情中对于社会关注和人文理解的体现显得尤为重要，学生获得了全面发展。

同样，在教育部"停课不停学"的号召下，盐道街小学开展了以"五育"并举为基本方针进行"五育"整合，依照学校"厚德如盐，适融入道"的办学理念，以疫情为主题，以疫情下的真实场景为驱动，以学生为主体，结合疫情防控情况和学生需求,共同搭建完整的"宅家"课程体系研究,形成基于"五育"整合的防疫期间"宅家"课程的项目式学习。根据各学段的学龄特征,我们设置了分学段课程目标,如下表12-6所示。

表12-6 分学段课程目标

学段	分学段课程目标
低段	了解疫情、认知病毒、聚焦时事、引发思考、搜寻资料、学会感恩、关注自然、关注生命
中段	了解新冠病毒、对英雄产生敬畏之心、运用收集的信息形成个人观点、表达内心情感
高段	区分事实和谣言,形成观察、分析、评价的科学方法,培养思辨思维,对居家防疫过程中的责任感进行认知,形成防疫期间的个人责任感,探究个人责任与国家命运的关系,制作能够传播正能量的防疫指南,创编歌曲,完成书信的书写和故事的撰写

根据疫情发展的情势,我们将"宅家学习"分为了三个阶段,分别如下表12-7、表12-8以及表12-9所示。

表12-7 疫情初期"宅家"课程教学内容实际(第一阶段)

主题	内容
疫情是"教材"(德)	关注疫情、盐看国际、责任担当
书房变"教室"(智)	国学诵读、智慧悦读、思维体操
精彩达人秀(体)	防疫健身操、室内武术、趣味体育
艺术传"心声"(美)	发现美——云逛展、欣赏美——影录音、创造美——巧手绘
小鬼"乐"当家(劳)	收衣物、研川菜、制口罩

表12-8 疫情中期"宅家"课程目标(第二阶段)

第一模块	围绕"自然与健康",整合学科内容;以广泛阅读、动手操作和自主探究为主		
第二模块	年段	项目学习主题	整合
	低年级	聚焦疫情、查找资料、引发思考,学会关注生命和自然	德育、智育、体育、美育、劳育
	中年级	问题导向、观察生活、深入思考,寻找并致敬心中英雄	德育、智育、体育、美育、劳育
	高年级	严防研疫、科学应对、理性思考,成长自我担未来之任	德育、智育、体育、美育、劳育

续表12-8

第三模块	学校课程设置强调年段化、序列化，教师引导路径强调主题式、自主性。在此基础上，鼓励学生特别是中高端学生自主选择学习方式，整合优化学习内容，培养自我学习、自主管理能力

表12-9 各年级课程主题（第三阶段）

年级	主题
一升二	盐娃探疫 寻梦环游
二升三	善创小店 盐道心选
三升四	蜀韵润盐娃 善思创童谣
四升五	乘风破浪 非你莫"署"
五升六	舌尖美食 盐味善创

（2）人文理解下的国际理解课程

"成都市盐道街小学国际理解课程"是一个基于全球化背景，统筹规划孩子小学六年成长期，旨在拓展孩子国际化视野的课程体系。课程从最贴近孩子的校园小社会出发，以同心圆的方式逐步拓展孩子的社会认知视野，帮助孩子积淀文化底蕴，建立民族认同感；孕育人际交往中的自尊自信，培养社会交往能力；树立国际竞争意识，打开未来的机会之窗。通过该课程的学习，孩子习得自立精神、共生意识；怀抱科学态度、人文情怀；散发领袖气质，拥有"中国灵魂，世界眼光，国际竞争力"。

根据不同年段，盐道街小学设定了不同年级的国际理解课程，如表12-10所示。

表12-10 不同年级的国际理解课程

年段	课程主题	具体目标	课程内容	实施时间	责任人
	启动仪式："做人间真盐"	1. 形成健全的人格，有"国际理解"的基础 2. 拥有广阔的知识面，有"国际理解"的资源 3. 掌握良好的人际交流技巧，有"国际理解"的能力 4. 形成正确的价值取向，在"国际理解"中有航向标	我是盐娃娃	开学典礼	国际部

续表12-10

年段	课程主题	具体目标	课程内容	实施时间	责任人
一年级	盐道街小学娃，携手行——沿着盐道街小学走一圈	1. 人格锻造：形成初步自我认知，建立自尊与自信 2. 知识扩充：学会观察与思考，了解自己的学校，积极融入校园文化 3. 沟通能力：正确认识并学会智慧地处理校园内的人际交往 4. 价值取向：学会尊重他人，形成协作观念，树立集体荣誉感	睛彩世界：我们的盐道街小学	"爱的社团"	社团负责人
			耳听八方：盐文化	校园广播	国际部
			心声世界：我们都是盐娃娃	集体朝会	大队部
二年级	小脚丫，大行程——沿着成都走一圈	1. 人格锻造：扩展自我认知，关注所在城市的发展，形成主人翁意识 2. 知识扩充：认识自己生活的城市，了解该城市特有的文化 3. 沟通能力：学会关注周遭人事，积极与他人交往，掌握人际关系技巧，懂得包容 4. 价值取向：热爱自己生活的城市，践行公民义务，支持城市的和谐发展	睛彩世界：成都的旮旯	班级家委会活动	班级家委会会长
			耳听八方：茶馆文化	年级家委会活动	年级家委会会长
			心声世界：摆摆龙门阵	"朗朗"社团	社团负责人
三年级	巴蜀情，任我游——沿着四川走一圈	1. 人格锻造：关心家乡的发展，拥有主人翁意识，树立自豪感 2. 知识扩充：认识行政省份，了解家乡的风土人情、历史变迁 3. 沟通能力：关注周围的人和事，能与来自不同生活背景的人正确交往，取得相互的理解 4. 价值取向：热爱自然，热爱历史文化，关心城乡和谐发展	睛彩世界：大熊猫	春秋游	年级组长
			耳听八方：巴蜀文化	小白鸽电台	国际部信息技术组
			心声世界：四川小导游	寒暑假	班主任

续表12-10

年段	课程主题	具体目标	课程内容	实施时间	责任人
四年级	忆中华，天地宽——沿着中国走一圈	1. 人格锻造：关心祖国发展，捍卫民族团结，有强烈的民族自尊心、自豪感 2. 知识扩充：认识祖国的历史、地理与文化，了解祖国的发展变化，积极关注家事国事 3. 沟通能力：尊重民族差异，与他人和谐相处 4. 价值取向：拥有博爱之心，懂得包容、欣赏与团结	睛彩世界：山河壮丽	寒暑假	班主任
			耳听八方：华夏文明	小白鸽电台	国际部信息技术组
			心声世界：流行中国风	七彩世界社团 哆来咪社团	社团负责人
五年级	距千里，万象涵——沿着亚洲走一圈	1. 人格锻造：热爱自己生活的区域，增强民族自尊心 2. 知识扩充：认识区域，了解亚洲风土人情，学会关注世界小范围局势的发展变化 3. 沟通能力：了解国家间的友好交往，关心国家间的和谐发展 4. 价值取向：尊重民族差异、学会与少数民族人民和谐相处	睛彩世界：日出东方	蔚蓝天空社团	社团负责人
			耳听八方：亚细亚文明	校园广播	国际部
			心声世界：亚洲风情秀	七彩世界社团	社团负责人

续表12-10

年段	课程主题	具体目标	课程内容	实施时间	责任人
六年级	中国心，世界眼——沿着世界走一圈	1. 人格锻造：形成健全的人格，自尊、自信、进取 2. 知识扩充：认识世界主要国家，了解世界政治、经济、文化动态 3. 沟通能力：形成跨文化交际意识，掌握跨文化交际的技巧与方法 4. 价值取向：树立正确的世界观，尊重差异，消除偏见，热爱和平	睛彩世界：蔚蓝星球	蔚蓝天空社团	社团负责人
			耳听八方：地球村	小白鸽电台	国际部信息技术组
			心声世界：对话东西方	先锋英语社团	社团负责人
	"立天下大道"颁奖典礼	成为一个人格健全、知识丰富、会沟通、明是非、具有国际理解能力的少年	我是世界小公民	毕业典礼	国际部

接下来，在盐道街小学成熟的国际理解课程的基础上，学校始终在思考，如何进一步弘扬巴蜀文化、中国魅力，提升孩子们的人文理解力和人文素养？2014年，学校被授予"川剧艺术特色学校"，依托地理、人文等优势，川剧这门艺术在学校扎下了深深的根基。于是，盐道街小学以巴蜀传统文化——川剧为传播和教育契机，融入盐道街小学特色，通过盐道街小学"文化小大使"进行具象文化的传播，稳步打造出具有盐道街小学特色、巴蜀文化、中华精神、全球视野的"熊猫走世界"系列课程之精品课程——"盐韵川剧"。

"盐韵川剧"课程为"熊猫走世界"系列课程精品课程，内容涵盖脸谱、行当和身法的品鉴和创作，每方面通过赏、学和品三步阶梯递进学习，每部分配以双语讲解，每个章节、细处都绘制了精美图样，帮助中外孩子深入领会川剧的博光与奥义。

（三）超学科实践

学校的围绕核心问题组织教学内容的超学科实践主要表现为将国家、地方、学校三者有机衔接的整合课程，在超学科实践型课程中，学生的创新性人格与创新性思维，核心素养与未来素养都获得了全面培养。超学科的项目学习，以真实的生产、生活问题为核心，实现学生身心的全面投入。

比如在"我衣我秀"课程中，学生在创想设计、选择材料、进行制作、理念表达的过程中实现了创新素养的由内向外发展。2017年，盐道街小学在各年级开展了超学科项目学习活动，如二年级的"好玩的玩具"项目方案、六年级的"众筹爱心，理性消费"项目方案。此外，学校还组织部分学生参与了对飞龙巷88号的社区治理和改造，从制定方案到完成改造，孩子们完整地体验了项目的生发到完成的全过程。

1. 自我成长

超学科实践是围绕一个核心思想产生的系列教学项目。在多年的超学科实践中，盐道街小学不断更新优化自我超学科实践课程体系，实现自我成长。从"人与自我"的角度，首先提升自身课程。

从2011年的盐道课程1.0版，到现在的"五育"融合课程5.0，盐道街小学一直行进在课程建设的探索之路上。

盐道课程1.0版本首次将办学理念"厚德如盐，适融入道"和课程理念相融合，厘清了课程的线索，形成了课程的概念；盐道课程2.0版本深化了"立道厚德、有盐有味"两类课程目标，确立了六项培养目标；盐道课程3.0版本继续细化课程的目标、结构、实施与评价；盐道课程4.0版本将"善创学子"的课程目标具体细化为六项具体实施目标。

而如今的盐道课程5.0版本，是以培养学生德智体美劳全面发展的新时代"五育"融合课程体系。架构起融合学科内实践、跨学科实践、超学科实践的三层螺旋上升课程结构，如图12-2所示。

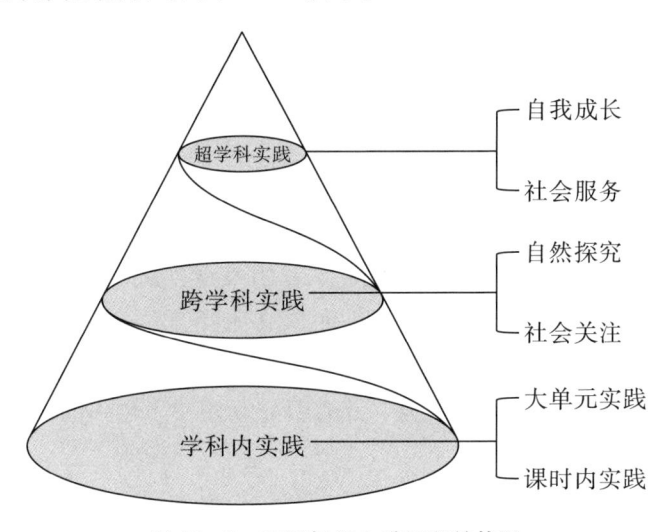

图12-2 三层螺旋上升课程结构图

在盐道街小学，"师退生进"是跨学科项目学习的重要表现。跨学科实践使学生能够参与更多的主题活动，但其活动的表现形式与以往有异：不同于课堂学习的方式，又生发于课堂学习的方式；不同于课堂学习的内容，又生发于课堂学习的内容；不同于传统的课外活动，又生发于传统的课外活动；不同于传统的兴趣小组，又生发于传统的兴趣小组；跨学科实践下的项目作品不同于平时六一儿童节的表演作品，又生发于常规表演作品。例如，2019年盐道街小学少先队员风采展示演出节目全由学生自编自导自演；盐道街小学在2020年的六一儿童节举办全校跳蚤市场，商品全由学生自产自卖。

基于以上超学科实践，学校在以"五育"整合培养学生德智体美劳全面发展方面已取得了显著成效，学生的核心素养得到了明显提高。未来，学校将在超学科实践课程方面更加深刻灌注全面培养的"五育"融合思想体系，培育未来的社会主义接班人。

2. 社会服务

超学科是在一个教育思想的统领下完成的教育项目。在超学科实践层面，学生需要明晰"人与社会"的关系为"我能向社会反馈什么？"即社会服务意识。

（1）志愿者

为了培养学生服务社会的意识，盐道街小学首先进行的是当小小志愿者教育项目。在组织学生的志愿者活动中，学校充分渗透了"五育"融合思想，通过组织志愿者活动，实现德智体美劳"五育"的整合。学生在不同类型的志愿者活动中，不仅增强了社会责任感、公民意识，促进了身体锻炼和心智成长，还发展了一定的劳作技能和审美情趣。

（2）博物馆

通过博物馆课程的实施，促进学生的审美核心素养的发展。在行走参观中，了解本地区优秀的民族民间文化艺术，引发学生对家乡文化艺术的关注、探索。通过参观不同国家、不同地区、不同文化背景下的艺术作品，引导学生关注艺术作品的历史、文化背景，培养学生的人文素养。启发学生关注优秀艺术作品的创作思路与创作手段，从艺术作品中学习美术创作的方法，提升学生的创作水平。

培养目标是通过课程目标去达成的，在"行走参观中滋养美学素养"理念引领下，为了实现培养目标，学校对课程目标进行细化，形成低中高段的课程目标，具体如表12-11所示。

表 12－11　低中高段课程目标细化表

年龄段	培养目标		
	知识目标	能力目标	应用目标
低段 （一、二年级）	通过博物馆参观活动感受审美活动的乐趣，激发学生对美术学习的兴趣	能够主动参与到审美活动中来，观察艺术作品的造型与色彩特点	能够应用简单的造型与装饰方法模仿感兴趣的美术作品
中段 （三、四年级）	通过博物馆参观活动，了解本地区民族民间艺术的特色，进而对家乡的文化与艺术有更深层次的了解，激发学生对家乡艺术的热爱	欣赏具有本地特色的民族民间艺术作品，了解其中的特点和寓意。关注艺术作品中的一些图案，分析其造型特点与寓意	能够用拍照的方式记录下自己喜欢的作品，与大家分享。能够主动搜集一些民族民间美术作品并尝试创作
高段 （五、六年级）	通过博物馆参观活动，了解中外艺术作品的魅力，感受用不同创作方式创作出的作品的魅力。开阔学生视野，激发学生对艺术作品的喜爱，提升学生的赏析能力	在任务单提示下提前做好对参观内容的了解，在任务驱动下参观学习，完成表现性任务。参观后总结，完成参观日志分享或完成相应的美术创作	能够就自己喜爱的艺术家、艺术作品进行阐述，学习不同的表现方法，尝试创作作品

为了有效地开展博物馆课程，我们围绕美术教学大纲，紧扣教材，根据教材中的内容寻找对应的博物馆进行整合。这样博物馆课程与教材内容相辅相成，既能够帮助学生直观感受，加深理解教材内容，又能使博物馆课程的开展符合学生的认知水平，达到有效参观的目的，如表 12－12 所示。

表 12－12　各年级美术课程整合

年龄段	美术课程整合推荐	
	课程内容	对应博物馆
一年级	羌族鞋垫	成都华珍羌族文化博物馆
	卡通明星总动员	泰迪熊博物馆
二年级	飘扬的风马旗 藏族饰品	四川省博物馆"藏传佛教文物馆"
	杯子的设计	可口可乐博物馆
	漂亮的小钟表	泽润家庭钟表陈列馆

续表12-12

年龄段	美术课程整合推荐	
	课程内容	对应博物馆
三年级	多彩的民间美术	四川省博物馆民族工艺馆 成都博物馆
	各种各样的鞋	建川博物馆三寸金莲文物陈列馆
	香烙画——羌族人物头像 彩绘泥塑羌人	成都华珍羌族文化博物馆
	俏花旦	成都川剧艺术博物馆
四年级	飞天	四川省博物馆"张大千书画馆"
	剪纸中的阳刻和阴刻	万春小学剪纸博物馆
	用彩墨画鸟 用彩墨画鱼	四川省美术展览馆
	精彩的戏曲 戏曲人物	成都川剧艺术博物馆
五年级	造型别致的椅子	成都许燎源现代设计艺术博物馆
	偶戏 提线纸偶	成都博物馆《影舞万象·偶戏大千——中国皮影木偶展》
	人民艺术家齐白石 20世纪的艺术大师马蒂斯 山水画 花鸟画	四川省美术展览馆、成都蓝顶美术馆、成都门里博物馆
	雕塑之美	四川省鹿野苑私立石刻艺术博物馆、成都永陵博物馆、梦缘博物馆
	中国龙	明蜀王陵博物馆

续表12-12

年龄段	美术课程整合推荐	
	课程内容	对应博物馆
六年级	建筑艺术的美 追寻文明的足迹 保护我们的精神家园	成都大华玉器博物馆、四川原道文化博物馆、成都华通博物馆、成都金沙博物馆、三星堆博物馆
	家乡的艺术 家乡的小吃 家乡的历史和发展	成都川菜博物馆、成都蜀锦织绣博物馆、成都博物馆"老成都民俗展"
	刻在砖上的故事	成都巴蜀汉陶艺术博物馆
	绣在服装上的故事	成都蜀锦织绣博物馆

博物馆课程的引入在盐道街小学已初见成效，孩子们对参观博物馆兴趣浓厚，形成了很好的氛围。下一步学校将尝试设计制作成都市小学生博物馆App，让学生在闲暇时间能够通过App平台搜索出喜欢的博物馆自由参观，并通过平台对博物馆讲解进行预约等服务，让学生获得更美好的博物馆参观体验。同时，学校还将开展"名画在哪里"的活动，鼓励学生去发现教材中出现过的名画收藏在世界上哪个博物馆，建立名画档案。鼓励学生走出去，获得更多的博物馆参观经验，在不断积累中逐步提升学生的审美素养，培养个性的审美情趣。我们相信博物馆课程的开展对全面培养学生德智体美劳是具有长远意义的，我们将和学生一起不断地完善它，让博物馆课程真正起到培养学生德智体美劳的作用。

三、小结

2019年2月底，VEX机器人亚洲公开赛在宁波杭州湾举行，全亚洲地区约373支队伍参加比赛。盐道街小学4支队伍参赛，获得了两个二等奖、两个三等奖，一个"Girl Power"特殊荣誉奖等称号，盐道街小学的两个学生在队友被罚下的境遇中孤军奋战取得好成绩。

从开篇的计算机大赛全国获奖到如今的亚洲机器人大赛的五项奖励，我们清晰地看到盐道街小学学子的学科素养发展从单一的学科能力发展向跨学科和超学科综合能力的整体跃升。唯有"五育"融合，学校才能实现全面培养德智体美劳全面发展的学生的目标，才能走向深度的全面育人。

第十三章 "五育"融合的微型特色课程

【故事导入】

"建高塔比赛正式开始!"孩子们以四人为一小组,用二十根意大利面和一卷胶带搭"塔",需要在25分钟内完成任务。这个任务难就难在需要在"塔"的顶端放置一个棉花糖,之后在倒数十秒内,高塔没有倒,才算成功。

孩子们个个紧皱眉头,看得出来他们很担心自己不能成功。小A、小B、小C和小D为一组。他们开始叽叽喳喳地讨论起来了。"要用什么形状建造地基呢?"小A眼前一亮,建议道:"用三角形吧!因为三角形是最稳定的结构。"大家一致同意。时间不多,大家很快行动起来,转眼间,半个"塔"已经搭好了。忽然,"塔"中间的意大利面摇摇欲坠。"完了,一定会前功尽弃的!"小A大喊着。组员急得抓耳挠腮,幸好小B急中生智,拿一根意大利面顶住,高塔稳稳地屹立在桌面上,大家这才松了口气。

都说"失败乃成功之母",接下来的操作,孩子们更加谨慎,也配合得更加默契。小B提出:"不如我们用绳子把意大利面绑牢,怎么样?""这个主意真不错!"孩子们着手尝试,效果非常不错。一根根意大利面在孩子们的手中,慢慢搭建成塔。大家用眼神互相打气、加油,一股暖意在紧张激烈的气氛中弥漫开来。

终于,这个小组的"高塔"搭建完成,小A赶紧叫来老师,给"塔"测量高度。小C轻轻在塔顶插了一根长条形棉花糖。"10,9,8,7,6,5,4,3,2,1",这十秒感觉比十分钟还长。小D在一旁,闭上眼睛祈祷着:"这可是大家一起努力的作品,一定要屹立不倒啊!"十秒过去了,这一组的"高塔"纹丝不动,屹立在桌面上。"祝贺你们取得成功!"老师含笑说道。小组成员都激动地欢呼起来,"太棒啦!太棒啦!"欢呼声回荡在校园中。

微型课程是基于学校资源、教师能力与学生兴趣,以主题模块组织起来的相对独立与完整的小规模课程。由于它"短""小""精""活",所以适用于学校教育的各个阶段,可以以灵活多样的形式与途径展开。我们所说的微型课程，已不仅仅是一种课程形态，更是一种打破了固定课程表的、促进课程多样化发展的课程微型化理念与趋势。[①]

盐道街小学秉持"五育"融合的育人理念，基于三大平台、五大模块，研发出若干特色微型课程，形成了全方位、立体化的"五育"融合的微型课程体系（见表13-1）。

表13-1 "五育"融合的微型课程体系

平台	模块	特色课程
学科内实践	课时内实践	语文 生命的意义在于变化——《不老泉》导读课 数学 神奇的莫比乌斯带 美术 美丽的青花
	大单元实践	体育 足球 体育 小小跳绳妙用多 语文 童话
跨学科实践	自然探究	盐小的秘密花园——生态种植社团活动 我给垃圾分分类 一起来建高塔
	社会关注	疫情背景下，图书角打造之旅 天府文化夜市摆摊体验 盐韵川剧
超学科实践		复课礼 幸福院落，我们缔造——盐小社区课程之院落治理 再见母校，你好未来

一、学科内实践

微型课程的学科内实践是基于学校资源、教师能力与学生兴趣，将一门教学科目以主题模块组织起来的相对独立与完整的小规模课程，呈现出课时内实践和大单元实践两种不同的形态。

（一）课时内实践

课时内实践是指以教材中的一课为基本单位而进行的课程实践。接下来，本章将呈现盐道街小学"五育"融合的微型特色课程在课时内实践模块的三个经典特色微课程。

---

① 田秋华. 微型课程及其开发策略［J］. 课程·教材·教法，2009（5）：3—8.

1. 语文学科课时内微型课程

生命的意义在于变化——《不老泉》导读课

课程目标：

通过导读推荐，唤起学生阅读期待，提升学生的文化艺术修养；通过"喝了不老泉，对于一家人是福音还是诅咒"这一项目驱动问题，提升学生的高阶思维，提升学生的智育水平。

课程内容：

通过"猜内容、看封面、探线索、猜剧情、促思考"的教学设计，引导学生深入思考，鼓励学生进行小组讨论；通过组内观点的碰撞与交流，促进学生的高阶思维发展。

课程结构：

模块一：猜年龄，读作者，唤起阅读期待

通过超星学生端（墨水屏），孩子可以直观大量阅读书评，让孩子对这本书有初步印象。

模块二：根据主要任务和场景猜测情节

模块三：根据主要情节，自己思考"喝了不老泉，是福音还是诅咒"，并在文中找依据论证

学生将自己发现的线索，通过关键词输送，用高频词进行推测。对驱动问题"你认为塔克全家喝下不老泉，是福还是祸？"进行投票，教师及时了解学生对书中人物的评价。

模块四：各组探讨时小组成员各自说出自己的观点，再全班一起进行思辨讨论

课程评价：课堂观察法

对阅读课进行课堂观察，深入分析教学模式，通过课堂互动、课堂生成，并结合质性评价等方式，改善学生的阅读学习，促进教师的阅读指导专业化发展，营造学校的阅读氛围。

课程"生命的意义在于变化——《不老泉》导读课"意在转变教学方法。所谓有效的转变教学方法是指能够充分发挥每一种教学方法的价值，即能够吸引学生注意，促进学生自觉思考，最终启发学生思维的方法。课程中"五育"融合是为了培养全面发展的人才，是促进学生在知情意等各方面的全面发展，而不是培养只能机械地储存着一成不变的知识、观点的"书呆子""机器"。因此教师必须合理转变原来不合理的教学方法，坚持以启发式教学为指导思想。本课程

主要通过教师引领、学生探究式学习的方式，挖掘阅读的内涵，探究生命的意义。

2. 数学学科课时内微型课程

神奇的莫比乌斯带

课程目标：

1. 动手操作验证交流，经历探索和认识莫比乌斯带的过程，积累数学活动经验。

2. 在动手操作、对比探索中认识莫比乌斯带，学会将长方形纸条制作成莫比乌斯带，初步体会莫比乌斯带的特征。

3. 在数学活动中经历猜想与探索的过程，感受莫比乌斯带魔术般的神奇变化，感受数学的无穷魅力，进一步激发学生学习数学的兴趣和好奇心。

课程内容：

莫比乌斯带又叫莫比乌斯圈，是德国数学家莫比乌斯在1858年研究"四色定理"时偶然发现的，它属于拓扑学的内容。课程以数学游戏的形式，创设了一个直观操作情境，以此激发学生的探究兴趣。课程通过让学生将长方形纸条制成一个神奇的莫比乌斯纸带，意在引导学生通过思考、操作、比较，发现莫比乌斯带的特征，在其魔术般的变化中感受它的神奇与无穷的魅力。

课程结构：

环节一：提出问题，引入主题

环节二：认识莫比乌斯带

环节三：研究莫比乌斯带

1/2剪法、1/3剪法、其他剪法

环节四：生活中应用

过山车、莫比乌斯爬梯、三叶扭结、克莱因瓶

环节五：课堂拓展

课外阅读拓扑学

课程评价：

根据课程标准和教育教学目标，围绕学习习惯、学习态度、学习方式、基础知识、基本能力、综合实践活动对学生做出评价。

根据评价，判断学生当前的学习状态，再根据学生的基础，指出学生的发展变化及其优势和不足，并对学生的学习提出合理化的改进建议。

本课程内容遵循立体选材的理念，既有知识拓展思维训练，又有数学文化的渗透。在课堂教学中关注学生的差异性，对学生做出多种方式的评价，努力

解决优生特长培养及差生转化问题，盐道街小学始终在不断地摸索、探究，竭力寻求提高学生素质的新路与捷径。

3. 美术学科课时内微型课程

美丽的青花

课程目标：

1. 了解青花瓷的悠久历史与工艺的高度成就，多角度感受青花的艺术美和人文美，培养学生关注、热爱中国传统艺术文化的情感，从而提升学生文化理解的核心素养能力。

2. 通过绘青花、设计青花，提高学生的美术造型表现能力与设计应用能力，激发创新能力。

3. 在活动中通过前置性学习，培养学生的自主研学能力；在小组合作中，培养学生分享、交流、合作的能力；在艺术实践中，培养学生的审美态度与美术表现力。

课程内容：

瓷器是我国古代的伟大发明之一，瓷器在技术和艺术上的成就，为我国赢得了"瓷器之国"的盛誉。其中，青花瓷堪称"人间瑰宝"，它是在洁白的瓷体上辅以蓝色的纹饰，蓝白相映，素雅清新，怡然成趣。本次活动选择了具有典型代表性的青花作为学习内容。

课程结构：

鉴于青花瓷年代久远且具有较高的艺术价值，本次活动我们选择在六年级由浅入深式的阶段性展开。

第一部分：认识青花

进行为期一周的自主学习：通过观看纪录片、查阅网络书籍等方式了解青花。

第二部分：绘青花

设计了两个课时的学习：将青花与中国传统绘画——中国画相结合，运用笔墨丹青表现出美丽的青花。

第三部分：设计青花

通过现代技术——手绘屏，将传统与现代相结合，自主设计青花纹样，并装饰在生活物品中，从而培养学生关注生活，将艺术衍生到生活中的意识。通过对多媒体技术的运用，丰富视觉、触角和审美经验，激发创造精神，提高美术素养（见图13—1、图13—2）。

图 13-1 师生了解青花纹饰的种类

图 13-2 学生探究奇奕图画王笔形的特点

第四部分:"Show"青花

将前期学生的青花作品进行归纳整理,并通过作品展示及作品展演的方式进行展示(见图 13-3、图 13-4)。

图 13-3 学生青花作品校园展

图13-4 青花纹样服装 show

课程评价：

1. 自主探究能力。
2. 美术素养能力。
3. 美术创作能力。
4. 协调组织能力。

盐道街小学通过前置学习，培养学生自主学习、归纳整理资料的能力；在绘青花实践活动中，学生能够运用水墨的技法表现出浓淡变化的青花图案；在设计青花实践活动中，提高学生的设计与应用能力，培养学生关注生活，热爱生活的情感；在展示青花实践活动中，培养学生组织活动的能力以及人员协调的能力。

（二）大单元实践

大单元实践是以教材单元为基本单位进行的课程实践。它更加注重宏观上的思考，既遵循了教学的"整体性原则"，尊重学科知识的逻辑体系或原有教材的编写结构，又能够促进学生学科素养的协调发展与整体提升，从而形成正确的价值观念、良好的品格和必备的能力。

盐道街小学在长期的教育研究、教育实践中提炼实施大单元实践的步骤：①提炼单元课程主题；②厘清单元内在逻辑；③确定单元课程目标；④创设单元探究情境；⑤设计单元学习任务；⑥组织单元实践活动；⑦引导多元立体评价。

接下来，我们将呈现盐道街小学在"五育"融合的微型特色课程在大单元实践模块的三个经典特色微课程。

1. 体育学科大单元实践特色微课程

水平二　足球特色课程

课程目标：

小学教育教学阶段，实施校园足球特色课程不但能够反映出学校办学宗旨，同样能够展现出学校重视校园足球建设的重要教学理念。盐道街小学基于人工智能在赋能教师教学革新，借助智能足球设备，实现体育教师自身角色由"识"转"智"，关注学生身体和心智的全面协同发展。

课程内容：

足球运动是球类运动中的一项重要组成内容，对于学生的耐力素质、爆发力素质、心肺功能等都有极大的锻炼价值。在水平二的教材设置中对学生的足球技术有了进一步的提升，并对足球战术有了新的要求。

课程结构：

模块一：足球教学课

体育课作为足球运动特色课程最为关键的开展形式，是学生学习足球运动体育特色课程的重要渠道，同时这门课程使教与学得到有效融合。

模块二：足球校队训练

校队训练属于学校校园足球建设中的关键组成部分，借助专业设备，足球校队训练能够使学生文化课学习产生的压力与疲劳感得到有效缓解，增强学习效率的同时，使学生身心能够保持健康发展。

模块三：足球班级联赛

开展校园足球班级联赛，对于推广校园足球、营造足球氛围具有积极的作用。小学校园足球活动是足球运动启蒙和打基础的阶段，通过课堂和联赛的双管齐下，让学生对足球运动产生兴趣并保持热情，在积极地参与校园足球活动过程中实现身心健康的全面和谐发展。

模块四：足球特色课程组织与建设

通过对学生实际标准需求、教师专业能力与场地设施资源做出权衡分析，确定具体项目，足球运动为球类活动，满足小学生性格特点与身体成长需要。

课程评价：

1. 学生自评：注重"三维"，即关注基本知识和基本技能、过程和方法、情感态度价值观。

2. 学生互评：注重发展性评价，在关注比赛成绩的同时，更注重学生参与活动的兴趣、合作的意识、团队精神的形成等。

3. 教师评价：对学生进行踩球、颠球、顶球、传球、运球、射门等项目的测试，测试结果作为学生的体育成绩之一，记入学生素质报告单，并作为评定体育积极分子、三好学生、三好学生标兵的必备条件之一。

将智能足球设备与校园足球教学、训练进行有机融合，这对于盐小来说也是一个初步涉入的领域，学校还需要不断实践和探索。从目前来看，借助该系统，盐小对于校园足教学训练的建设与调控更加科学和精准，数据反馈能更好地让盐小调整和改变校园教学足球训练方法和训练强度，对于学生体能素质、足球技战术水平的提升也更加有针对性和科学性。盐小始终谨记：人工智能不仅仅是一个噱头和前沿概念，而是要站在人工智能的肩膀上，看到培养学生德智体美劳全面发展的目标与方向。

2. 体育学科大单元实践特色微课程

小小跳绳妙用多

课程目标：

探索课内外结合提高师生探究性学习能力的结合方式和切入点，通过教学单元的贯穿做到"以学生发展为中心，以学生为主体"，把知识的探究过程留给学生，让学生去发现、探究和解决问题，并从中体会到成功的快乐，让孩子们掌握更多的练习方法，为他们的终身体育打好基础。

课程内容：

跳绳是轻器械体操的一项内容，对学生的灵敏协调性、节奏感、脑神经心肺功能等都有极大的锻炼价值。水平二要求学生掌握正、反两个方向摇绳并脚单人跳，各种方式双人跳等；教材的重点是从水平一的"两脚依次跳过"到水平二的"并脚跳过"，难点是学生跳绳的连贯性、身体协调配合及持续多次数能力。

根据教材内容特点及指导思想的要求，在划分单元学习进程时既要让学生掌握正确的练习方法，解决好教学重、难点，又要围绕"发挥跳绳各种锻炼功效"这一学习主线，把培养学生的探究、合作能力作为合理划分教学单元的依据，让学生在学习的基础上有一个发挥的空间，并以此掌握更多的练习方法。

课程结构：

本单元课程分为四个模块，详见表13-2。

表13-2 跳绳单元课程计划

课次	1	2	3	4
内容	1. 单人并脚跳（向前、向后摇绳） 2. 游戏：扎彩带	1. 一人带一人双人跳 2. 合作探究创新跳法（结合课外） 3. 游戏：赶马车	1. 展示创新跳法 2. 选择创新的跳法进行练习 3. 小组合作创编绳操（结合课外）	1. 小组展示创编绳操及评价 2. 小组合作设计跳绳游戏 3. 选择好的设计方案进行游戏
目标	掌握动作要领，能较好地完成动作，能主动参加到练习活动中来，并能积极配合老师和同伴	掌握好单人跳、双人跳的基本方法，在此基础上开动脑筋和同伴合作发现和创编出多种跳法，并将合作探究延伸到课外	学会展现自我的同时要拓宽视野，学会吸收别人好的方法，加强合作探究中的协调配合，养成良好的学习习惯	充分展示的自己优势，学会正确评价自己和别人，学会鼓励别人
方法	1. 师生一同练习，在练习中启发学生体会到并脚跳的优点 2. 多次组织小组学习和讨论，为学生提供发表见解的机会 3. 练习中采用"1帮1"式教学	1. 通过合作学习、比赛等方式让学生掌握好基本技术动作 2. 自由分组合作，探究、发现没学过的跳法 3. 教师对学生多进行启发，调动学生相互合作 4. 将本课探究的课题作为课外练习向课外延伸	1. 集体展示不同的跳法，教师注意加以评价和鼓励 2. 分组进行绳操的创编时教师注意启发学生的思维和协调组内学生的分工协作 3. 将本课探究的课题作为课后作业要求在各小组骨干学生的组织下完成	1. 分组对本组创编的绳操进行集体展示，教师引导学生做出合理的评价 2. 启发学生合作进行跳绳游戏的设计

课程评价：

1. 能主动参加到练习活动中来，并能积极配合老师和同伴。
2. 加强合作探究中的协调配合，养成良好的学习习惯。
3. 掌握好单人跳、双人跳的基本方法。
4. 开动脑筋和同伴合作发现和创编出多种跳法。

盐道街小学认识到指导学生进行探究性学习首先必须有明确的目标、重点，精选研究任务，指导学生确立研究目标。体育课探究性学习的基本形式是"分组协作"，课前有针对性地分配研究任务，提高了"分组协作"的效益与参与度。学习过程不仅重视学生知识的获取，更重视学生认知培养的过程。在教学的多个环节中提供机会让学生观察思考、合作探究，利用各人不同的认识开展讨论，开发学生扩散思维，培养学生独立思考、协同合作的能力。

3. 语文学科大单元实践微课程

童话

课程目标：

1. 学生能区别童话及其他文体。

2. 学生能理解幻想是童话最主要的特征。

3. 能说出童话的基本表现手法，尝试用拟人手法创作童话角色。

课程内容：

本单元教学将小学语文三年级上册第七单元四篇课文进行整合，设计了七节课，分别是："这就是童话"重点学习童话的概念和主要特征；"神奇的童话形象"重点学习童话的形象类型；"故事就这样发生了"重点学习童话的结构特点；"让神奇更神奇的秘密"重点学习童话的表现手法；"原来是这样"重点学习童话的本质精神；"我的童话故事"学生进行童话创作；"童话分享会"讲故事和表演故事，大约会花费一周半的时间。下面选取最能体现上述策略的教学设计实例进行分析。

板块一：这就是童话

课程目标：

1. 区别童话及其他文体。

2. 理解幻想是童话最主要的特征。

3. 区分童话中的幻想与现实。

教学过程：

1. 激发兴趣，导入新课。

2. 感受童话的特征。

本环节重点学习童话的基本特征。学生对童话并非一无所知，先唤醒学生对童话理解的直接经验，再指导学生对童话的理性分析。由感性到理性，便于学生理解。

3. 体验幻想魅力。

锻炼学生的想象力，让学生通过天马行空的想象，感受童话的特征与魅力。

4. 作业布置。

通过写作训练语用，让学生对童话创作有一个初步的了解。

这是童话单元教学的起始课，首先就是要让学生理解什么叫童话，童话的基本特征是什么。三年级的学生已经有了一定的学习基础，学生们从小接触童话，从感性角度都能知道什么是童话，教师需要在此基础上，对这种感性的概念进行加工。教学的后半段，融入了创作环节，作为童话单元起始课的一个重要作用就是激发学生的想象力，因此让学生在创作的过程中，充分发挥想象。由于教学实际需要和时间限制，本课未安排表演环节。

版块二：让童话更神奇的秘密

课程目标：

1. 说出童话的基本表现手法。
2. 尝试用拟人手法创作童话角色。
3. 尝试用夸张手法创作角色、构建情境、设置情节。

课程流程：

1. 激发兴趣，导入新课。
2. 阅读文本，一探"拟人"。

通过课文理解"拟人"的写作手法。

3. 小组讨论，深入"拟人"。

明确"拟人"手法运用的限制与禁区，树立规则意识。

4. 阅读文本，二探"夸张"。

引入课外童话，理解"夸张"的写作手法。

5. 激发想象，运用"夸张"。

以语用巩固所学知识点，并提升学生童话写作能力。

这节课的教学重点是童话的表现手法，本课选取了课文中最能体现"拟人""夸张"两种手法的片段，让学生理解这两种手法的内涵，即对课文内容进行深入的体验，同时深刻了解童话的特有表现手法。最后设计了语用环节，让学生能够运用今日所学，调整、优化自己创作的童话故事。

版块三 童话分享会

课程目标

1. 学生学会声情并茂地讲童话故事给别人听。
2. 学生能根据标准评判童话故事。

课程结构

1. 激发兴趣，导入新课。
2. 观看视频，学讲故事。

通过模仿，学会讲故事，并尝试讲故事，提升口语交际能力。

3. 根据创作，分享故事。

讲故事、扮演环节的设计，让学生展示自己并保持创作热情。

4. 总结学习，拓展延伸。

让学生在总结中进一步提升。

这是童话单元整合教学的最后一节课，也是展示课，在此之前，同学们已经了解童话的诸多要素，并且已经创作出了自己的童话故事。这节课着重让学生讲故事和表演故事，目的是保持同学们童话创作的动力、自信心，并让他们在共同创作的故事汇总中，再次感受童话的魅力，获得共鸣，收获启发。

二、跨学科实践

跨学科视角的微型课程目前没有统一的定义。国内有研究者认为STEM教育是典型的跨学科课程整合方式，而且STEM整合课程通过建立科学、技术、工程和数学之间的跨学科联系，发展学生解决真实问题的能力，符合核心素养的落实要求。因此，盐道街小学立足跨学科视角，结合西方定义的微型课程、STEM教育以及现今教育的新趋势，将STEM教育解读为一种基于项目学习的STEM整合课程，并且把这种微型课程称作跨学科微型课程，并将其含义界定为：围绕一个共同的小容量主题，打破学科界限，把不同学科不同领域的理论和方法有机融合，有目的、有计划地设计组织课程内容和教学活动，以提高学生能力、促进学生全面发展为最终目的的一种课程组织方式课程设计理论。[1]

在传统分科课程的影响下，学生本身具有的包括知识、技能、能力和品格在内的各种具体素养成分都是以相对分离、零散的状态存在的，核心素养要求各种具体素养交互整合形成有机整体；同时全面发展的教育目标也要求学生在德智体美劳五个方面形成有机统一的整体发展。无论是学生的核心素养发展还是学生的全面发展，都需要整合性教学。[2] 而整合性课程有利于融合和渗透不同学科之间理论和方法的层次和联系，打破以往传统课程的各个学科之间的封闭与分化，形成统一的知识整体，引导学生"炼制"和生成自己的核心素养，让学生自主构建属于自己的"知识树"，发展学生的创新、实践和自主的能力。

盐道街小学结合"厚德如盐，适融入道"的盐道文化以及"五育"融合的

---

[1] 李克东，李颖. STEM教育与跨学科课程整合[J]. 教育信息技术，2017（10）：3-10，13.

[2] 李松林. 以大概念为核心的整合性教学[J]. 课程·教材·教法，2020（10）：56-61.

理念，在项目学习的 STEM 整合课程理论下，开发跨学科微型课程，从社会关注和自然探究这两个维度的真实情境出发，以学生为中心，通过解决问题来学习课程，培养学生的社会性和自然性，促进学生的核心素养的提升，落实学生的全面发展。

(一) 自然探究实践

1. 科学跨学科微型课程

秘密花园种植基地

课程目标：

为了让学生了解人与自然的相互依存关系，开设这门活动课程使学生在学会养护植物的基础上，根据前期调查的实际情况设计盐小的小型生态圈。通过开展种植社团活动，给更多年级的、对种植感兴趣的、热爱环保的学生创设一个自我发展的平台。

课程内容：

建设文明城市，打造花园学校。我们坚信：只要有一双发现美的眼睛，生活中就处处充满了美。在"盐娃的秘密花园"社团里，能够认识各种盆栽植物的习性，掌握基本的种植技巧，学会如何设计并建造一座美丽的、生态的花园学校。通过课堂教学、种植实践和综合拓展活动的开展，让学生获得知识和能力的双丰收。

课程结构：

1. 内容框架。

(1) 关于校园。

①观察校园的基本构造，制作平面设计图；

②初步划分不同的种植区域。

(2) 关于植物。

①植物名称；

②生长周期；

③生活习性；

④种植方法：如撒播、移栽等；

⑤养护方法：施肥量、温度控制、浇水量、疾病虫害等；

⑥需要用到的材料：铁锹、营养土/水（无土栽培）等；

⑦收获的成果：花朵、果实等；

⑧收获的方式：摘、收割等；

⑨植物生长观察记录表。

提供可体验种植的植物参考：土豆、凤仙花、蒜苗、豆芽、辣椒、小番茄、茄子、玉米、油菜、蘑菇。

2. 实施流程。

(1) 分时段实施流程。

①认识生活中常见的几种蔬菜（外形特征）；

②了解常见蔬菜的特点（生活习性、营养价值）；

③不同蔬菜作物的种植方法（撒播、移栽等）；

④认识简单的农具；

⑤实践种植并持续观察记录；

⑥学会种植不同的蔬菜并做好营养搭配。

(2) 分年段种植不同的植物。

一年级：绿豆芽

二年级：蒜苗

三年级：蘑菇

四年级：辣椒

五年级：小土豆

六年级：玉米

课程评价：

1. 表达能力：能够自信、流畅表达对植物的观察收获、对校园的生态设计方案。

2. 协作能力：以小组的形式开展活动，各司其职，协作完成查询、种植、观察与记录、设计等工作。

3. 设计能力：完成对小区域内的生态设计。

4. 审美能力：利用美术、工程等学科知识完成有吸引力的校园生态规划设计图。

"秘密花园种植基地"课程分时段与年段设计了不同的课程内容，下面选取其中二年级的课程进行分析。

"蒜"你厉害——盐娃大蒜种植记

1. 课程起源，展开调查。

春光正暖，惠风和畅，2020年的疫情阻挡了我们外出探索世界的脚步，但阻挡不了我们动脑探索的想法。"宅"家学习期间，盐娃们是怎样充分发挥

善创精神，让休闲时光变得更加充实有趣的呢？

天天：沈老师，现在外面是不是有很多病毒？还有讨厌的新冠病毒！

沈老师：对呀，外面病毒很多，我们要乖乖待在家里，听从学校老师的指导。

乐乐：可是待在家里我们应该做些什么呢？

美美：哦，我知道啦！我们现在待在家里不能出门，不如我们来种菜吧，这样既可以学到种菜的知识，还可以把种好的菜炒来吃呢！

可可：那我们种什么好呢？

天天：我们可以种大蒜，因为多吃大蒜还能赶跑好多病毒，我们班以前感冒的小朋友多了，校医就让我们吃大蒜，说是吃了大蒜可以杀菌。而且大蒜长得特别快，炒蒜苗可香了呢！

沈老师：小朋友们，那我们就一起来种一种吧！可是我们应该如何种大蒜呢？

2. 种植准备，困难重重。

乐乐：我知道种植大蒜有土培和水培两种方法，如果土培需要用到花盆、泥土、铁锹、大蒜，水培需要用到水培瓶、水、大蒜。

沈老师：非常正确，如果种植工具准备好了，到底该怎么种植大蒜呢？

迪迪：我觉得大蒜应该整个种，这样大蒜才能种出来，不然会种不出来。

艾琪：我妈妈做菜的时候都是把它掰成一瓣一瓣的，所以应该要一瓣一瓣地种的吧！

可可回复艾琪：我也觉得要一瓣一瓣地种。

沈老师：整个种和一瓣一瓣种到底哪种能种出大蒜来呢？还有，水培和土培到底哪种方式种植的大蒜生长得快呢？让我们都种种看吧，做一个对比实验并观察记录下来！

丽丽：等等！！种大蒜还要把大蒜外面的"一件衣服"剥掉。

……

沈老师：同学们的大蒜都种植好了，可别忘了做好观察记录哦。

表13—3 大蒜的生长变化记录表

	我们做的事情	观察到的现象	根的长度（毫米）	植株高度（厘米）	叶的形状和数量	其他
3月23日		（播种）				
3月25日		生根	根的长度			

续表13-3

	我们做的事情	观察到的现象	根的长度（毫米）	植株高度（厘米）	叶的形状和数量	其他
3月26日			根的长度			
月 日			根的长度			
月 日		（发芽）				
月 日		长出第一对真叶				
月 日		长出第二对真叶				

3. 日常养护，充满学问。

豆豆：太阳这么大，我们的大蒜会不会晒死？我要去给大蒜浇浇水！咦？水怎么都流出来了啊，大蒜是不想喝水吗？

沈老师：泥土白白的、一块一块的，说明泥土太干了，泥土黄黄的、没有结块说明泥土不干。

美美：我每天都给我的大蒜换水，现在大蒜已经长出芽来了呢。

可可：嗯嗯，我的也长出芽了呢，而且长得很快，现在已经有3厘米了呢，我每天都会用直尺量一下高度。

西西：那为什么我的还不发芽呢？是不是我的种植方式不对呀？

沈老师：原因可能比较多，建议重新种植一次，并做一次对比实验。

过了一段时间，西西的大蒜终于长出来了，其他同学的大蒜也生长得特别好。

4. 幸福收获，惊喜不断。

终于到了收获的时刻啦，学生种的大蒜长出了又大又长的绿色叶子咯！通过看一看、摸一摸、闻一闻、尝一尝，发现大蒜的奥秘。一起来制作有关大蒜的美食和介绍大蒜的小报吧！

（1）蛋蒜香饼。

食谱：

①将鸡蛋打至碗中并把蛋液打散。

②大蒜洗净切小段，放至鸡蛋液混合均匀，加少许盐。

③热锅烧油，将鸡蛋液放入锅中煎至两面金黄。

④美美地摆好盘并展示。

（2）蒜香面。

大蒜放入热油中爆香熬成蒜油，放入面中拌一拌，撒上芝麻，一碗香喷喷的面就出锅啦！

（3）小报展示。

同学们根据自己对大蒜的观察，了解了大蒜的生长变化过程，做出一幅幅精美的小报。

小小的一次种植实践活动，给孩子们的宅家生活增添了很多乐趣。在种植植物、观察植物生长变化等直接体验的过程中，培养了孩子对生活的乐趣，亲近自然的情感。同时也培养了孩子们做事的责任感，让他们真切地感受到成长需要一定的时间，有付出才有收获！

2. 科学跨学科微型课程

一起来建高塔

课程目标：

（一）语文学科目标

1. 学习阅读：了解高塔制作的不同材料，知道从高塔的设计、制作到完善的基本流程和理论知识。

2. 学习口语交际：引导学生清楚地表达在建高塔活动中的看法，能够反思与总结经验。

（二）数学学科目标

1. 会观察物体的结构特点，能够测量高塔的高度。

2. 引导学生经历猜想—验证—归纳—运用的过程，提高学生观察和分析问题的能力，增强学生的创造力，培养学生的数学思维能力。

（三）科学学科目标

1. 通过"建高塔"活动的制作了解塔式结构的特点，知道建一座屹立不倒的高塔需要满足上小下大、上轻下重、多层及三角形切面的物体结构特点。

2. 培养学生爱科学、学科学、用科学的思想和做实验的良好习惯。

（四）美术学科目标

1. 指导学生绘制高塔的设计图，然后运用相关材料进行高塔的建造。

2. 引导学生欣赏不同结构的高塔，培养学生的审美情趣。

（五）综合实践目标

培养学生独立的探究能力、归纳概括能力、实验能力、动手操作能力，让学生在活动中学会解决问题的方法，从而促进学生提高积极参与、主动探究的意识，将学习到的办法运用到不同的项目和任务中去，以提高学生解决问题的能力。

课程内容：

建高塔是《义务教育课程标准实验教科书》科学六年级上册第二单元《形状与结构》中的第六课。科学学科核心素养意在让教师通过加强实践探究过程的指导，引导学生动手与动脑相结合，增强学生问题意识，培养他们的创新精神和实践能力。本节课是在研究物体框架结构牢固性的基础上进行研究的，主要研究铁塔为什么稳定不倒，研究物体的整体稳定性。结合教材内容当中"建高塔"的实验，由此联想到了之前风靡全球的用意大利面和棉花糖"建高塔"的挑战赛，所以我将这个挑战赛和教材内容结合设计成了一节有趣的STEAM课。

课程结构：

（一）引入

建高塔的流程和步骤

1. 要知道高塔的结构原理。
2. 选择好建造高塔所需要的材料。
3. 设计流程方案。
4. 开始搭建高塔。

（二）新课教授

1. 塔式结构的特点。
2. 介绍相关建塔材料。
3. 设计建高塔方案。
4. 修改方案，开始搭建。

（三）交流与研讨

学生活动：搭建高塔（25分钟）。

分别请成功与失败的两个小组上台分享（希沃App展示）。

学生自己总结失败经验。

（四）总结与提升

课程评价：

1. 表达能力：评价学生是否认识学过的几种结构，是否知道厚度、形状怎样影响材料抗弯曲能力，是否能流畅地表达出拱形承重特点，是否知道加固框架的方法，是否知道什么样的物体稳定不容易倒。

2. 实践能力：评价学生制作纸横梁、拱形、框架结构过程中的能力和表现。

3. 协作能力：评价学生积极参与研究活动，动手动脑动口，乐于探究、不怕困难，与同学合作的表现。

4. 设计能力：组织学生评价设计搭建高塔的制作过程。

5. 整合能力：利用学生记录表，评价学生观察、实验、收集数据的表现。

"纸上得来终觉浅，绝知此事要躬行"，知识不仅仅存在于书本上，要想领会真正的本领，学到更多的知识，还需要不断实践，在实践中掌握技能。所以，要组织孩子们用脆脆的意大利面、一卷胶带、一颗花糖以及一根细绳开始建高塔的活动，要一层一层搭起来，看谁搭得高，搭得稳。

3. 信息技术跨学科微型课程

我给垃圾分分类

课程目标：

（一）信息技术编程目标

1. 认识比较运算符。
2. 掌握逻辑运算符的使用方法。
3. 学习使用随机数，实现 x、y 坐标的实时更新。
4. 掌握垃圾分类方法，能够对常见垃圾做出正确的分类。

（二）数学目标

1. 坐标的使用：通过比较运算符与坐标的结合使用，加深对两种概念的认识。

2. 随机数的使用：通过设计垃圾随机掉落的效果，掌握随机数用法，理解随机数范围。

3. 逻辑判断的使用：通过设置游戏成功条件，熟悉多重条件的判定，并使用恰当的逻辑运算符连接多重条件。

（三）科学目标

通过实例化教学让学生理解垃圾分类原则。

（四）道德目标

学习垃圾分类方法，树立环保意识。

（五）团队协作

通过小组讨论，提高学生的沟通能力，培养学生的合作意识、团队意识。

自我提升与实现：通过项目式教学，让学生形成提出问题、解决问题的习惯，并能以游戏化的形式展现想法。

课程内容：

本次活动总共两个课时，让学生在玩游戏、创作游戏过程中体验垃圾分类，树立环保意识。通过前面的学习，学生已经对 Scratch 的操作比较熟悉，并掌握了很多重要的程序概念，如循环、分支结构的理解与运用。该年龄段的学生已经具备了一定的生活常识，知道垃圾应该分类，但需要进一步巩固垃圾分类的方法。同时，学生通常对游戏有浓厚的兴趣，通过一段时间的编程学习都迫切地想要自己编写游戏，因此本次活动项目选取了"我给垃圾分类"小游戏，学生综合运用已有知识，实现游戏的编写。

课程结构：

我给垃圾分分类（一）

（一）课程导入

用 Scratch 制作越来越复杂的项目。

（二）认识垃圾种类

教师通过展示举例，让学生发现同类垃圾的相同特点，并总结出分类的一般规律。

（三）项目讨论

1. 讲解：今天我们在课堂上要实现的游戏是，空中随机掉落各种垃圾，用键盘控制，把垃圾放到正确的分类垃圾桶中。

2. 提问：这个游戏有哪些要素？最少需要几个角色？不同角色的行为分别是怎样的？

3. 讨论：以小组的形式讨论。

（四）项目架构

1. 思考：怎样做好所有的编码前准备。

2. 实践：引入所有所需角色，明确角色在项目中的行为。

（五）项目实现

1. 第一步：放置垃圾桶。

练习：以项目初始化的方式，设置其他垃圾桶代码。

2. 第二步：设置垃圾运动轨迹。

练习：用代码实现 Reset 函数，使用分支结构与比较运算符，侦测垃圾需要重新开始掉落的节点。

（六）复习回顾

回顾所学知识点：本节课实现了垃圾桶的放置，垃圾的分类。

回顾所学新概念：关系运算符、随机数。

（七）保存作品

我给垃圾分分类（二）

（一）课程导入

展示两节课的游戏效果，你有什么发现？（垃圾落到了错误的垃圾桶中）

本节课任务：怎样完善游戏，解决这个问题。（怎样让垃圾移到正确的垃圾桶？）

（二）课程详解

1. 第三步：设置游戏互动，使用键盘控制垃圾。

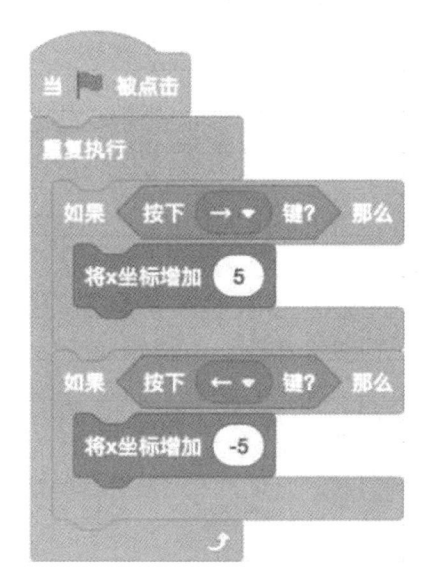

练习：使用按键侦测，控制垃圾向左向右移动，在掉落过程中，改变其左右位置。

2. 思考：游戏判定。

游戏中最重要的判定：如何判断垃圾是扔到了正确的垃圾桶了呢？如何用代码实现？

3. 第四步：判断垃圾是否投掷到正确的分类里。

练习：实现判断过程。

4. 第五步：独立编码练习。

练习：使用同样的方法，实现对其他三个桶的判断。

（三）复习回顾

（1）回顾所学知识点：本节课做了一个给垃圾分类的小游戏。

（2）回顾所学新概念：关系运算符、逻辑运算符、随机数。

（四）探讨

在这个项目中，你还有什么想法没有实现？

你认为怎样可以让游戏更有可玩性、更有意义？

你们在生活中是怎样给垃圾分类的？

你还能提出给垃圾分类更简便、行之有效的方式吗？

（五）成果分享

鼓励学生展示自己的项目成果，并进行表扬。

（六）保存作品

（七）挑战自我

（1）添加操作指引。

（2）游戏开始或者游戏结束需要重新挑战时，给出必要的文字提示。

（3）增加垃圾。

（4）为"垃圾"添加新的造型，不要忘记调整造型顺序，修改角色脚本。

（5）改变"垃圾"出现的方式、改变"垃圾"运动的速度……记录分类正确的垃圾数量。

课程评价：

1. 学科知识测试卷：根据项目学习中要求学生掌握的知识以题目的形式进行考核。

2. 项目成果总结：根据小组成果汇报的效果进行评价。

3. 组内互评：组长负责组织，对项目式学习过程中成员的表现、贡献程度进行评定。

4. 项目总结与反思：学生对自己的项目式学习过程进行反思，总结经验与不足。

图 13-5　学生独立进行编码练习

2019年，盐道街小学积极响应各大城市的垃圾分类工作。为了让孩子们树立环保意识，将垃圾正确分类，三年级（2）班的班主任肖老师带着孩子们上了一节关于垃圾分类的队会课，课堂中创设了不同的情境以帮助学生养成正确的垃圾分类习惯。课后，学生小华找到信息技术陈老师，告诉老师说自己已经完全掌握了怎样进行垃圾分类，询问老师就现在正在学习的 scratch 编程软件能否制作出一款关于垃圾分类的小游戏，他想用来考一考班上的其他同学，这样小朋友们既可以熟悉垃圾分类又可以体验玩游戏的乐趣。陈老师给了小华肯定的答案之后，小华便开始滔滔不绝地将自己的游戏设计思路说了出来。和小华一次偶然的谈话，让陈老师突然有了灵感，她开始在课堂中开展创作垃圾分类的小游戏这个活动，并将 scratch 中零散的知识点和社会关注的垃圾分类结合在一起，旨在满足孩子们的需求的同时帮助更多的孩子学会垃圾分类，让他们在创作游戏中获得自豪感。

（二）社会关注实践

1. 语文跨学科微型课程

疫情背景下，图书角打造之旅

课程目标：

（一）核心知识

1. 相关学科所涉及的主要知识点

（1）语文：

①说话时使用恰当的语气能让听的人感到舒服，避免使用命令或生硬的语气。

②主动发表意见，讨论的时候注意倾听别人的意见。

③知道口头报告的基本要点并能完成口头报告。

（2）美术：

①知道水彩笔、水粉、彩铅等的绘画手法。

②会绘制设计图。

③能用恰当的材料制作模型。

（3）科学：

知道避免交叉感染的卫生常识。

（4）数学：

①统计同学喜欢的书籍类型。

②知道图书要分类摆放。

2．关键概念或能力

①关键概念：疫情防护、公约、设计图、模型。

②能力：搜集信息和处理信息的能力、沟通能力、口头语言表达能力。

（二）驱动型问题

1．本质性问题

疫情背景下，图书馆应该怎样运营？

2．驱动性问题

疫情背景下，如何设计一个让同学乐读的班级图书角？

课程内容：

本项目以二年级下册语文教材中一单元口语交际板块"注意说话的语气"和五单元口语交际板块"图书借阅公约"为基础，结合当前防疫背景，以"疫情背景下，图书馆如何建设与运营"这个本质性问题重构教材已有板块，以"疫情背景下，如何设计一个让同学乐读的班级图书角"这一驱动性问题，引发学生的探究性、社会性、调控性、审美性和技术性实践。

课程结构：

（一）入项活动

教师将学生分为6个项目小组，每组7到8人。（每组需包含语言表达能力较强的学生1名和绘画能力较强的学生1名）

教师提供班级图书角的照片，引导学生讨论班级图书角常见的问题。

教师提出驱动性问题：疫情背景下，如何设计一个让同学乐读的班级图书角。

教师引导学生进行头脑风暴：疫情背景下，一个让同学乐读的班级图书角应该具备哪些特征（预设：安全卫生、美观、图书种类丰富、有完善的图书公约），形成初步的成果要点。

教师明确活动进程和时间节点，以及最终成果呈现的方式。

（二）知识与能力建构

教师发放 KWL 表，请学生填写自己已知的内容、想要知道的内容，小组讨论，形成共同的问题清单。

教师组织各项目组讨论：可以去哪些地方找到问题清单上的答案？可以向哪些人寻求帮助？在与人交流的过程中，有哪些注意事项？

表 13-4 KWL 表

K-W-L 表　姓名：		
话题：疫情背景下，如何设计一个让同学们乐读的班级图书角		
我知道什么	我想知道什么	我学到了什么

（三）探索与形成成果

各小组列出任务清单，进行人员分工。

项目小组成员根据任务分工，进行观察、访问、记录、拍摄照片或视频。

各小组汇总所有素材，根据驱动问题筛选、整合素材。

各小组协作，形成班级图书角设计图初稿和班级图书公约。

图 13-6　小组合作完成图书角设计图

（四）评价与修订

项目小组内对情境、成本、可行性等限制条件进行评估。

项目小组间对情境、成本、可行性等限制条件以及是否具备一个好的班级图书角的特征，进行评价。

教师进入项目组内，提出修改意见。

项目组形成班级图书角设计图终稿。

制作班级图书角模型（自选）。

（五）公开成果

在校园内举办一次班级图书角设计展示会。对举办成果展进行设计与分工：每组人员可通过流程图或照片短视频展示其在活动中做了什么；展示班级图书角文明公约、设计稿或模型，并口头介绍设计初衷或设计理由。

在公开成果展中记录他人建议和观点。

图 13-7　小组成果展示

（六）反思与迁移

完成 KWL 表中的 L（学到了什么）部分。

课程评价：

1. 探究性实践：能够回答创建疫情背景下让同学乐读的班级图书角需要解决的问题；设计调查方案；收集、整理调查信息；设计可行的班级图书角升级方案；解决方案中考虑情境、成本、可行性等限制条件。

2. 社会性实践：能够发起或参与小组讨论；积极倾听他人想法并给出回应性思考；积极参与讨论，能接受多样的观点，用他人能接受的友好方式表达自己的观点；能够发起或参与图书馆或书店的调查研究；在遇到困难时向成人或同伴寻求帮助。

3. 调控性实践：坚持完成项目；制订项目完成计划；进行时间管理；进行情绪调控。

4. 审美性实践：设计富有美感的班级图书角，选择合适的色彩与材料。

5. 技术性实践：学习使用流程图或照片、短视频介绍自己或本小组在活动中做了什么；安全使用各类手工工具制作班级图书角设计图或模型。

表 13－5　探究性实践的评价量规（Likert 量表）

你在完成这个项目的过程中是否进行了仔细的研究？是否对数据进行了分析和解释？请在下列维度上给自己打分，5 分表示最高分，1 分表示在这个问题上还需要努力。	
1. 在规定的时间里，我充分地研究了这个主题	
2. 我的研究步骤是很清晰的	
3. 我和我的同伴共同探讨制订了研究的方案	
4. 我能运用多种检索方式查找信息	
5. 我现在的研究成果是基于多种信息来源的	
6. 我通过采访相关人员获得了一手信息	
7. 我对我所收集的信息的适用性进行了筛选	
8. 我觉得我所收集的信息是可以作为证据支撑我的观点的	
9. 我对我收集的信息进行了合理的组织和总结	
10. 我用适合的图表将我收集到的信息进行了整理和呈现	

学生签名：
教师签名：
一旦你签名了，表明你对自己的评价是公正而客观的，是诚实而准确的。教师在和你交流谈话后也会签上他的名字

表 13－6　社会性实践"倾听与回应"维度评价量规

维度	初级	良好	优秀	自评与互评（请在横线上填写等级）
倾听与回应	别人发表意见时做自己的事，表现出冷漠或心不在焉的样子；在别人还没有讲完的时候插嘴或打断别人；在没有听清别人讲话内容的情况下就匆忙回答	在别人发表意见的时候安静倾听；耐心地听别人全部讲完；对别人说的内容予以动作或口头上的回应	在别人发表意见的时候表现出积极倾听的姿态，用点头、眼神接触等表明自己对倾听内容的理解；耐心地、鼓励地听别人全部讲完；仔细倾听别人的想法，并给出回应性的思考，回应表现为与他人的互动或对自己所做内容的修改，回应适合当下的情境	自我评价＿＿＿＿同伴评价＿＿＿＿

续表13-6

维度	初级	良好	优秀	
口头报告	没有组织自己的观点，或者观点组织得很混乱；表达不连贯，有很多停顿；所用的表达对听众来说不适合；表达时没有运用修辞手法	以富有逻辑的方式组织观点，流畅地表达观点，使用正式的语调，表达对听众来说是适合的；运用修辞手法	观点组织得非常流畅，以至于让人看不到组织过的痕迹；以非常优雅和得体的方式进行报告；运用让人印象深刻的、富有创造性的方式报告	自我评价 ____ 同伴评价 ____

表13-7 审美性实践"视觉艺术"维度评价量规

1. 你认为哪个项目组设计的图书角造型新颖又实用？
2. 你认为哪个项目组设计的图书角既美观又有个性？
3. 你最喜欢哪一个图书角设计？可以从创意、形象、色彩、寓意等方面说出你的理由。

"有什么方法能让大家记住我们的'班级图书公约呢'呢？"一周前，第一项目组的盐娃们还在为这个问题头疼，而现在，他们却用一种创造性的、独特的方式——将图书公约唱了出来，吸引了全场的目光。从梳理班级图书角容易出现的问题，到调查访谈、草拟图书公约，再到修订图书公约；从确定公约内容，到思考呈现方式并请家长帮忙谱曲作词，再到练习表演，一路走来，磕磕绊绊，但盐娃在课程当中学会了设计调查方案，收集、整理调查信息，能够发起或参与小组内讨论，能积极倾听他人想法并给出回应性思考，积极参与讨论，能接受多样的观点，用他人能接受的友好方式表达自己的观点，也学会了在遇到困难时向成人或同伴寻求帮助。他们在课程当中得到了滋养，实现了成长；课程也因他们更具有独特性和创造性。

2. 道德与法治跨学科微型课程

天府文化夜市摆摊体验

课程目标：

1. 数学学习

（1）了解本金的含义，知道如何定价，能够正确计算、收款和找钱。

（2）理解百分数的意义，会进行百分数与分数、小数的互化，会计算折扣、利润率。

（3）亲身经历确定主题、收集数据、整理数据、做出决策的统计过程，发展统计意识，培养分析数据的能力。

（4）发展在现实情境中，灵活使用数学知识解决实际问题的能力。

2. 信息技术应用能力

（1）经历使用互联网搜集信息、统计信息、分析信息的过程，提升学生使用网络处理信息的意识和能力。

（2）能够使用信息技术工具进行商品管理、信息推广、资金管理、过程资料管理，提高用信息技术进行管理和推广的能力。

3. 语文学习

（1）学会撰写商品推广文章，写广告词。

（2）学会撰写项目计划与总结。

4. 美术学习

会制作宣传海报。

5. 品德教育

通过摆摊活动，让学生体会到工作的艰辛和金钱的来之不易，能通过摆摊活动更深层地理解父母的不容易，激发学生关心社会、帮助他人的美好品德。

6. 沟通协作能力

（1）学会与同学协作学习，合理分工，完成项目活动。

（2）熟练运用沟通交流工具进行协调讨论。

7. 批判性思维

能够回顾反思项目活动解决问题的过程，对他人的解决方案进行合理评价。

课程内容：

由于今年疫情的影响，许多人都感受到了经济上的压力。因此，盐道街小学将"地摊经济"融入道德与法治课程中，设置了一节活动体验课程。本课程联系了天府文化创意夜市摆摊活动方，获取了参与摆地摊的资格，然后召集学生，分批次进行地摊生活体验。学生需要在各自的摊位上做好一整天的工作，其中包括：自行准备售卖物品、自己装饰摊位、自己定价、自己收款、自己售后。

课程结构：

（一）活动准备

1. 联系天府文化创意夜市活动方，了解活动起始日期以及摊位分布情况。

2. 春熙路地摊现场踩点。

3. 确定摊位、确定课程活动时间段。

4. 制作活动报名表，让学生填写。

5. 分配学生参与时间段，提前联系学生及家长，告知需要准备的物品清单。

（二）活动进行

1. 学生在家提前准备好自己想要售卖的物品。

手工类：自己画的油画、中国画，自己绘制的折扇作品，自己编的中国结，自己写的书法毛笔字，自己制作的陶艺作品，自己绘制的帆布包，自己制作的超轻黏土作品。

闲置类：书籍、玩具、文具、乐器。

零售类：手链、项链、耳钉、发饰头饰，文创玩具，零食水果，大型玩偶，文具。

2. 学生在家提前思考制作自己摊位的售卖海报。

有学生是使用马克笔等绘制海报的，也有学生是使用电脑工具制作一幅大型广告海报的。广告内容丰富多样。

3. 学生来到地摊活动现场，开始进行货品分类摆放，并摆好定价标签。

学生思考：怎样的价格才能既使顾客觉得优惠，又使自己不至于亏本？

4. 学生守摊，并售卖物品。

（三）活动结尾

一天的摆摊结束后，学生收拾好自己的所有物品，离开了春熙路。活动过程中，我们制作了自评表、他评表（家长、老师、社会）让大家填写，并将这有意义的一天记进日记中。返回学校后，每一位参与了天府文化夜市摆摊体验的学生都将在班级中和所有同学分享交流。

课程评价：

1. 设计能力：评价学生是否能设计并准备好自己的摊位陈列摆设，是否能设计出一张优秀的广告海报，是否能为自己的商品设定合适的价格。

2. 实践能力：评价学生在准备商品过程中的动手实践能力、计算能力，以及在售卖时是否能按合适的顺序陈列摆放好所有物品。

3. 表达能力：评价学生是否能积极参与到摆摊活动体验中去，是否能自如地与顾客沟通交流，是否能流利地介绍自己的产品，是否能在客流量稀少的情况下勇于表现自己。

4. 合作能力：评价学生是否能积极与小组组员之间沟通交流、分工协作。

5. 综合能力：利用课后自评表、他评表（见图13-9）来评价学生在本次天府文化夜市摆摊体验活动中的综合能力素养，利用最终的收益情况表来评价学生的理财能力。

表 13-8 项目评价量表

	"善创小店，盐道心选"项目评价量表
评价项目	评价要点	学生自评	小组互评	家长评价
参与程度	积极认真参与项目学习活动，积极主动完成项目调查和产品制作，经营销售过程全程参与、出谋划策			
沟通协作	小组合作中，能有效地与他人沟通信息，在探讨中积极与小组成员分享销售经验，遇到问题共同解决，尊重他人的想法			
创新能力	设计产品精美有创意，店铺标语亮眼，销售方式多样			
成果展示	能充分利用图片、视频或PPT等方式清楚地讲述店铺开展过程和成果			

本次"有创意，有生意，有烟火气"的天府文化创意集市，让成都的市民们有"逛不完的文创街区、买不够的文创产品、看不完的文化创意"。活动课程中，孩子们体验到了父母工作的不易，也感受到了通过努力赚来的钱是那么珍贵。最后的分享会上，大家纷纷讲述着自己的心得体会，并表示以后有这样的活动一定还会积极参加。

图 13-8 摆摊过程

3. 英语跨学科微型课程

盐韵川剧

课程目标：

（一）价值目标

1. 彰显川剧艺术价值

2. 促进中外人文交流

（二）教学目标

1. 认知发展目标

通过欣赏歌唱、舞蹈、绘画、手工等多艺术形式的融合，外国学生了解到我国传统的民族、民间文化的特点，在丰富的艺术活动中感受我国传统文化、本土文化带给他们的快乐，以此亲近中国文化，从中获得美的感染和美的享受。

2. 技能目标

将川剧有机地融入对外交流课程中，让外国学生参与到盐道街小学的川剧活动中来，让他们学习川剧、了解川剧、演绎川剧，将他们置身于浓郁的川剧氛围，提升外国学生的综合性艺术素养。

3. 情感目标

设置这一课程，是为了让外国学生走进川剧，让他们感受、了解，甚至喜欢上这一民间文化传统，在外国学生心灵中播下川剧与四川曲艺的种子，并从中感受川剧带给他们的快乐。

课程内容：

"盐韵川剧"课程内容涵盖脸谱、行当和身法。教学中尊重中外学生认知规律和特点，每部分内容按赏、品、学三步阶梯递进学习。利用经典的素材、精美的画面、简洁的文字、生动的活动、丰富的音像等教学媒体，做好体验和参与前的准备，通过前期的感悟，让中外学生产生渴望学习和参与学习的冲动，并自愿地全身心地投入到学习中，积极运用所学知识，在亲身参与中掌握知识，循序渐进地了解川剧的内容，感受川剧的魅力。

表 13－9 "盐韵川剧"课程

序号	阶段	内容	形式	课时
1	感悟体验——赏	介绍川剧背景和起源，观看川剧经典剧目《变脸吐火》《滚灯》《顶灯》等，参观学校的川剧博物馆，走进川剧院介绍等，通过听看摸，整体感知川剧内容，感悟川剧文化	老师主导的讲授式、走进川剧院、观看影像资料	1个课时
2年	活动体验——品	通过观看老师们的表演，上台试着穿戴川剧服饰、比画川剧身法等	学生主导的活动体验	1个课时

续表13-9

序号	阶段	内容	形式	课时
3	深度参与——学	通过个人深度参与,如绘画川剧人物、制作川剧脸谱、吟唱川剧曲目、演绎川剧身法、表演川剧剧目等多种类型的川剧活动,加深对品味川剧内容的理解,更加印刻出川剧的文化内涵。	学生主导的参与式	2个课时

课程结构:

(1)"盐韵川剧"课程的对象是国外中小学生,课程活动中全英文交流,注意语言的准确表达。

(2)"熊猫走世界"课程的目的是传播中华传统文化艺术——川剧,课程强调文化的地域独特性,关注文化自信和国际认同。

(3)"盐韵川剧"课程的形式是"项目式学习",重在中外学生的合作体验、交流互鉴。

(4)川剧课程是一门资源要求极高的戏曲课程,为给外国学生提供最原汁原味、最地道的川剧学习资源,盐道街小学川剧教研团队联合川剧专家制作川剧全英文教学视频、教学课件、川剧展示宣传片,力求在保真川剧艺术韵味的同时,让外国学生真切感受到极富魅力的川剧"巴蜀之韵,东方之美"。

表13-10 盐小"盐韵川剧"课程教学资源

资源类型	资源名称	呈现形式
宣传片	《盐韵川剧》宣传片(英文版)	视频
定格动画	《盼达赏川剧》(双语版)	视频
微课	脸谱教学(英文版)	视频
表演	学生表演和专业人士的表演	视频、音频
作品	脸谱、行当和身法的作品	图片
课件	教学课件——脸谱、行当和身法(双语版)	PPT
教师教案	教师教案——脸谱、行当和身法(中文版)	电子文档
学生活动手册	脸谱、行当和身法教学课件(双语版)	纸质书、电子文档
纪念品	"盐韵川剧"课程文创纪念品	实物

(5)"盐韵川剧"课程的评价方式是多元化,重在过程,重在参与,重在交流互动。

课程评价:

（一）参与性评价

国际学生到访盐小参与"熊猫走世界"精品课程，授课教师会根据其参与课堂与否奖励"川剧折扇""变脸人偶"或独具盐小文化特色的"盐小徽章"等小奖品，记录国际学生的课堂参与度、课程参与度、四川文化进入度以及中华文化体味度。

（二）展示性评价

授课教师要求学生做出面具等与川剧相关的成果作品，或穿上川剧服装模仿川剧中的角色的姿态、身法等，先进行课堂内同学之间互赏，再将具有文化独创性、文化代表性的实物、照片、视频等分享、收藏。同时为参与制作的每一位孩子发"盐小之印"，强化展示性评价的文化引导力。

（三）综合性评价

授课教师依据学生所做的作品成果背后所蕴含的创新力、审美力、文化力、劳动力等艺术价值、科学价值、审美价值、人文价值进行综合评判，并基于这些方面给出相应学生对应的等级、评语等评价，最后再综合对学生进行各项能力评估，为学生后续深度发展学习探索提供强大的内驱力。

Let's try the clothes and sing the song.

1. Which role do you like most and why?
2. What kind of feeling the role want to express?
3. How do you feel about the clothes of Sichuan Opera?

图 13－9 摘自"盐韵川剧"学生活动手册

三、超学科实践

国内外学者对超学科的定义，是基于"学科课程"的、统合"学科课程"的、超越"学科课程"的，以问题为驱动的、以"自主、合作、探究"为学程的、以推进学生高认知水平发展为目标的，一种新的课程形态体系[①]。而本土化超学科课程，即超学科视角下的微型课程，是基于现行的国家课程为主干的课程框架，教材所提供的基本内容和学生所熟悉的教育生活、认知特点，以国际文凭组织确定的六大超学科主题为基本依据，以重新提炼的主题为线索，以学生自主探究、感悟体验为基本形式，旨在提高学生综合素养的新型课程形态。

超学科微型课程有一种协同作用和整体效应，不是将各学科的信息进行简单的叠加或混合，也不仅仅是各部分的总和，而是会对真实世界的各种复杂问题提供新视野和创造性的解决方案（Somerville，2000）。图13-11区分了学科间融合的各种模式，图13-12展示了从单学科到超学科逐步提高合作与协调的步骤。[②] 基于以上理念，盐道街小学认为超学科微型课程的学习要与世界相关联，以未来为中心，以问题探究为学习方式，通过综合性知识学习和技能训练，发展和推进学生高级认知水平，培养学生的好奇心、责任心、创造力与感知力，最终培养学生成为全面发展的人。

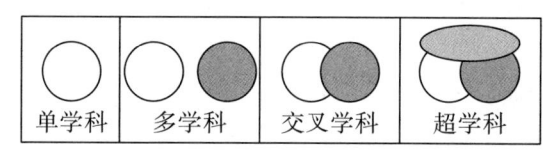

图13-10　学科间融合的模式（转译自Joy de Leo，2009：23）

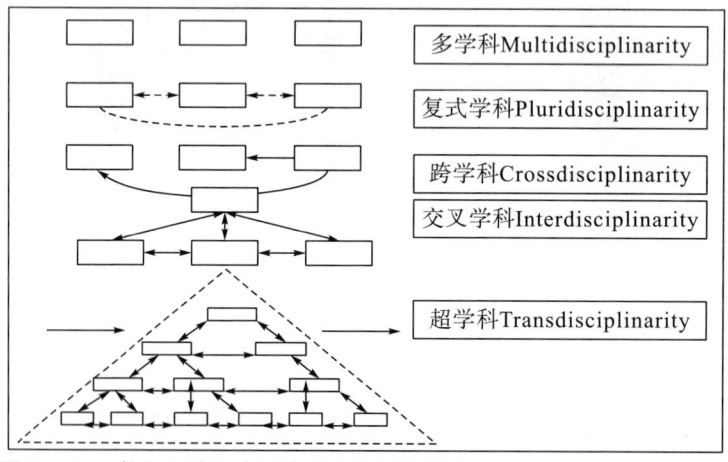

图13-11　教育系统逐步提高合作与协调的步骤（Jantsch，1970：411）

---

① 高峰. 建设超学科课程，回应未来挑战 [J/OL]. 人民政协网. （2016-09-21）[2021-1-12]. http://www.rmzxb.com.cn/c/2016-09-21/1044042.shtml.
② 李颖. 全英文授课模式的动因论——超学科分析的视角 [J]. 中国外语，2013（1）：47-53.

1. 超学科微型课程

致敬逆行　向阳而生

课程目标：

1. 通过了解的防疫英雄的故事，体验身边人对生命的珍惜、敬畏和守护，用积极的心态、有担当的情怀笑对生活。

2. 激发家国情怀，弘扬团结一心、共同奋斗的爱国主义精神。

课程内容：

（一）活动亮点

1. 找准"爱国"重点，彰显时代特色。

2. 把握"生活"主线，凸显儿童视角。

3. 厘清体验"层次"，注重全体参与。

4. 力求"整体"设计，关注全程育人。

（二）班会准备

教师：准备复课礼PPT、升旗仪式视频，收集相关音乐图片、"五育"思维导图、"五育"奖状、三年级学生讲述英雄故事视频、明信片、中国疾控中心防疫视频、生命之树图片、手印颜料。

学生：回顾宅家学习的过程，了解防疫英雄的故事，明白他们的高尚品德和奉献精神。

课程结构：

师：善创盐道爱守护　春暖花开庆归来

春风和煦，阳光明媚，在经历了漫长的寒假，终于又见到我们可亲的老师、可爱的同学们了！此时此刻，我们全校师生已重聚在盐小，开始我们的第一堂"复课礼"！

（一）校长新学期寄语（罗校长视频）

师：春荣草青，复归校园。因为疫情，我们的视野从小家走向国家，我们每一个人都与国家同呼吸、共命运，五星红旗遍插世界各地，国旗带给我们力量和希望。在这个期待已久的日子，一直挂念我们、守护着我们的罗校长带来了一段开学祝福。（播放视频）

（二）致敬祖国——盐娃诵祖国

1. 拳拳爱国心。

师：今天我们重回校园，和亲爱的老师、同学一起把热爱与敬意送给我们的国旗，献给我们的国家。

大队长（中队长）：下面进行升旗仪式，全体起立，请同学们检查胸前的红领巾是否佩戴整齐，稍息、立正、敬礼，唱国歌！

大队长（中队长）：礼毕，请全体同学坐下。

2."五育"融防疫

师：面对疫情，"盐"有对策。学校老师们融情创新，为盐小娃娃们研发了"五育"并举系列在家学习实践课程，将"五育"与居家学习相结合，孩子们在家学习、在家做手工、在家锻炼、在家做项目，宅家有道，宅而不慌。盐小老师们始终与大家在一起，在线上，在屏幕那端。

（素材：图片配音乐）

师：疫情期间停课不停爱，停课不停学，我们用自己对生命的珍视，对社会的责任感，描绘出了"宅"家生活的美好回忆，践行着少年们的使命，用智慧创意宅出精彩，用克己坚守责任守护平安。

师：随着疫情的变化，我们主动学习，借助疫情我们将德智体美劳融在日常生活中，现在请大家用思维导图的方式呈现自己个性化学习的成果。请使用这张思维导图将你"宅"家防疫期间的收获呈现在思维导图上吧。（5分钟）

（最后给每个学生发一张"五育"奖状，让学生选择一个表彰的对象并亲手写上颁奖理由。）

（三）致敬英雄——盐娃存感恩

1. 项目学习敬英雄。

师：疫情就是最真实的教材，每个人都是战"疫"之士，没有袖手旁观全部躬身入局。盐小以疫情为载体，开展以"五育"整合引领的项目式学习，低段同学认识病毒，中段同学致敬英雄，高段同学在战役中学会自我成长。（三个学段分别给出一些图片进行呈现）疫情当前，守护在一线的有许多平凡的人，他们是医生、护士、科学家、志愿者、民警、军人、公务员、物业、清洁工、保安、司机、快递员……是他们的付出让我们有了生命的保障，有了生活的期盼。

师：凯旋的英雄，平凡的英雄，依然坚守的他们，一直守护着我们！（观看视频：三年级视频剪辑）

2. 感恩之心赠英雄。

师：观看完视频后，生命被触动，感恩的心头开出美丽的花，让我们一起向英雄致敬！每个小朋友将自己对英雄的祝福与感恩写在明信片上，我们将通过邮政寄送到英雄手中。（插入音乐，明信片提前发）

（四）致敬生命——盐娃敬生命

1. 增强防护力。

师：孩子们，这次疫情带给我们太多深刻的感受，疫情区的人们在与病毒进行生死搏斗，全国医护人员逆行奔赴疫情区，为保护更多人免受病毒侵害。所以老师希望孩子们在这场疫情中学到更多，比如对生命的理解，如何保护自己、照顾家人……接下来就请孩子们通过观看如何预防新冠肺炎（小学篇）的视频内容，了解新冠病毒的危害以及防护措施。（播放：中国疾控中心视频）守护生命，人人有责，让我们一起发出倡议：

A. 保护野生动物生存环境，拒绝食用野味，抵制野生动物制品。

B. 外出佩戴口罩。必须外出时佩戴医用外科口罩或 N95 口罩。

C. 减少与他人密切接触。减少与其他人的直接肢体接触，与他人保持在 1 米以上的距离。

D. 勤洗手。外出回来之后、咳嗽手捂之后、饭前便后，用洗手液或香皂流水洗手。

E. 做"使用公筷　文明用餐"礼仪的推动者。从我做起，养成使用公筷的好习惯。自觉使用公筷夹菜，按需取食，杜绝浪费。开展"光盘"行动，倡导绿色节俭的生活方式。

2. 凝聚生命力。

师：生命从来都是独特的存在，存在于相同的时空，拥有不同的未来，但从来没有彩排。疫情的发生、发展、变化，让我们静下来去反思生命存在的意义。大树是生命的象征，今天我把这棵生命之树请到了班级当中，请孩子们用离心脏最近的左手沾上鲜艳的红色去点燃这棵生命之树吧！

（操作方式：班级制作一颗生命树，每个小朋友用手指沾上颜料后，将手指盖在生命树上。素材准备：画好的树、一次性手套、稀释的颜料）

无论在假期中还是在上学中，每一个学生都对新学期、新生活充满不同的希望，国家、社会、学校、家庭等对于作为祖国未来建设者和接班人的同学们也充满了期待。

新学期，我们都是满载着爱，一起驶向新的希望的彼岸。

课程评价：

1. 教师评价。

教师评价重过程，教师用动态的、发展的眼光对学生"复课礼"学习的各个环节进行系统的、全程的、循环往复的评价。在项目式活动中，从德、智、体、美、劳五个方面对学生进行全面评价，评价有指导、有重点。

2. 学生自评。

学生自评重自主。在复课礼课程中，学生通过过程性的参与、成果展示等对自主学习能力和自我管理能力进行评价。

3. 生生互评。

组内评价重参与。在"复课礼"学习活动中，组员间对参与小组活动活跃度、见解点评和意见采纳情况进行阶段性评价和终结性评价。

4. 家长评价。

家长评价重学法。结合宅家期间开展"五育"整合的前置课程，家长是学生学习的第一监督者和评价者，能够对学生的学习方法和学习态度进行更客观的评价。

2. 超学科微型课程

幸福院落，我们缔造

课程目标：

以小学生参与社区治理为主轴，通过盐小学生深度的社会实践，既让学生对社会生活有更深的体验和了解，也通过儿童的视角去推动社区治理朝向纵深方向前进。

课程内容：

1. 治理地点。

南府街50号飞龙巷6号

2. 参与人员。

六年级四班学生及家长志愿者

3. 项目倒排时间线表。

4月16日—4月20日   院落实地考察

4月21日—5月12日   分组设计改造

5月13日—6月8日   院落施工、治理改造

6月8日—6月15日   院落成果展示、分享收获

课程结构：

在参与社区院落打造和治理的过程中，全班孩子共同参与，按照分组的方式进行项目式探究性学习。

1. 走进社区、实地考察。

在进入社区之前，孩子们确立了目标，分成了四个小组，进行了前置性学习，并带着调查表，去记录和发现社区存在的一些不足和问题。拍照、记录、描述问题，形成调查报告。

图13-12　关于居民社区文化打造调查报告

2. 分析现状，设计未来。

在实地调查过程中，孩子们通过采访居民了解社区现状，（你心目中幸福美好的家是怎样的？）并做好记录通过班会课宣讲报告，汇报并探讨各自发现的问题，进行整理梳理。

文化社区：地方文化元素的融合。（川剧、剪纸、花鸟文化资源）

平安社区：通过标志系统的引导，促进邻里和睦、友好相处。

国际社区：在路牌设计、提示语等方面设置了双语，增加国际化元素，将针对国际人士的公共服务、政策宣传、生活圈信息等现代信息获取方式融入街区改造。

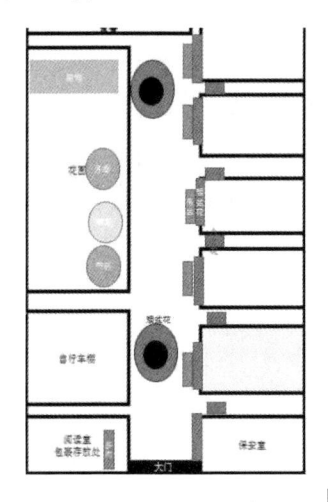

	花圃	路灯旁	阅读室	单元门顶	家户窗旁	单元楼旁
原	略	矮盆花	无	枯萎盆花	略	略
初始方案	换成蜡梅+栀子	换成牵牛花	无	换成蔷薇	无	无
新方案	增添+月季+芍药+菊花	保留矮盆花	增添多肉	换成人造花	增加吊兰	增加矮盆花

图13-13　花园绿化组设计

3. 自主设计、专家指导。

小组设计完成后，我们还邀请了相关领域的专家为孩子们的初步设想做指导。

4. 施工改造、治理美化。

我们将孩子们的设计修改返回到社区，施工部门按照孩子的设计打造院落，实现孩子们的设计理念和想法。

5. 成果分享、收获成长。

最后，院落的打造也是一份特殊的毕业献礼，后续我们请孩子分享治理美化成果，请治理专家和居民做出评价。并请孩子谈自己参与社区治理的感受和成长，这既是一个社区课程，同时也是一份毕业课程和童年课程。

课程评价：

1. 教师评价。

教师评价重过程，在项目式活动中，从德、智、体、美、劳五个方面对学生进行全面评价。

2. 学生自评。

学生自评重自主。在"社区改造"学习活动中，学生通过过程性的参与、成果展示等对自主学习能力和自我管理能力进行评价。

3. 生生互评。

组内评价重参与。组长负责组织，对项目式学习过程中成员的表现、贡献程度进行评定。

4. 社区评价。

请治理专家和居民做出评价。主要从社会责任意识、团队协作能力、科学创新方面评价。

学生们参与社区治理的积极性非常高，这样的活动增强了学生们的创造能力，拓展了他们的视野。通过这样的活动，学生们能够慢慢学会用申辩的眼光去发现，用双语的环境去熏陶，用文明的礼仪去提高，用世界的语言去交流。

图 13-14　科学社团走进社区

3. 超学科微型课程

再见母校，未来你好

课程目标：

1. 知识目标。通过学习和参与策划毕业典礼，初步掌握庆典活动的设计和基本步骤。

2. 能力目标。培养学生组织协调能力，让学生在活动中学会和团队一起解决问题，促进学生团队意识发展，将积累的知识综合运用到实际任务中，提高学生分析情况、解决问题、协调配合的能力。

3. 情感目标。激发珍惜友谊、感恩师长和热爱母校、向往美好未来的情感；促进师生关系、亲子关系和谐发展；促进学生正面积极的人格发展。

课程内容：

作为小学学习的"最后一课"，本活动将舞台交予学生，让他们在项目的策划筹备、组织实施和回顾评价的过程中体验项目实践，通过参与写串词、主持毕业典礼、排练手语操、合唱、朗诵等节目表演，将项目学习的知识与能力运用于实际问题的解决中，为小学的学科融合项目式学习画上圆满的句号。

课程结构：

（一）活动准备

1. 团队组建。

主持人团队：由各班推选一名主持人组建团队，负责和大队部老师一起策划整个毕业典礼的流程，负责串词的初步编写。

手语操团队：由各班推选一名擅长编舞和表演的学生组建手语操团队，在音乐老师的帮助下为音乐《你的答案》编写手语舞。

合唱团队：各班选1~2名擅长唱歌的学生学唱歌曲《满城烟花》；组织全

班学唱，做到人人会唱。

朗诵团队：各班选派擅长文字创作和朗诵的 3 名学生组建朗诵团队，在老师的指导下创作毕业散文诗，排练朗诵，邀请音乐老师对排练进行指导。

视频团队：各班学生自己组建小视频制作团队，收集六年来的照片进行编辑，在信息技术老师老师的指导下制作班级六年历程回顾视频，重现精彩感动瞬间。

舞美团队：每班 3~4 名，负责班级氛围营造。

联络团队：每班 1~2 名，负责班级与大队部老师、相关学科老师和其他团队之间的联系和协调。

后勤团队：每班 2~3 名，负责班级和各团队所需物资准备与协调。

2. 毕业礼创意作品的布置、完成、收集。

作品制作过程的花絮视频要求：

（1）作品内容和各班主题相切合。

（2）在家里选择整洁好看的地方进行拍摄。

（3）录制时请拿好自己的作品，视频中将自己人像和作品一起呈现出来，语言表达流畅清晰。

（4）录制时间：10~15 秒。

（5）视频大小：20M 以内。

（6）视频都以横屏进行录制，便于后期剪辑。

（7）每人再拍一张与作品的合照。

（二）现场活动

第一部分：全年级活动部分

1. 主持人讲话。

各班小主持人依次讲话，拉开毕业典礼序幕。

2. 手语操《你的答案》。

音乐响起，各班领操员带领全体六年级同学做手语操。

3. 发言与献花环节。

每班一位学生代表发言；

教师代表发言；

学生代表给老师献花。

4. 感恩母校，合唱《满城烟花》。

全年级合唱《满城烟花》。

5. 感恩父母，读父母的信。

每一个班一个代表，上台念信。

6. 诗朗诵《再见盐小，随心飞翔》。

7. 校长寄语。

由罗校长为孩子们送上校长寄语，将母校满满的牵挂与祝福装进孩子们心里，让他们带着爱和理想踏上心的人生旅途。

8. 校长发毕业证书。

为各班颁发毕业证书，毕业典礼全年级活动各部分礼成。

第二部分：分班级活动部分

1. 回顾六年来个人和班级的成长（小视频），重现六年来班级和个人最有代表性的精彩感动瞬间。

2. 毕业礼创意作品展示。

以视频的形式展示学生毕业礼创意作品。

3. 班主任给孩子们送上祝福。

播放班主任及1~6年级各科任教老师为孩子们录制的祝福小视频。

4. 学生互赠毕业感言。

学生在事先准备的毕业纪念册上写下留言。

课程评价：

1. 表达能力。评价学生在串词、学生代表发言、朗诵、创意作品展示等环节的文字语言表达是否准确、简练、动人。

2. 实践能力。评价学生在语言作品创作过程中的能力和表现。

3. 协作能力。评价各个团队内部以及团队间的合作，以及师生间的合作表现。

4. 设计能力。评价学生创意毕业礼制作是否有新意，是否能表达主题。

5. 整合能力。评价学生在各个环节的准备中的统筹安排能力、沟通协调能力。

在心灵深处和你相遇
——成都市盐道街小学超学科活动教育案例

毕业典礼的前一天，一位学生家长在微信上给我留言，她准备了个生日礼物，想在毕业典礼上让女儿读了她写的信以后，亲手把礼物送给女儿。这是一位有两个孩子的职场妈妈，在班里读书的孩子是她的小女儿，还有一个女儿马上初中毕业，正面临中考。其实她女儿的生日已经过去两天了，可是因为家里有两个毕业班的孩子，妈妈压力比较大，小女儿觉得妈妈只重视姐姐，不在乎她的感受，所以这段时间她和女儿的关系一直不好，总是因为一句话说得不对，一个语气拿捏不好就引发一次争吵，所以她想用这种方式给女儿一个惊喜，来表达自己的歉意、爱意。

原本毕业典礼因为疫情的原因没有邀请家长参加，可是体会到一个母亲的良苦用心，又考虑到六年级学生的特点，我踌躇了一会儿就答应了下来。六年级的孩子，他们即将毕业，比小学其他年级都有压力；十二三岁的年纪，他们或快或慢，已陆陆续续步入青春期，心的躁动随时呈现。他们目前既摆脱不了小学生身份的限制，也无法完全脱离小孩子的幼稚；他们希望得到周围人，特别是家长成人一样的尊重和理解，可是他们话语、思想系统既不够完整又不够深刻，更不够有力量、有权威。他们自身其实是一个很矛盾的整体。他们渴望像大人一样获得尊重，又没有像大人一样的言行，带着小孩子的幼稚，却去寻求一种更高的、更平等的、更有深度的交流。在还把他们当孩子的大人那里，处处碰壁是必然的。甚至，学习之外，家长和他们几乎没有什么可说的，没有什么能说的；而学习，又像红色炸药一样，触碰不得。家庭当中父子关系、母女关系越来越紧张，双方也越来越难以沟通。在这种情况下，有好多家长曾经向我倾诉过："哎呀，孩子越来越难管了！""孩子真的是越来越不听话了！""孩子真的是越来越叛逆了！"怎样破解这道难题呢？我一直在不断地试图用我学过的心理学知识给他们搭建沟通的桥梁，而这，也可以算是又一次机会吧。

毕业典礼当天，全年级活动结束以后，各班回到教室，我把爸爸妈妈事先给孩子们准备好的亲笔信一封封交到孩子的手里，虽然很多孩子们事先都知道有这样一封信，但还是充满了期待和兴奋。当孩子们打开爸爸妈妈的信开始默默阅读，教室瞬间安静了下来。我注意到，有的孩子开始悄悄地抹眼泪，有的背过身去不想让别人看到他的眼泪，我突然感觉这个时刻很神圣，不忍心去打扰他们和父母这一次心灵的交流。我特意观察了一下那个女孩子，她眉头微锁，脸上并没有太多的表情。

这时，我示意她的妈妈进教室，女孩子看到妈妈很吃惊："妈妈，你怎么来了？你不是在上班？"一句"二宝，生日快乐！"瞬间，我看到那个女孩眼里发出惊喜的光芒，随后眼圈红了，好多同学的目光立刻聚集到了那位女生的身上。妈妈把女儿揽入怀中，女儿在妈妈怀里留下了泪水，那是幸福的泪水，这一刻我想不需要任何语言。

教室里响起了掌声，孩子们一边感动地流泪，一边为这一对母女鼓掌。这一幕，一定引起他们曾和父母相处的似曾相识场景的回忆，一定触及了他们心底最柔软的部分，一定坚定了他们对父母爱他们的基石，一定引发了他们和父母沟通的新思考。我知道这一场心灵的相遇，让孩子们知道：尽管有时候表面上看起来父母和自己离得那么远，但在心灵深处，他们都是爱着对方的。这份爱和温暖将永留在每个孩子的心里，在未来的道路上给予他们勇气与力量。

图 13—15　盐道街小学毕业典礼

第十四章 "五育"融合课程的实施模式

【故事导入】

盐小的"秘密花园"

干净、美丽的校园是孩子们生活的温馨港湾,但其中厕所一直难登大雅之堂。而美丽的厕所是文明素养的体现,因此,打造清洁、健康的厕所环境迫在眉睫。如何把"厕所文化"的种子播撒给孩子们呢?盐师们以"立德树人,五育并举"的理念为指导,用"项目学习"推动厕所文化建设,让孩子们亲自参与到课堂学习中,在真实环境中发现问题、解决问题,打一场"厕所革命"的漂亮仗。

瞧,盐娃娃们已经迫不及待地动起小手,认真地丈量、绘画、布置厕所上的装饰文字和图画,亲手打造属于盐娃们自己的"秘密花园",让厕所环境焕然一新,拒绝"臭烘烘"迎接"气味芬芳",改变"光秃秃"实现"别墅式厕所"。

图14—1 盐小的"秘密花园"

小小的厕所里汇聚着盐娃娃们辛勤的汗水,在这滴汗水间,孩子们渐渐开始明白劳动最光荣、劳动最伟大,并从"与我无关"转变为"我要爱护",小小肩膀肩负起大大使命,成为厕所的守护者。

课程实施是指把课程计划付诸实践的过程,它是达到预期的课程目标的基本途径。尽管有经验的课程工作者早就都意识到,课程实施是整个课程编制过程中的一个实质性的阶段,但是在20世纪70年代以后,课程实施才成为大家关注的焦点。

目前,课程实施作为整个课程编制过程中一个基本阶段的重要性,正在为大家所认识。基于"五育"融合的课程实施以学生核心素养的全面而个性的发展为宗旨,对"五育"融合课程计划实施,让学生在课程实施过程中探究、发展、成长。本章首先探讨"五育"融合课程实施的基本模式;基于基本模式,从操作模式方面论述盐小教育集团"五育"融合课程从大单元整合到跨学科整合的转变以及从课题式学习到项目式学习的转变。

一、"五育"融合课程实施的基本模式

(一)"五育"融合课程实施的内涵

1. 课程实施

施良方认为课程实施有两类:第一类将课程实施界定为变革,第二类将课程实施界定为教学。[1] 我国较多的学者认同第二种界定,即将课程实施界定为教学。如王猛将课程实施界定为:"教师将事先经过规划的课程付诸实际教学行动的实践过程。"[2] 本书认为课程实施是指把课程计划付诸实践的过程,它是达到预期的课程目标的基本途径。课程能否有助于教育目标的实现,能否为学习者接受,进而促进其身心发展,都须通过实施才能得到答案。

2. "五育"融合课程实施

"五育"融合课程实施是指以"五育"融合的形式促进学生核心素养全面发展的课程计划付诸实践的过程。基于"五育"融合的课程实施以学生核心素养的全面而个性发展为宗旨,对"五育"融合课程计划实施,让学生在课程实施过程中探究、发展、成长。一方面,"五育"融合课程实施强调德、智、体、美、劳在课程中的有机融合,减轻学生学业负担的同时,缓解教师压力。另一方面,"五育"融合课程实施关注学生核心素养的发展,对课程计划的设计提出更高要求。

(二)影响"五育"融合课程实施的因素

"五育"融合课程实施受众多因素的影响,这些因素既有促进课程实施方面的,也有阻碍课程实施方面的。结合学校课程实施的实践情况,主要表现在

---

[1] 柳德玉,李瑾瑜. 重新审视教师——课程实施者[J]. 成人教育,2004(9):38-39.
[2] 王猛. 教师行动研究是职业教育课程开发的关键[J]. 职业教育研究,2008(4):124-126.

以下几方面。

1. 课程计划本身的特性

一是可传播性，即向各地学校推行的程度。二是可操作性，即使用时的方便程度。三是和谐性，即与流行的价值取向和行为方式之间的一致性程度。四是相对优越性，即相对于原有课程而言新课程的长处。

2. 交流与合作

交流可以是课程编制者与实施者之间的交流，也可以是实施者与实施者之间的交流。经常交流有关课程计划方面的情况，并能达成如何实施的共识，对成功的课程实施来说是极为重要的。学校"五育"融合课程体系较为完善，但课程编制者只有少部分教师，课程实施者是全体教师。为了让全体教师更好地理解课程价值，明晰课程实施模式，学校通过每周五的学术交流会进行专题讨论。

3. 课程实施的组织和领导

各级教育行政部门和学校领导对课程计划的实施负有领导、组织、安排、检查等职责。一方面，做好人的思想工作，特别是做好教师实施新课程的动员，使教师理解新课程的意义和含义，提高教师实施新课程的自觉性和主动性。另一方面，制定各种规章制度，保证新课程的实施。

4. 教师的水平

教师是课程的实施者，新的课程计划能否成功，主要取决于教师的素质和态度。"五育"融合课程的实施对教师素质提出了更高要求，学校通过专题培训让教师形成最新课程的理念，他们开始掌握实施"五育"融合课程实施的方法。

5. 各种外部因素的支持

新的课程计划的实施，需要得到各种外部因素的支持。最直接的支持者应是国家和地方政府，如政策支持、资金支持。同时，新的课程计划的实施也需要得到社会各界的支持，如新闻媒体的舆论支持、家长的理解支持等。

（三）"五育"融合课程实施的基本模式

盐小立足于学校实际并结合学校教学特色，探索了促进学生实践创生的整合性教学的基本模式。20世纪80年代起，德·克特勒在比利时首次提出"最终整合目标"这个概念，为整合理论的发展打下基础。[①] 20世纪80年代末，

---

① 易克萨维耶·罗日叶. 整合教学法——教学中的能力和学业获得的整合［M］. 汪凌，译. 上海：华东师范大学出版社，2010.

欧美国家逐渐兴起一种用整体的思维去理解学科内容、组织教学的"整体教育"主张，其核心倡导者是罗恩·米勒。在米勒等人看来，整体教学以尊重整体的学生、建构统整的课程、实施完整的教学等为根本原则，以培养整体发展的人为终极目标。①

进入 21 世纪后，"整合"已经成为基础教育阶段科学课程改革的核心理念。② 教师的教学庞杂、零散而缺乏整合，学生的学习费时、低效而停留于浅表的水平。依靠大量讲解和"题海战术"获取高分的状况没有根本改变，学生的课业负担更是有增无减。新课程标准中提出了以学科核心素养为核心，李松林教授认为要培养学科核心素养需要大量采取整合性教学，整合性教学就是要围绕学科核心素养整合三维教学目标，围绕核心概念整合教学内容，借助核心问题即子问题整合教学过程③，即基于学科核心概念的教学是培养学科核心素养的重要途径。他提出整合性教学有四个实施渠道，分别是基于课时的整合性教学、基于单元的整合性教学、跨单元的整合性教学以及跨学科的整合性教学。

教师要让"五育"融合的学习在课堂上真正发生，需要确立一种整合取向的教学观，改变两相分离的教学模式。回到学科教学实践中，教师需要在确定"五育"融合课程目标的基础上，展开整合性的教学设计。实践参与，这是整合性教学的最佳模式。什么样的教学模式才能将知识与事物、知识与知识、知识与行动、知识与自我有机整合起来？答案是在实践中学。与其他所有学习模式相比，实践参与无疑是最具整合性的学习模式。在实践参与中，学生不仅展开着独立尝试、协作探究和实践反思等多种学习方式，还有机会去沟通知识与事物、知识与知识、知识与行动以及知识与自我的内在联系。学生不仅同时经历着"切身体验—高阶思维"和"深度理解—实践创生"，还发展出关键能力、必备品格和价值观念。学校探索的"促进学生实践创生的整合性教学"是指教师在大概念的统领和指导下，根据实际情况及需求创造性地将教学的各个要素和环节进行有效组合或相互融合，使其在整体优化的基础上产生聚集效应，引导学生在实践参与中，综合应用各种知识、技能、素养，从而展开具有实践性、创生性的应用，从而增强学生的实践能力与创新能力，培养学生可持续的整体发展力。

---

① 钟启泉."整体教育"思潮的基本观点［J］．全球教育展望，2001（9）：11-18．
② 郭玉英，姚建欣，彭征．美国《新一代科学教育标准》述评［J］．课程·教材·教法，2013，33（8）：118-127．
③ 李松林．学科核心素养的发展机制与培育路径［J］．课程·教材·教法，2018（3）：31-36．

基于促进学生实践创生的整合性教学基本模式，盐小集团"五育"融合课程通过从大单元整合到跨学科整合的操作模式和从课题式学习到项目式学习的操作模式具体展开。

二、从大单元整合到跨学科整合的操作模式

（一）大单元整合课程实施的操作模式

1. 大单元整合的定义

《汉语大词典》是这样解释"单元"一词的，"相对独立自成系统的单位"。"单元"这一概念最初在教育中的运用是德国教育家赫尔巴特提倡的，后来，席勒把它的内涵缩小为教学单元。19世纪末，欧美"新教育"的产物——"单元教学"，主张学习内容与活动应该是一个完整的体系，不应该被割裂。我国五四运动后，梁启超的《中学以上作文教学法》一文指出不能一篇一篇而应该一组一组地讲，多选取一些相关的文章，让学生通过对比知道归类，这是我国语文单元教学的开端。对于语文学科而言，笔者认为教材单元主要是指学科教学中教科书单元的编排与组织，笔者所要研究的单元就是教科书本已经编排好的结构单元，也就是小学语文教材中的"组"，每一组的内容是由相互依赖的几篇文本结合成的具有特定功能的有机整体，一组即是一个单元。"整合"是英文单词 integration 的意译，大意有融合、综合、一体化等含义。英国的哲学家赫伯特·斯宾塞在《第一原理》这本书中最早使用了"整合"这个词语作为专门的术语。从此以后，其他学科如心理学、社会学等也把"整合"作为专用术语来使用。"整合"与分化相对，基本含义是指将有联系的不同事物综合起来，使其融合、合成整体，其哲学意义是指由系统的整体性及其系统核心的统摄、凝聚作用而导致的使若干相关部分或因素合成为一个新的统一的构建、序化过程。整合是一种手段，更是进行教学的一种思想、理念。本书所研究的整合是根据教学需要对单元内容进行科学的优化重组，为学生的高效学习提供有力支持。

为响应新课改的要求，越来越多的教育专家和一线教师开始进行教育教学的变革与实践，倡导从调整单元知识结构的视角来优化教学的"单元整合教学"便应运而生。一方面，"单元整合教学"对教学内容不停地进行挖掘、整合各种教学资源，形成有意义的教学单元，在促进学生核心素养的整体提升方面发挥着重要作用；另一方面，它对学生的学习能力提出了更高的要求，对转变学生学习方式、培养学生自主合作探究的能力有着积极意义。"单元整合"

就是以教材的单元编排为依托，以文章在题材、体裁或表达上相同的训练点为线索，将课内外课程资源加以统整，重新调整或重组教材内容，使其融合为一个有意义的教学单元。这是对原本教材中的单元整合再开发，以此实现高效教学的一种方式。

2. 大单元整合课程实施模式的特点

（1）整合性

"整合性"是大单元整合教学模式的本质特征，在前面我们已经探讨了"整合"的基本含义，即将有联系的不同事物综合起来，使其融合、合成整体、一体化。那么，所谓"整合性"，首先就应体现出整体化。在大单元整合教学模式下，教师对教材整体把控，以整体化的方式安排教材结构，注重单元内教学内容以及各单元间的整体联系，并以学生的整体发展为目的，从整体思想出发进行教学设计。例如，528校区肖肖与刘城诚老师设计的"千克、克、吨"，以大单元整合的形式开展教学。其次，"整合性"还应体现出组合的特点。在整体观念的指导下，教师有意识地对原有单元的内容适当增减，按照一定的主题重新编排、组合，这样不仅可以实现教学任务的目标，更能够帮助学生扩大视野、提高阅读量，促进学生听说读写等能力的整体发展和语言知识的综合运用。

（2）高效性

在传统教学模式下，教师往往按照教材编排顺序安排学时、进行教学设计，每一课都是以固定模式按部就班地进行，并且大多数时间是教师教授，很少留时间让学生自主学习。这样的教学模式拖慢教学进程、浪费教学资源、教学效果不太理想。而在大单元整合教学模式中，教师按照一定的主题将教学内容重新编排，学生课下先对本单元的学习内容进行整体上的了解，在教学过程中对新知识点的吸收效率更高，余下来的时间便能用来探究、拓展、进行综合训练等，既拓宽了知识面、使学生综合素养全面提高，又将更多的时间留给学生支配、发挥了学生学习的主动性，契合新课标的要求，极大地提高了小学学科教学的效率。

（3）发展性

传统教学模式往往是学生被动地接受教师的灌输，其思维和创造性受到束缚，不利于其全面发展。而大单元整合教学模式在实施中注重学生主体性的展现，以促进学生的全面发展为目的，在整合教学资源、进行教学设计、选择教学方式等方面都考虑到学生是学习的主体，注重发挥学生的潜能。将预习任务分配给学生，重视学生的自主学习、小组合作学习，充分发挥学生的自主、合作、探究精神，促进学生学习能力的整体提升，将学习到的方法迁移到其他相似的情境中，让学生形成自己的综合运用能力和学习经验，凭借获得的能力和经验进行迁移，学会学习，有利于学生的长远发展。

（4）实践性

传统的教学模式只注重教学内容的挖掘，忽略了综合性、实践性的课程性质，只是用于应对考试，不利于培养学生适应实际生活需要解决问题的能力，阻碍了学生综合素养的提升。大单元整合教学模式更关注学生实践，实践就是将所学知识应用于现实生活，因而在整合课程资源时更注重从学生生活实际出发，将所学整合在一起，增添学生的实践机会，将学习空间拓宽到生活中去，让学生在生活实际问题的解决中提升综合素养，全力展现实践性的特点。

3. 大单元整合课程实施的案例分析

表14-1 大单元整合案例——"运算律"

基本信息	学校名称	成都市盐道街小学通桂校区	
	授课对象	四年级学生	
	课程名称	数学	
	授课题目	运算律（北师大版数学四上）	
	授课教师	余雪莉、姚鑫、邓洁	
筛选大单元	分析路径	借助课标中的高频词句	认识运算律
		通过教材的深度理解	
		超越惯常的抽象概括	
	论证方法	有效连接了核心素养与核心知识吗？	是
		有效整合了核心知识与核心过程吗？	是
		有效沟通了深度理解与迁移运用吗？	是
核心知识	大概念	推理与转化思想	
	核心概念	增强数学运算、数据分析观念、数学建模的能力	

续表14-1

大单元目标	Know（知道什么）	1. 掌握运算顺序 2. 知道简便运算 3. 知道大括号的使用 4. 知道"转化"的数学思想
	Understand（理解什么）	1. 理解四则混合运算方法的多样性 2. 理解运算律 3. 理解简算只是改变了运算顺序而没有改变运算结果
	Do（能做出什么）	1. 掌握四则混合运算的运算顺序 2. 运用运算律对算式进行简算
	Be（希望做什么）	善于构建数学模型、举一反三

核心问题 （基于大单元目标）	课题式问题	运算律
	项目式问题	

课型设计	建模课	加法交换律、结合律及应用
	用模课	乘法交换律、结合律及应用
	拓模课	乘法分配率
	梳理课	回顾本单元的知识及学习方法，个人梳理画成思维导图交流

目标评价	评价指标	评价结果	
	Know （知道什么）	1. 掌握运算顺序 2. 知道简便运算 3. 知道大括号的使用 4. 知道"转化"的数学思想	
	Understand （理解什么）	1. 理解四则混合运算方法的多样性 2. 理解运算律 3. 理解简算只是改变了运算顺序而没有改变运算结果	
	Do （能做出什么）	1. 掌握四则混合运算的运算顺序 2. 运用运算律对算式进行简算	
	Be （希望做什么）	善于构建数学模型、举一反三	

（二）跨学科整合课程实施的操作模式

将知识按学科进行划分，对于科学研究、深入探究自然现象的奥秘和将知识划分为易于教授的模块有所助益，但并不反映我们生活世界的真实性和趣味性（Morrison，2009）。进入 21 世纪以来，科学技术迎来了新一轮的迅猛发展，学科发展的广度、深度都有了重大的突破，学科间的联系日益紧密，界限日益模糊。

1. 跨学科整合的基本定义

关于"学科"，顾明远在《教育大辞典》中对其定义为："①学术分类。指一定科学领域或一门科学的分支。如自然领域中的化学、生物学、物理学，社会科学中的法学、社会学等。②教学的科目。根据一定的教学理论组织起来的知识和技能的体系。是学校教学内容的基本单位。如中小学课程中的历史、地理、语文、英语等。"① "跨学科"从其字面意思来讲，"跨"可以理解为横跨、跨越，有越过地区或时期的界限之意。综上，"跨学科"可理解为跨越各个学科界限之意。《英华大辞典》对一词的解释为："涉及两种以上训练的；涉及两门以上学科的。"与笔者所理解的"跨学科"字面意思相符。就学术含义而言，刘仲林在《跨学科教育论》一书中指出：我们通常说的"跨学科"至少可以包含或引申出三层不同的含义："①打破学科壁垒，把不同学科理论或方法有机地融为一体的研究或教育活动；②指包括众多的跨学科（交叉学科）在内的学科群；③指一门以研究跨学科的规律和方法为基本内容的高层次学科，确切地说，可以称为'跨学科学'或'科学交叉学'。"②

"整合"在教育领域并不是新鲜词汇，其英文单词为"Integration"，主要含义是"融合；一体化；集成；综合"等。在 1912 年由保罗·孟禄编著的《教育百科全书》中就出现了"学习的整合"一说。③ 目前所能查到的最早将"整合"一词作为专门的术语来使用的是英国的哲学家赫伯特·斯宾塞，他在《第一原理》一书中阐述进化哲学时使用了"整合"这一术语，以后，"整合"又逐步演变为生物学、生理学、心理学、人类学、社会学、物理学、数学等多个学科共用的专业术语。在哲学意义上，"整合"是指"由系统的整体性及其系统核心的统摄、凝聚作用而导致的使若干相关部分或因素合成为一个新的统一整体的建构、序化过程"。在系统科学的思维方法论上，"整合"表示为"由

---

① 顾明远. 教育大词典（增订合编本）[Z]. 上海：上海教育出版社，1998：1611.
② 刘仲林. 跨学科教育论 [M]. 郑州：河南教育出版社，1991：277-278.
③ 周爱军. 课程整合理论的启示 [J]. 辽宁经济职业技术学院学报，2005（03）：65-66.

两个或两个以上较小部分的事物、现象、过程、物质属性、关系、信息、能量等在符合具体客观规律或符合一定条件要求的前提下凝聚成一个较大整体的发展过程及结果"。由于人们对"Integration"理解的角度有所不同，因此还有人将其翻译成"综合"。然而在汉语中，"综合"主要是哲学和心理学的一个术语，意为在思想上将对象的各个部分联合为整体，或是把不同种类、不同性质的事物组合在一起，突出的是与"单一"的区别，不具有融合、集成、成为整体、一体化等理念。[①] 考虑到本书主要讨论的是将跨学科的知识有机融合到地理教学当中，即忽视学科界限，把知识作为一个整体实施教学。而"综合"一词的"组合"并没有传达出将知识进行有机融合的这一内涵。鉴于此，本书将国外教育中的"Integration"，译为"整合"。采用系统科学的思维方法论上关于"整合"的定义：表示为由两个或两个以上较小部分的事物、现象、过程、物质属性、关系、信息、能量等在符合具体客观规律或符合一定条件要求的前提下凝聚成一个较大整体的发展过程及结果。

这里的跨学科课程是狭义上的，在这种课程形式中，教师围绕各学科的共有学习内容组织课程，共同挖掘各个不同学科中共有的学习内容，强调跨学科技能和概念的学习。跨学科教学是旨在打破原有教学习惯和教学思维下的一种全新的教学方式和思维方式，它以该学科为中心，延展到多学科的融合交叉教学中，建立各学科知识、能力之间的横向联系与整合，促进学生综合素质与解决问题能力上的全面发展，有助于进一步落实该学科核心素养的培养。

2. 跨学科整合课程实施的意义

跨学科课程整合是当今关于组织课程内容和课程设计理论研究的新趋势，STEM教育是典型的跨学科课程整合方式。跨学科整合教学符合人们认识社会的科学规律，有利于综合性人才培养，符合社会发展需求，同时在我国中学地理中实施跨学科整合教学，也是对新课改关于"课程整合"理念的落实。

（1）跨学科整合教学符合人们认识社会的科学规律

进入21世纪以来，科学技术迎来了新一轮的迅猛发展，学科发展的广度、深度都有了重大的突破，学科间的联系日益紧密，界限日益模糊。在教学过程中，如果教师在讲解的时候，只是对结果的一种陈述，而没有挖掘其本质，学生知其然不知其所以然，这样不但会使学生学习变得枯燥无味，死记硬背的学习方式也会使学习变成一种负担。

---

① 黄甫全. 整合课程与课程整合论 [J]. 课程·教材·教法, 1996 (10)：6—11.

（2）跨学科整合教学利于培养综合性人才

随着社会经济的快速发展，各种文化思潮交汇融合的趋势更加明显，现代人面对的技能与知识更趋于综合多样、面对的价值观更加复杂，培养道德健康、能力符合社会需要的综合性人才是现代教育的根本任务，这就要求学校在教育教学中以德育人、将跨学科复合型人才培养作为教育的重要目标。新的课程改革意见也提出学校教育要注重对跨学科综合性教师的培养及学生学科共通能力的培养，只有这样才能更好适应今后的学习、工作，这也是落实立德树人的教育任务的必然选择。

（3）跨学科整合教学符合社会发展的需要

跨学科潮流的出现不仅仅是科学发展的内在需求，更是社会发展的迫切要求。目前人类发展所面临的许多问题大多都是综合性的，如生态环境问题、资源勘探与开采问题、宇宙的开发和利用问题等，这也就意味着科学要朝着跨学科（交叉学科）的方向发展。刘仲林曾经说过，在历史的长河中，科学的发展大体经历了综合、分化、再综合三个阶段，人类正游过第三个阶段的入口处，交叉学科的发展是历史的必然，具有强大的生命力。在教学中进行跨学科整合教学虽然不能同硕果累累的交叉学科科研成果相提并论，但尽早地让学生接触跨学科领域相关知识，是对他们学习生涯一种很好的启蒙。

3. 跨学科整合课程实施的案例分析

表14-2 跨学科整合课程案例——"安全又刺激的过山车轨道设计"

基本信息	学校名称	成都市盐道街小学
	授课对象	五年级学生
	课程名称	科学、数学、美术的跨学科项目式学习
	授课题目	"安全又刺激的过山车轨道设计"
	授课教师	郭云霞、刘红

续表14-2

教材理解	知识的来源与产生	世界万物是不断运动的，在物质的一切属性中，运动是最基本的属性，其他属性都是运动的具体表现
	事物的本质与规律	1. 能量是物质运动转换的量度 2. 能量既不会凭空产生，也不会凭空消失，只能从一个物体传递给另一个物体，而且能量的形式也可以互相转换。这就是能量守恒定律 3. 力是能量相互转化的一种途径 4. 比例尺的本质是建模
	学科的方法与思想	1. 能量守恒定律 2. 建模思想
	知识的关系与结构	运动与能量的关系
	知识的作用与价值	能量守恒定律、比例尺的实际应用价值
学情分析	前理解 （先见、先知和先验）	1. 已掌握一些常见的力，知道力能够改变物体的运动状态；知道任何物体运动时都需要能量，且不同形式的能量之间可以相互转化 2. 学生基本会计算比例
	困难处 （认知障碍）	1. 在没有掌握基本的有关力、运动、能量等计算公式的前提下去解决计算能量十分困难 2. 轨道条数的设计难以与支撑力大小的问题相结合 3. 设计图与模型之间的转换问题是一大障碍
	触发点 （新奇处、困惑处、共鸣处或挑战处）	1. 新奇处：利用自己学到过的有关力、运动、能量的知识结合起来制作过山车模型 2. 挑战点：过山车的设计需要考虑到内在运作、外形美观、符合主题
	关节点 （重点点拨的地方）	1. 通过实验法，引导学生感受小球运动过程中的能量转化；理解要使小球运动，还可通过能量传递的方式以及理解运动过程中的能量损耗 2. 设计图转化为模型需结合材料实际
	发展区 （可能的提升空间）	现实水平：能把力、运动、能量等物理知识与比例尺等数学知识应用于解决生活其他问题 潜在水平：具有应用意识和建模思想；能体会科学与艺术之间的交融与对立
项目名称		安全又刺激的过山车轨道设计

续表14-2

项目描述	Thing（事情）		游乐园要面向社会招标过山车设计方案，作为小小设计师，要想成功中标，你和你的小组必须设计出一个安全又刺激的过山车轨道模型，并撰写投标书
	Problem（问题）		如何通过能量的转化与传递维持小球的运动？
	Works（作品）		过山车轨道模型
核心目标	核心素养		科学精神、实践创新
	具体表现	Know（知道什么）	1. 力、运动、能量的基础知识 2. 能量守恒定律
		Understand（理解什么）	1. 力、运动、能量之间关系 2. 设计图的关键是协调实用功能与审美要求
		Do（能够做出什么）	1. 做出过山车设计图 2. 能利用比例尺不断优化设计图，最终转化为能使运动小球运动起来的过山车轨道模型
		Be（希望成为什么）	1. 成为具有科学精神的探究者 2. 成为兼顾审美与功能的设计师
核心知识	大概念		能量的转化与传递、数学模型
	核心概念		运动、力、能量的关系；数的运算；空间观念
活动过程	明确事项—界定问题		1. 明确交代"设计出一个安全又刺激的过山车轨道模型，并撰写投标书"这个事项 2. 引导学生将探究的重点聚焦于"如何通过能量的转化与传递维持小球的运动"这个核心问题
	探究问题—提出创意		1. 围绕"如何通过能量的转化与传递维持小球的运动"这个核心问题，引导学生分组调查过山车设计部件的术语和特性，了解过山车动力来源；通过实验对力、运动、能量三者之间关系进行深度探究 2. 引导学生基于自己的过山车部件和能量转化的认识，提出自己设计出的过山车设计图、建构实物模型和撰写投标书的创意
	论证创意—形成框架		1. 引导学生分别从功能性、独特性、美观性和价值性等方面，对自己提出的创意进行合理性论证 2. 引导学生基于自己的创意，制订过山车设计图和撰写投标书的框架
	产生作品—展现互动		1. 引导学生最终完成过山车设计图、实物模型的制作和投标书的撰写 2. 引导学生分享各自的作品并根据作品评价标准展开深度的分享、交流与反思

续表14-2

辅助工具	工具1	调查问卷	
	工具2	有关过山车的资源包	
	工具3	实验记录表	
学习评价	维度	标准	结果
	作品质量	内容维度：选点准确；特色鲜明；富有内涵 形式维度：结构合理；方式新颖；语言流畅	
	作品展示	表达力	
		表现力	
	学习过程	问题意识	
		自主学习	
		合作交流	
	学习结果	Know： 1. 力、运动、能量的基础知识 2. 能量守恒定律	
		Understand： 1. 力、运动、能量之间关系 2. 设计图的关键是协调实用功能与审美要求	
		Do： 1. 做出过山车设计图 2. 能利用比例尺不断优化设计图，最终转化为能使运动小球运动起来的过山车轨道模型	
		Be： 1. 成为具有科学精神的探究者 2. 成为兼顾审美与功能的设计师	

三、从课题式学习到项目式学习的操作模式

（一）课题式课程实施的操作模式

1. 课题式学习的定义

课题式教学是将学习、设计、研究贯穿于课程教学始终的一种教学方法，

也是不同于注入式教学的一种新的教学形式。它打破了旧模式下的"满堂灌"和"一言堂",学生在教师指导下开展学习、研究、讨论和设计,把教、学和做三者有机地结合在一起。它重方法传授、重能力培养、重学生主体作用和学习主动性的发挥。通过这种教学形式,学生的学习能力、设计能力、科研能力、创新能力、与人合作的能力、收集和整理资料的能力、文字和口头表达能力同时得到培养和提高。无疑,这种教学方法,不仅是一种具体的教学方式,而且是一种蕴涵现代教学理念的教学思想。总而言之,课题式学习指的是教师依据教学内容,引导学生以课题探究的形式开展学习活动的方式。小学阶段,孩子们由于受知识、生活经验等各种因素的影响,课题式学习一般是教师提供一些课题,学生可以自由地选择,并确定一个课题。这在学习内容上提供了相当宽泛的选择余地,学生可以根据自己的兴趣爱好,选择自己想做的事。这种学习方式的改变,突破了单一学习内容的限制。

2. 课题式课程实施过程

第一,课题分析。教师根据所教的课程精心设计一个或几个选题,然后在课堂上让学生了解本门课程所要传授的内容,所能解决的问题,并告知其难点及重点,以引起学生必要的注意,最后告诉学生课题内容并进行分析。让学生知道,要完成这样一个课题应具备哪些知识,如何收集资料,并告诉学生完成课题的方法及步骤。

第二,完成课题。在这一过程中,教师要根据学生遇到的问题和情况及时安排讲授或指导,解答学生在设计和学习过程中遇到的问题及困难。

第三,交流讲评。在整个课题完成过程中,学生面临许多新的知识及复杂的综合性问题。因此,教师与学生之间、学生与学生之间的交流和探讨就显得十分必要。另外,针对课题完成的情况,教师要及时进行讲评。

第四,总结。教师要对整个课题完成过程中学生的表现情况、出现的问题以及学生各方面的能力进行总结,面对课程的内容进行归纳和复习。

3. 课题式课程实施的案例分析

表14-3 课题式课程实施案例——"疫情中的复学准备"

	学校名称	盐道街小学通桂校区
	授课对象	三年级学生
基本信息	课程名称	国际理解课程
	授课题目	疫情中的复学准备
	授课教师	肖菊、王烨、杨艺、李卓颖

续表14-3

教材理解	知识的来源与产生	新冠肺炎疫情成为全球性问题,影响着全世界每一个人的生活
	事物的本质与规律	学习准备是学习特征之一
	学科的方法与思想	1. 归纳与演绎法 2. 分类讨论法
	知识的关系与结构	疫情中复学准备包括复学前的学习心理准备和防疫准备
	知识的作用与价值	1. 学生能根据实际情况,调整学习心理和方法,使疫情下的复学达到最佳状态 2. 保卫自我和守护他人生命安全,提升健康生活和责任担当意识 3. 理解新冠肺炎疫情是如何影响着世界每一个人的学习生活的
学情分析	前理解 (先见、先知和先验)	1. 学生熟悉学校的学习时间安排、各科学习目标、校规校纪、人际交往准则等 2. 学生对新冠肺炎的基本情况、全球发展状态以及防护知识有初步了解
	困难处 (认知障碍)	1. 疫情下复学前学习心理准备包括哪些方面 2. 复学后会面临哪些防疫威胁?复学前需要做好怎样的防疫准备
	触发点 (新奇处、困惑处、共鸣处或挑战处)	1. 共鸣处:疫情中,对于复学既兴奋又忐忑 2. 困惑处:复学前该做好哪些准备 3. 挑战处:在长期的居家独处的环境下,梳理出复学前的学习心理准备和防疫准备
	关节点 (重点点拨的地方)	1. 梳理复学后可能遇到的问题 2. 梳理疫情下复学前的学习心理准备和防疫准备的相关措施 3. 将复学措施可视化表达
	发展区 (可能的提升空间)	现实水平:学生能够结合前期了解的学习心理知识和防疫知识,列出相关措施,并将所有复学准备措施可视化表达 潜在水平:能通过逻辑推理、问题解决过程中体会到作为"世界公民"的责任担当
课题名称		疫情中的复课前学习准备

续表14-3

课题描述	Situation（情境）	疫情在全球蔓延，许多国家处于停课状态。在这个超长的假期里，一些孩子对学校已是归心似箭。但也有不少孩子习惯了居家学习的舒适和爸妈的悉心照料，畏惧复课后疫情的威胁，害怕集体交往中的矛盾。没有做好复课准备，不愿回归校园。作为地球小小主人翁的你，请为即将复学的学生提出自己的建议
	Problem（问题）	疫情中我们复学前需要做好哪些准备
	Method（方法）	调查法
核心目标	核心素养	珍爱生命、自我管理、国际理解
	具体表现 Know（知道什么）	知道复学前应该做好的学习心理准备和防疫准备要素
	Understand（理解什么）	理解复学前做好各项学习心理准备和防疫准备对复学后的帮助
	Do（能够做出什么）	1. 能够制订居家作息时间表，提前适应人际交往、整理居家学习成果、制订新学期学习计划等一系列学习心理准备的思维导图 2. 能够列出防疫物资清单，准备复课防疫包，录制防疫宣传视频
	Be（希望成为什么）	1. 做一个乐学善学、勤于反思的学习者 2. 做一个珍爱生命、懂得责任担当的世界公民
核心知识	大概念	责任担当、健康生活
	核心概念	学习与心理、生命与安全、国际理解
核心过程	界定问题—独立尝试	引导学生将"提复学准备建议"这个生活问题转化为"复学前需要做哪些准备"这一核心问题，并分小组进行探索
	协作发现—深度探究	1. 小组分析疫情中的学生学习心理和防疫可能的问题 2. 小组讨论并列出学习心理准备措施和防疫清单 3. 小组协作制定学习心理准备措施、制作防疫包使用指南
	归纳整合—升华概念	1. 在分析讨论和问题解决的基础上，引导学生概括整合出学习心理准备和防疫准备的办法 2. 引导学生进一步领悟和建构"责任担当"和"健康生活"这两个大概念
	拓展应用—自我反思	1. 引导学生将责任担当运用于改善世界其他生活的事情 2. 引导学生在解决当下实际问题过程中提升自己的社会责任感、国际理解能力

续表14-3

辅助工具	工具1	思维导图	
	工具2		
	…		
学习评价	维度	标准	结果
	学习过程	问题意识	
		自主学习	
		合作交流	
	学习结果	Know： 知道复学前应该做好的学习心理准备和防疫准备要素	
		Understand： 理解复学前做好各项学习心理准备和防疫准备对复学后的帮助	
		Do： 1. 能够制订居家作息时间表，提前适应人际交往、整理居家学习成果、制订新学期学习计划等一系列学习心理准备的思维导图 2. 能够列出防疫物资清单，准备复课防疫包，录制防疫宣传视频	
		Be： 1. 做一个乐学善学、勤于反思的学习者 2. 做一个珍爱生命、懂得责任担当的世界公民	

（二）项目式课程实施的操作模式

1. 项目式学习的定义

项目式学习在实际应用中有多种称呼，如"专题式学习""项目教学""基于课题的学习"等，一般来说，"项目式学习"和"项目学习"这两种说法使用较为广泛。美国巴克教育研究所把以课程标准为核心的项目式学习定义为"一套系统的教学方法，它既是对复杂、真实问题的探究过程，也是精心设计项目作品、规划和实施项目任务的过程，在这个过程中，学生能够掌握所需的知识和技能"①。国内学者黄明燕、赵建华在《项目学习研究综述》中提出："项目学习的任务是学生通过解决真实情境中的问题来促进能力的提高，完成的标志是产品的产出。"② 综合国内外各位学者对项目式学习的定义，本书认为项目式学习是一种新型教学模式，它要求学生基于现实世界进行探究，以解决开放性的驱动问题。学生在探究过程中，自主学习并通过制作作品完成学科知识的建构。

项目学习指学习过程围绕某个具体的学习项目充分选择和利用最优化的学习资源，通过自主探究或小组合作，在实践体验、内化吸收、探索创新中产出多形式的作品，同时获得较为完整和具体的知识，形成专门的技能和得到充分发展的学习。项目来源于学生，来源于教师，或者为师生共构。它基于真实的生活生产问题，以问题解决为导向，促使学生身心各要素全面卷入，进而在问题解决的过程中实现德智体美劳的全面发展。

2. 项目式课程实施模式的特点

（1）实践性

实践性是项目式学习的首要特征。项目式学习强调实践参与和到行动中学，强调学生在解决实际问题的过程中去完成具体的事情，因而又常常具有真实性与挑战性。

（2）探究性

项目式学习不是要求学生简单地完成一件事情，而是要求学生在问题的深度思考和探究中去完成。

（3）综合性

项目式学习需要学生运用各种相关的知识、技能、经验、品格等素养成分，需要学生运用多种学习方式和问题解决方法，而且最终实现的是学生各种素养的整体生成与发展。

（4）创新性

在项目学习过程中往往有学生的个性化理解和高阶思维的介入，最终形成的作品也具有高度的个性化特征。

---

① 巴克教育研究所. 项目学习教师指南——21世纪的中学教学法（第二版）[M]. 任伟译. 北京：北京教育科学出版社，2007：4.

② 黄明燕，赵建华. 项目学习研究综述——基于与学科教学融合的视角 [J]. 远程教育杂志，2014（2）：90-98.

（5）发展性

项目式学习不局限于某一课时、某一学科，它对学生未来发展具有持久的影响力。

3. 项目学习的形态

项目学习的表象是灵动的、形态是多样的，但都按照年龄特征，结合"五育"整合。近年来，盐小在一至六年级均开展项目学习，形成了学科内的项目化课程、学科间的项目化课程、跨学科的项目化课程以及超学科的项目化课程。

（1）学科内的项目化课程

学科内整合的项目学习，以学科内串联的核心概念和原理为载体，实现学科知识的整合化。为深度落实教育课程改革，落地"以项目学习求'五育'整合"的教育思想，学校教师基于国家课程，研制出了一套可落地实施的项目式学习教学模式，并将研究成果具体可实施化：

以六年级课程"做框架"为例，学生在项目学习中经历了完整的科学探究过程。开课前老师直接抛出本节课的最终任务"做一个坚固的正方体框架"，有了项目目标，整堂课根据以下的学科核心能力进行项目式探究：自主提问、制订计划、启动项目、收集资源、列出进度、展示成果。其间，学生的设计，从最初的设计，经过制作过程中的不断发现问题、寻找解决办法、修正设计，在过程中进行不断地修正。

2020年11月，学校语文老师程泽丽在"深入项目式学习，展现智慧课堂"实践探索的教学环节中执教整本书阅读《青铜葵花》，通过发现矛盾—解析矛盾—破解矛盾—运用矛盾四步走教授"矛盾解读文本法"，分别从感受质疑、写辩论词、展开辩论、创设方案方面，由学生提取关键信息的低阶思维能力培养学生辩证思维能力、批判思维能力、自主学习能力、问题解决能力、创造性思维能力在内的多项高阶思维能力。

（2）学科间的项目化课程

学科间的项目整合，以不同学科的相关知识模块为载体，实现多学科知识的整合。盐小各学科教师根据项目的多学科融合特性，形成一个团队共同指导学生开展项目学习。在项目设计过程中，充分挖掘项目中蕴含的各科知识，并合理设计在实施阶段的各科的知识结合点。

比如三年级开展的"蚕宝宝成长记"项目，由本年级的科学、语文、数学老师共同指导完成；科学社团的三四年级学生开展的"水火箭"项目，由科学、信息技术、语文、数学老师共同指导完成。

从实施范围看，我们从个别社团开始尝试（如科学社团"水火箭"项目），逐步推广到试点年级（如一年级"车的世界"项目），再扩大到全校范围；从项目形式看，我们从单一学科为基础的项目开始（以科学学科为基础的"搭萝卜塔"项目），逐步向跨学科的项目尝试（二年级的"未来学校设计"、三年级的"好玩的玩具"、四年级的"我衣我秀"）；从实施路径看，STEAM项目在社团活动、年级校本课堂、学科教学课堂中多线实施。社团活动在每周二、三下午，每次时长为一小时；年级校本课堂在每周五下午润育课时间，一、二年级为每周两课时，三至六年级为每周一课时；学科教学是老师整合教学内容后，随班级课表时间进行（如品德与社会课开展的"4R新人"环保主题项目）。

（3）跨学科项目化课程

近期，学校已搭建起全年级、全学科、多样态的"润育"课程，如表14-4：

表14-4 全年级、全学科、多样态的"润育"课程

年级主题	课程	项目展示	作品建议
小棋手	结合拓展课程	棋类对弈	棋手趣味比赛
小工匠	结合融生课程	STEAM展示	游戏棋
小导游	结合博物馆课程	介绍博物馆	科学板、PPT、小调查报告等
小艺人	结合非遗课程	介绍非遗产品	表演艺术、手工技能等
小影迷	结合融创课程	电影再现	电影情节再现、精彩片段配音、电影影评
小达人	结合社区课程	介绍职业规划	职业调研小报告

目前，盐小采用的是"4.5+0.5"的课程结构模式，即在一周五天的在校时间内，"4.5"天采用分学科课程模式实施国家基础课程和市域基础性课程，同时项目式学习的理念和方法贯穿所有学科中。另外的"0.5"天，采用跨学科项目学习的校本化实施，模糊学科边界，让学生进行探索性的学习活动。

（4）超学科项目化课程

超学科整合的项目学习，以真实的生产生活问题为核心，实现学生身心的全面卷入。学校教师以"过山车"项目为问题导向，开发了"过山车"STEAM课程；以"登火星"为问题导向，开发了"火星车"STEAM课程。2018年，盐小在各年级开展了超学科项目学习活动，如二年级的"好玩的玩具"项目方案、六年级的"众筹爱心，理性消费"项目方案。此外，学校还组

织部分学生参与了对飞龙巷88号的社区治理和改造，从制定方案到完成改造，孩子们完整地体验了从项目的生发到完成的全过程。

在盐小，"师退生进"是项目学习的重要表现。项目学习使学生拥有更多的主题活动，但其活动的表现形式与以往有异：不同于课堂学习的方式，又生发于课堂学习的方式；不同于课堂学习的内容，又生发于课堂学习的内容；不同于传统的课外活动，又生发于传统的课外活动；不同于传统的兴趣小组，又生发于传统的兴趣小组；项目作品不同于平时六一儿童节的表演作品，又生发于常规表演作品。

4. 项目式课程实施的案例分析

盐小推进的"项目式学习"，是以课程标准要求的学科学习内容为核心，以发展学生核心素养为终极目标，通过驱动问题激发学生在真实情景中实践、解决真实问题，整体建构知识体系。跨学科的项目式学习实践，让我们看到项目式学习将科学精神和人文精神融合；学科内的项目式学习实践大大促进了学生学科素养和能力的提升，同时充分体现了现代教育理论以学生为本的理念。

项目学习在盐小已走过五年，从点上发力走向全员参与，从校本课程的探索走向国家课程的铺开，从主题探究操作走向问题引导驱动，从教师铺垫领域走向学生聚焦主题，项目学习的展开增进了学校管理团队、教师、学生、社区家庭、环境之间的互动，丰富了课程创生力的含义与价值，扣合了"五育"并举的教育措施，学生核心素养明显增强。

表14-5 项目式学习案例——山川情 世界眼

基本信息	学校名称	成都市盐道街小学通桂校区
	授课对象	一至三年级学生
	课程名称	山川情 世界眼（一至三年级国际理解教育）
	授课题目	制作两国文化纪念品
	授课教师	李卓颖、何阳、赵宇丹、肖菊、王烨、梁睿、杨艺、秦雪美

续表14-5

教材理解	知识的来源与产生	1. 人类自古依山傍水而居，山水之间保存着人类发展了多年的文化 2. 不同的山水表现出不同的文化特色
	事物的本质与规律	1. 本土文化和异国文化都有自己的渊源和特色 2. 本土文化与异国文化具有差异性
	学科的方法与思想	1. 对不同文化的比较法 2. 文化的具象表达方法 3. 辩证思想
	知识的关系与结构	1. 通过对本土文化和异国文化的比较、理解和包容，从不同文化的具象表达中，体会到不同文化间具有的差异性 2. 通过感受山河与文化，体会可持续发展的重要性
	知识的作用与价值	1. 认识到面对不同文化的差异性需要包容与理解 2. 了解并关注生活中文化与环境的可持续发展举动
学情分析	前理解 （先见、先知和先验）	学生已经对本土文化和其他国家文化有初步了解
	困难处 （认知障碍）	1. 本土文化和异国文化的差异性具体表现不清晰 2. 如何正确理解和对待本土文化和异域文化的差异性
	触发点 （新奇处、困惑处、共鸣处或挑战处）	1. 新奇处：不同文化具有吸引力 2. 挑战处：通过两国山水的实地调查，抽象出不同文化的差异性
	关节点 （重点点拨的地方）	1. 找到几个维度比较不同文化的差异性 2. 辩证客观看待不同文化的差异性 3. 将不同文化差异性具象化，突显可持续发展
	发展区 （可能的提升空间）	现实水平： 1. 简单了解本国文化与异国文化，并能感受到两种文化的不同 潜在水平： 1. 对本土文化、异域文化进行深层次了解 2. 能比较不同文化的差异性，并能尊重不同文化的差异 3. 能用作品等将不同文化的差异表现出来 4. 有国际协作沟通能力
项目名称		制作两国文化纪念品

续表14-5

项目描述	Thing（事情）	通桂校区每年都会接待很多外国来宾，我们作为通桂大使，要为外国来宾准备一些纪念礼物	
	Problem（问题）	根据大家对两国山水的了解，能给你的外国朋友制作一个最能体现两国文化差异的纪念品吗	
	Works（作品）	游览景点模型、帆布包、树叶书签、景点明信片、山水画册、语言绘本等	
核心目标	核心素养	社会参与、实践创新	
	具体表现	Know（知道什么）	对不同文化的初步认知，知道不同国家、不同地域的文化有差异
		Understand（理解什么）	1. 初步理解不同文化的差异性表现在哪些方面 2. 理解尊重、包容异国文化 3. 理解两国文化的差异性进行具象创意表达的途径
		Do（能够做出什么）	制作体现两国文化差异性和可持续发展观念的作品
		Be（希望成为什么）	具有民族自信、全球胸怀的"盐道国际少年"
核心知识	大概念	文化的差异性	
	核心概念	国际理解素养；尊重、理解与包容；文化具象表达；可持续发展观念	
活动过程	明确事项—界定问题	探究不同文化的异同，深层次理解本土文化、异域文化	
	探究问题—提出创意	学生以本地和外国山水、风俗为依据，探究两地文化的异同	
	论证创意—形成框架	学生在充分探索后，选定最能代表两地文化共同点的景点为主题，进行纪念品的思路框架制作	
	产生作品—展现互动	学生制作完成览景点模型、帆布包、树叶书签、景点明信片、山水画册等纪念品。通过评价量表、交流展示对学习过程和作品进行多元化评价，筛选符合主题的纪念品	
辅助工具	工具1	调查问卷	
	工具2	研学报告	

续表14-5

维度		维度	标准	结果
学习评价		作品质量	1. 内容维度：准确抓住文化的差异性；两国文化特色 2. 形式维度：作品设计精美	
		作品展示	表达力：学生对于自己作品的表达介绍情况	
			表现力：学生在发布小组合作作品的表现情况	
		学习过程	问题意识	
			自主学习	
			合作交流	
		学习结果	Know： 知道不同文化具有差异性	
			Understand： 1. 理解不同文化的差异性表现在哪些方面 2. 理解尊重、包容异国文化 3. 理解两国文化的差异性进行具象创意表达的途径	
			Do： 1. 能提炼文化的差异性维度 2. 能获取、评估、鉴别、筛选并使用有效信息 3. 能制作出体现两国文化差异性和可持续发展观念的作品	
			Be： 1. 形成团队协作能力 2. 具有国际理解素养和可持续发展观	

第十五章　全面培养的综合素养评价标准

【故事导入】

你知道"盐币"是什么吗

从来，我们都是请孩子来教孩子，请孩子来影响孩子，请孩子来带动孩子！且看，盐小精彩的集体朝会！

第一幕

盐币兑换机上台。下课铃声响起，4个学生上场。

小A：听说，我们学校来了一位新朋友，我们快去看看吧！

其他学生：好呀！好呀！

所有学生跑向"盐币"兑换机。

小B：哇，里面有好多精美的礼品呀！我好想要一个！

小C：我也是，可是我们要怎么才能拿到礼品呢？

小D：你们快让开，我的力气大，让我来！（一脚踢向兑换机，一拳打向兑换机）

小A：停下！停下！你这种不文明的行为是拿不到礼品的！

小D：那我怎么样才能拿到礼物呢？

小盐：哎哟！好痛啊！刚刚是谁在踢我？

众学生：你是谁？

小盐：我可是大名鼎鼎的"盐币"兑换机，我的肚子可是一个百宝箱，里面有好多好多精美的礼品，你们想要吗？

众学生：想！那要怎样才能得到呢？

小盐：别担心，快看！"劳育"小朋友们正向我们走来！

第二幕
劳育表演

小盐：同学们，这些孩子，他们热爱劳动，自主勤奋。他们就能得到"勤劳币"来换取礼品。

小B：原来这么简单呀，那我可要赶快行动起来！

小盐：除了"勤劳币"，我们还有"健体币"呢，快看！那边有一群热爱体育的孩子！

体育表演

小盐：同学们，只要你们能在体育常规、体育锻炼、体育竞赛中，全力以赴，增强体质，你们就能获得"健体币"。除了这些，我们还有爱国爱校、尊师懂礼的"厚德币"；如果你能在艺术的课堂上积极表现、展现自我，那"尚美币"就属于你啦！很简单吧！

小A：对了，我还记得在午会的时候，老师还告诉我们只要做好课前准备，上课积极发言，勤奋学习，善于创造，我们就可以得到"善创币"了。

小盐：是的，同学们，得到这些"'五育'盐币"，你们就可以过来兑换礼品咯！

小D：那还等什么！赶快行动起来，让我们用实际行动争做"五育"并举的小盐娃吧！

一、全面培养的综合素养评价标准

在国家政策的支持下，"五育"并举的诸多展望与实施逐渐活跃于舞台之上。2019年6月23日，中共中央总书记习近平主持召开中央全面深化改革委员会第六次会议并发表重要讲话，会议审议通过了《关于深化教育教学改革全面提高义务教育质量的意见》。会议将坚持立德树人，着力培养担当民族复兴大任的时代新人；坚持"五育"并举，全面发展素质教育；强化课堂主阵地作用，切实提高课堂教学质量；按照"四有好老师"标准，建设高素质专业化教师队伍等方面进行详细的指导，从国家层面强调了"五育"的落实。

为全面贯彻党的教育方针，坚持教育与生产劳动、社会实践相结合，充分发挥中小学综合实践活动课程在立德树人、"五育"并举中的重要作用，根据《中共中央国务院关于深化教育教学改革全面提高义务教育质量的意见》（中发〔2019〕26号）、《国务院办公厅关于新时代推进普通高中育人方式改革的指导意见》（国办发〔2019〕29号）和《教育部关于印发〈中小学综合实践活动课程指导纲要〉的通知》（教材〔2017〕4号）等有关文件要求，成都市结合实际，制定了《成都市中小学综合实践活动课程实施方案》，方案中侧重了"五育"的落实。

2019年9月，锦江区联合教育部课程中心合作共建全国"'五育'并举人才培养实验示范区"，不断推进教育治理体系和治理能力现代化，努力培养德智体美劳全面发展的社会主义建设者和接班人，加快推进教育现代化、建设全国教育强区、办好人民满意的教育。盐小作为锦江区的教育院校之一,必然响应国家的教育方针。

百年盐小人始终秉持"厚德如盐,适融入道"的理念,在时间的长河中砥砺前行。从1986—1999年以活动求整合的活动育人开始,到2000—2006年以主题求整合的主题统整,再到2007—2014年以实践求整合的实践育人,发展到2015年至今以项目求整合的项目化设计。随着时代对人才的需求,社会和家庭对孩子和教育都提出了更高的要求,盐小随教育期待而行动,以项目式学习为抓手,落实"五育"融合的培养目标。我们发现"五育"融合的培养目标呈现在评价上更为直观。评价是从实践到理论再回归到实践,在实践中进行了理论抽象的最直观反馈,评价方面我们制订了以下综合素养评价标准。

表15-1 全面培养的综合素养评价标准

全面培养的综合素养评价标准	
道德品质	尊敬师长,以端正的态度完成教师发布的任务
	配合同学,以积极的态度参与集体活动,与同学协作成长,维护集体的利益
	初期建立正确的人生观、价值观和世界观
	主动寻找渠道寻求帮助、汲取知识
	遵守纪律,主动发言,态度积极向上
	学会倾听,礼貌对待他人发言,不打断他人的对话,以包容的心态对待不同的观点
	初步激发学生拥有理想、建立目标、培养学习的正向心态
	初步奠定学生吃苦耐劳的心理基础:面对挫折不气馁、不颓唐,面对成功不骄傲、平常心
	使学生多接触现实事物,提高学生生活实感,让他们懂得感恩
知识与技能	深入阅读与理解,以多种渠道主动提升自身需要的知识储备量
	在实践中储备学科外知识量
	能大方分享自身的思想和见解,将自身知识外放
	虚心向他人学习,取长补短、共同进步,初探"学无止境"
	能够在短时间大量知识接收中敏锐地抓住重点、补全重点,提高自身知识吸纳效率,提高专注度
	融入团队,感受不同成员的短板与长处,建立人际关系,实现分工与配合,不断提升效率
	在夯实基础的前提下拥有创新的思维与能力,拥有求同存异的健康接纳新事物的态度与思维,以合理存疑的态度保持思考能力
	能够细心、耐心地进行学习、工作,不断追求呈现完整精美的作品
	能够融会贯通、举一反三,将已有思维活用于其他场景

续表15-1

体育与健康	良好的身体素质，精力充沛，较好地完成各种学习和社会综合实践活动任务
	精神状态良好，能正常参加各种学习、劳动和体育活动
	能正确面对表扬与批评，能够以良好的心态面对困难与挫折，自尊自信，能控制和调节自己的情绪
	遵守学校的作息制度，按时休息，做好早操、课间操、眼保健操
	坚持锻炼身体，积极参加体育锻炼
	有运动方面的特长
	有健康的兴趣爱好，没有不良嗜好
	有良好的个人卫生习惯，不出现随地吐痰、乱扔垃圾等不文明行为
	掌握一定的运动技能，《学生体质健康标准》测查和体育课成绩均为良好
审美与表现	有健康的审美情趣和生活情调
	掌握一定的审美知识，能感受并欣赏生活、自然、艺术和科学中的美
	善于发现美、学会欣赏美，具有一定的艺术鉴赏力，达到课程标准要求
	积极参加各种艺术活动，认真上好艺术课，艺术作业按时完成，考查成绩合格
	有艺术方面的特长
	有艺术爱好并能够表现出来
	喜爱、欣赏进步的、有教育意义的文学、艺术作品
	有正确的鉴别、选择能力，欣赏社会上和身边的好人好事
	仪表整洁、举止文明，符合小学生日常行为规范的规定
劳动与技术	热爱劳动，认真完成各种劳动任务，自己事自己做，主动做力所能及的家务劳动
	勤俭节约，尊重并爱护他人的劳动成果
	树立正确的劳动观念，掌握一些简单的劳动技能
	积极参加有益身心的、对社会有意义的、有创造性的劳动，热心志愿服务，不怕苦不怕累

二、游戏化综合素养评价体系

"以什么样的形式引导学生综合素养的培养？"是我们一直思考的问题，这既要兼顾学生心理特征又要落实"五育"融合的培养目标。以游戏化形式开展综合素养评价是盐小人智慧的展现。

游戏化德育，充分利用游戏的趣味性激发学生参与的积极性，让学生在游戏中践行道德行为，学会遵守规则与承担后果，学会自处与互助合作；让学生在游戏中唤醒自我意识，通过自我意识内发地持续促进道德发展。游戏化德育旨在解决传统德育活动中学生主体性与主动性缺失、德育形式制度化和形式化，以及德育活动目标发展与享乐对立等问题。在此基础上，盐小根据"五育"培养目标，细化德智体美劳，创设厚德币、善创币、健体币、尚美币和勤劳币五种"盐币"，以币值累计加分形式激励盐娃综合素养全面培养。具体"盐币"发放使用情景如下。

表15-2 "盐币"发放使用情景分布表

盐币类型	发放使用情景
厚德币	1. 爱国爱校：尊重国旗、国徽、校旗、校徽；着装整洁，在校佩戴红领巾；爱护学校公物、节约水电
	2. 尊师懂礼：尊重老师，见到师生主动问好；尊重老师的劳动，虚心接受老师的意见
	3. 团结友善：尊老爱幼，和同学和谐相处；积极参与班级活动；主动帮助有困难的同学
	4. 遵纪守法：知法懂法、遵纪守法，在任何情况下都不做违背规矩的事情；午间文明用餐、课间文明休息、上学放学路队安静有序
善创币	1. 课前准备：做好课前预习和学具准备等
	2. 课堂表现：上课认真听讲并积极发言；主动参与小组讨论，发表自己的见解
	3. 课后成绩：认真完成当天作业；期末学业监测达到良好级及以上；研学之旅收获多
	4. 个人业绩：积极参与各级各类学科比赛并获奖，如作文比赛、演讲比赛、机器人比赛等
健体币	1. 体育常规：课前准备充分；课上积极参与；课后认真小结
	2. 体育锻炼：每天锻炼一小时；在校路队、两操认真有序；在家坚持常规锻炼
	3. 体育竞赛：积极参与校内外的体育训练、赛事并获奖
	4. 体质监测：按要求完成体育测评项目，成绩均达标
尚美币	1. 艺术课堂：课前准备充分，课上积极参与
	2. 艺术展演：积极参加校内外的节目演出、作品展览等活动
	3. 艺术成果：积极参加校内外各级各类比赛并获奖
	4. 艺术测评：三项指标分数均达标（基础指标、学业指标、发展指标）

续表15-2

盐币类型	发放使用情景
勤劳币	1. 志愿行动：积极参加志愿活动（职业体验、敬老爱老等）
	2. 环保行动：认真完成值日；维护教室、校园环境卫生，主动拾起地面的垃圾
	3. 在校劳动：积极主动参与学校大扫除、班级小扫除；注意个人卫生（桌面干净、着装得体）
	4. 宅家劳动：在家主动承担家务劳动（清洁、整理、美食等）

图15-1 "盐币"创意图

三、全面培养的综合素养实践案例

理论离不开实践，实践也需要理论作为支撑。近年来，盐道街小学基于对学生综合素质评价的综合考量，结合学校的实际情况，以项目式学习为抓手，开展了大量丰富多彩的活动，在活动中开展评价，不断地进行反思、总结，用实践检验真知，在实践中丰富对理论的认知。在前面的章节中，本书已经呈现了许多案例，那些都是盐小人智慧的结晶。在本章节中，我们从综合考量的角度，选择了四个典型案例，涉及跨学科学习、活动育人、主题统整、学生参与等几个方面。当然，我们的重点不在于呈现案例，而在于结合案例，从德智体美劳等几个方面，对学生进行综合评价。对不涉及的方面，则不进行评价。

（一）学科内项目式学习

在教学中我们发现有一类书，学生在阅读之后，感受是因人而异甚至是互相矛盾的。矛盾的话题进入学生日常的讨论范围，也进入了教师的研究范围。"书中的矛盾"是一个基于学生真实生活与兴趣的研究课题。学生围绕"面对书中的矛盾，怎么办？"这一辩论点，在辩论中，辩驳的声音高频出现促使学生们的思维高度集中、快速运作。在激烈的辩论陈述背后是学生思辨性思维能力、求同存异心理以及个体意识的培养与展现。为了将学生在活动中的素养进行量化表现，我们根据《全面培养的综合素养评价量表》，结合本次活动的目标，综合考虑学生在活动中德智体美劳等几个方面的不同表现及取得的效果，制定了"书中的矛盾——青铜葵花"评价量规，并以此为参考，对学生进行了综合评价。

表 15-3 "书中的矛盾——青铜葵花"辩论赛评价量规

\multicolumn{2}{c	}{}	\multicolumn{5}{c}{"书中的矛盾——青铜葵花"辩论赛评价量规}
		A 等的描述	B 等的描述	C 等的描述	评价等级	评价结果（优秀，良好，不合格）
道德品质	1	主动学习，勤于思考	参与学习，但无甚用心	被动学习，怠于思考		
	2	发言主动，讨论积极	参与发言和讨论，但不积极	不尊重他人，不认真倾听，随意打断		
	3	认真倾听组员发言，做出评价，对于不同的观点能客观讨论，取长补短，具有集体意识和竞争意识	对于别人的发言评价较为客观	表现极端化，不参与小组发言和讨论或者无视课堂纪律和合作规则，对于不认同的观点进行强硬辩驳		
	4	尊敬师长，能认真完成教师布置的每一项任务	尊敬师长，能认真完成教师布置的大多数任务	对教师布置的任务抱有抵触情绪，但仍然参与到活动中来		
知识与技能	5	深入阅读、理解、分析文本，论据论点之间能形成强有力的支撑	文本处理水平一般，论据论点中规中矩	文本处理不深入，论据论点不充分		
	6	组员间积极分享、讨论观点，相互间能够取长补短	参与小组交流，较为活跃，有所吸收	不参与或不积极参与小组讨论，合作交流质量低		
	7	在团队学习成果的基础上归纳整理，精炼辩论词，得到很大提升	在团队学习成果的基础上对自己的观点有所补充	无法将团队学习成果化为己用，自我没有提升		
	8	专心听组员的发言，听出重点，做出判断	能够倾听组员的发言，有一定的判断	无法抓住组员发言重点，无法判断		

续表 15-3

"书中的矛盾——青铜葵花"辩论赛评价量规

		A 等的描述	B 等的描述	C 等的描述	评价等级	评价结果（优秀，良好，不合格）
	9	在讨论中得到很大启发	在讨论中有所收获	在讨论中没有收获		
	10	大胆、完整、充分地进行自我观点表达	自我观点表达较为完整	自我观点表述不清或者羞于表达		
	11	小组内分工明确，合作学习效率高	小组内成员间有所分工明确，合作学习效率一般	小组内成员间无分工明确，合作学习效率低		
	12	对他人发言做出补充，见解独到	对他人发言有一些补充，但不够独特	对他人发言无思考、无补充		
审美与表现	13	美感控制力（语速、流畅度、语调）优秀 表达观点时语言流畅，语速、语调的变化能充分表情达意，营造良好氛围	美感控制力（语速、流畅度、语调）一般 表达观点时语言较为流畅，语速、语调变化适度	美感控制力（语速、流畅度、语调）待加强 表达观点时出现卡壳，语速过快或者过慢，语调过于激昂或者过于平淡的情况		
	14	语言组织能力（词汇、句式、前后结构）优秀 发表观点时词汇精辟，句式合理（陈述句和疑问句运用得当），前后语句因果关系严谨	语言组织能力（词汇、句式、前后结构）一般 发表观点时措辞准确，句与句之间安排恰当	语言组织能力（词汇、句式、前后结构）待加强 发表观点时措辞失当，句与句之间没有条理		

续表 15-3

		"书中的矛盾——青铜葵花"辩论赛评价量规				
		A 等的描述	B 等的描述	C 等的描述	评价等级	评价结果（优秀，良好，不合格）
劳动与技术	15	主动向教师和家长咨询、用搜索引擎等方式查询辩论方法	教师及家长教辩论相关知识时能够认真聆听	辩论基础有待提高		
	16	辩论时运用智慧记住对方论点（问询、记录等）并能做到快速反驳	与团队协作时积极配合	团队协作时参与度不高		
	17	主动练习过辩论	辩论练习积极参与	并不能融于辩论的氛围		
	18	逻辑清晰地呈现自己的辩词	有逻辑地呈现自己的辩词	表达无逻辑，论据、论点不存在因果关系		
	19	推理能力强，一针见血地指出对方辩手观点上的逻辑谬误，加以反驳	推理能力一般，在一定程度上反驳对方辩手的论点	无法从逻辑上反驳对方辩手		
	20	对自己的论点所要代表的价值清楚明白，筛选优秀的价值为论点服务	为自己的论点选取了中规中矩的价值取向，未有偏颇但也毫无亮点	对自己的论点所要代表的价值模棱两可，在出论时表达了不合适的价值观		
	21	在辩论双方进行价值碰撞时，能给出理由证明自己的价值更具有适广性，能产生积极的影响	在双方辩论时可以证明己方价值的合理之处	在双方辩论时无法说明己方的价值更具有适广性		

（评价标准：根据实际情况进行测评，分为部分测评和整体测评，部分测评结果直接为其结果本身，整体测评中如果某一大类不合格，评价结果为不合格，18 项及以上结果为 A，其整体测评为 A，同理 B、C 项）

本次调查结果为抽样结果，以一个班级的完整综合测评为根据，从道德品质、知识与技能、审美与表现、劳动与技术四个方面进行综合分析，本次不涉及运动与健康，所以运动与健康不参与测评。

本次抽样班级为 50 人，其中道德品质为 A 类的人数有 48 人，占总人数的96％；道德品质为B类的人数有2人，占总人数的4％；道德品质为C类的人数为0。知识与技能为A类的人数有32人，占总人数的64％；知识与技能为B类的人数有10人，占总人数的20％；知识与技能为C类的有8人，占总人数的16％。审美与表现为A类的人有12人，占总人数的24％；审美与表现为B类的有31人，占总人数的62％；审美与表现为C类的人有7人，占总人数的14％。劳动与技术为A类的人数有21人，占总人数的42％；劳动与技术为B类的人数有27人，占总人数的54％；劳动与技术为C类的人数有2人，占总人数的4％。四个项目的总测评结果取各小点的综合评价，总测评为A类的人数有34人，占总人数的68％；总测评为B类的人数有14人，占总人数的28％；总测评为C类的人数有2人，占总人数的4％。抽样班级总体效果呈现优异，同学们从活动中得到成长，在道德品质、知识与技能、审美与表现、劳动与技术四个方面中获得均衡的提高。

评价是活动中不可缺少的一个重要组成部分，综合素质评价落实到位，就意味着素质教育实施到位。与过去以成绩为唯一标准的评价方式相比较，这种质评与量评相结合、过程性与结果性评价相结合的评价方式，有利于学校实施素质教育，有利于课程改革目标的实现。在今后的教育实践中，我们会发扬综合评价量表的优点，反思自己的不足，尽最大的努力推进素质教育，促进学生德智体美劳综合发展。

（二）跨学科项目式学习

游乐园要面向社会招标过山车设计方案，作为小小设计师，要想成功中标，你和你的小组将如何设计一个既安全又刺激的过山车轨道？案例三"过山车轨道设计"结合社会实际，以学生的兴趣为引，围绕"怎么利用动能与势能的相互转化设计一个过山车轨道？"让学生们自发接受新知识，在理论上实施创新，设计一个自己心目中的过山车轨道模型，在过山车轨道设计过程中，通过摄入知识、实地考察、动手设计等流程让孩子们的多项能力得以提升。并以"过山车轨道项目"评价量表为参考，对学生进行综合评价。

表 15-4 "过山车轨道项目"评价量表

		"过山车轨道项目"评价量表					
		A等的描述	B等的描述	C等的描述	D等的描述	评价等级	评价结果（优秀，良好，合格，不合格）
道德品质	1	设计小组在完成挑战的各方面合作良好，团队意识明确	设计小组在完成挑战的大部分方面合作良好，有团队意识	设计小组成员间的合作存在一些问题，以及一些成员超额完成任务，团队协作较为淡薄	设计小组在合作中出现大量问题，产品出现负面影响，无团队意识		
	2	尊敬师长，能认真完成教师布置的每一项任务	尊敬师长，能认真完成教师布置的大多数任务	对教师布置的任务抱有抵触情绪，但仍然参与到活动中来	对教师布置的任务呈显著抵触、不满、不在意情绪，无参与意愿		
知识与技能	3	过山车轨道具有能够吸引目标受众的创意和创新性主题和名称	过山车轨道具有创意和创新性主题和名称，但可能不足以吸引目标受众	过山车轨道主题和名称不具有创意和创新性	过山车轨道没有主题或名称		
	4	过山车轨道展示完整的模型设计	过山车轨道展示较为完整的模型设计	过山车轨道展示仅部分完整的模型设计	过山车轨道展示少量及不完整的模型设计		
运动与健康	5	实地进行实体过山车调查，有充足的户外运动记录	实地进行实体过山车调查，有一定户外运动记录	非实地进行实体过山车调查，通过搜索引擎与想象建立过山车概念	非实地进行实体过山车调查，但通过想象建立过山车概念		

续表15-4

		\"过山车轨道项目\"评价量表				评价等级	评价结果（优秀，良好，合格，不合格）
		A等的描述	B等的描述	C等的描述	D等的描述		
审美与表现	6	过山车轨道设计精美，构思缜密且精巧，造型美观	过山车轨道设计完整，有一定构思，造型合格	过山车轨道设计有缺陷，有一定构思，造型待完善	过山车轨道设计不完整，无法投入实验，无法体现设计态度		
	7	展示规划、沟通良好，展销非常有说服力和影响力	展示规划、沟通良好，但展销不够有说服力和影响力	展示规划良好，但沟通不够明确	展示规划不足且沟通不明确		
劳动与技术	8	有充足的知识基础和动手能力，能够向师长及同学主动询问不懂之处，主动对作品进行完善	有一定的知识基础和动手能力，在教师的同学的帮助下能被动进行作品的完善	知识基础与动手能力较薄弱，但仍然持有积极的学习态度，在教师和同学的帮助下有明显的进步	知识基础与动手能力较薄弱，无明显参与情况		

（评价标准：根据实际情况进行测评，分为部分测评和整体测评，部分测评结果直接为其结果本身，整体测评中如果某一大类不合格，评价结果为不合格，6项及以上结果为A，其整体测评为A，同理B、C、D项）

本次调查结果为抽样结果，以一个班级的完整综合测评为根据，从道德品质、知识与技能、运动与健康、审美与表现、劳动与技术五个方面进行综合分析。本次抽样班级为47人，其中道德品质为A类的人数有45人，约占总人数的96%；道德品质为B类的人数有2人，约占总人数的4%；道德品质为C类的人数为0；道德品质为D类的人数为0。知识与技能为A类的人数有39人，约占总人数的83%；知识与技能为B类的人数有7人，约占总人数的15%；知识与技能为C类的有1人，约占总人数的2%；知识与技能为D类的人数为0。运动与健康为A类的人数有19人，约占总人数的40%；运动与健康为B类的人数有22人，占总人数的47%；运动与健康为C类的人数有6

人，占总人数的13%；运动与健康为D类的人数为0。审美与表现为A类的人有42人，约占总人数的89%；审美与表现为B类的有4人，约占总人数的9%；审美与表现为C类的人有1人，约占总人数的2%；审美与表现为D类的人数为0。劳动与技术为A类的人数有43人，约占总人数的91%；劳动与技术为B类的人数有4人，约占总人数的9%；劳动与技术为C类的人数为0；劳动与技术为D类的人数为0。四个项目的总测评结果取各小点的综合评价，总测评为A类的人数有42人，约占总人数的89%；总测评为B类的人数有5人，约占总人数的11%；总测评为C类的人数为0；总测评为D类的人数为0。本次抽样班级所选活动充分调动了班内学生的积极性，抽样班级总体效果呈现优异，同学们从活动中得到成长，在道德品质、知识与技能、运动与健康、审美与表现、劳动与技术五个方面中获得均衡的提高，也给同学们留下了十分深刻的印象。

（三）超学科项目式学习

案例一：空气污染大作战

空气污染是个老生常谈的问题，上至学校大型德育活动，下至班辅会，再到各学科学习，学校教育工作者都在强调洁净空气的重要性。由于空气污染成因复杂，又受限于学生的年龄特点，传统的说教式宣传（视频＋讲解空气污染）教学方式成效不大，学生在通过这种方式学习后，对于"空气污染"的认识依然停留在模糊笼统的浅尝辄止。因此，盐道街小学六年级项目学习以"空气污染"为驱动性问题，编写科普话剧《空气污染大作战》，展示空气污染的起源、危害和防治，让学生认识到人类活动对环境产生的影响，激发学生自觉采取行动保护环境的意识。

基于全面培养的综合素养评价量表，结合本次活动的目标，根据学生在活动中的表现及取得的效果，我们对学生的不同表现水平进行具体描述，制定了"空气污染大作战"评价量表，并以此为参考，对学生进行了综合评价。

表 15－5　"空气污染大作战"评价量表

	序号	A 等的描述	B 等的描述	C 等的描述	D 等的描述	评价等级（A、B、C、D）	评价结果（优秀、良好、合格、不合格）
道德品质	1	有社会责任感，关心环境问题，能够自觉地采取行动保护环境	关心环境问题，但不能自觉地采取行动保护环境	对环境问题持无所谓的态度，偶尔会有乱扔垃圾等破坏环境的行为	不关心环境问题，经常会有破坏环境的行为		
	2	在活动中能与同学友好合作，较好完成所有挑战任务	在活动中能与同学友好相处，但不能很好地完成所有挑战任务	能与部分同学友好相处，完成部分挑战任务	不能与同学友好相处，不能完成所有挑战任务		
	3	尊敬老师，能认真完成老师布置的每一项任务	尊敬老师，能认真完成老师布置的大多数任务	埋怨老师布置的任务太多，但能基本完成	埋怨老师，甚至在私底下诋毁老师，不能完成每一项任务		
知识与技能	4	了解了空气污染的来源、类型、危害，知道如何减少空气污染	知道空气污染的来源、类型和危害，但不知道如何减少空气污染	不能完全知道空气污染的来源、类型和危害，但知道如何减少空气污染	完全不知道空气污染的来源、类型和危害，也不知道如何减少空气污染		
	5	在创作和展示剧本时能出现有创意的设计，并能说明空气污染物类型的特点	在创作和展示作品时能出现有创意的想法，但不能说明空气污染物的特点	在创作和展示作品时没有出现有创意的想法，不能说明空气污染物的特征	在创作和展示作品时没有任何想法，不知道空气污染物的特征		
	6	能清楚有趣地讲述话剧故事	能清楚地讲述话剧故事	不能清楚地讲述话剧故事	因为表演问题，使得故事难以理解		
	7	清楚地了解了话剧的概念（演员表演、舞台与道具制作、服装制作、灯光制作、声音制作、市场宣传）	基本了解了话剧的概念	对话剧的概念不是很了解	完全不了解话剧的概念		

续表 15－5

"空气污染大作战"评价量表

	序号	A 等的描述	B 等的描述	C 等的描述	D 等的描述	评价等级（A、B、C、D）	评价结果（优秀、良好、合格、不合格）
知识与技能	8	了解 EDP 流程，运用 EDP 完成话剧创作、表演的流程设计	了解 EDP 流程，但不能准确运用 EDP 完成话剧创作、表演的流程设计	了解 EDP 流程，但不能运用 EDP 完成话剧创作、表演的流程设计	不了解 EDP 流程，也不能运用 EDP 完成话剧创作、表演的流程设计		
知识与技能	9	剧本创作时善于发现和提出剧本存在的问题，并提出解决问题的方案	能够发现和提出剧本存在的问题，但不知道该如何解决	能够发现问题，但不知道该如何表达清楚	不能够发现和提出问题，也不知道该如何解决		
知识与技能	10	对空气污染有着浓厚的求知愿望和学习兴趣，能积极地克服活动中的困难，较好地完成任务	对空气污染有着求知愿望和学习兴趣，但不能积极地克服活动中的困难	对空气污染没有太大的兴趣，不能认真完成学习任务	对空气污染完全没有兴趣，也不能完成学习任务		
体育与健康	11	始终精力充沛，能较好地完成剧本创作、修改及展示的任务	精力较充沛，能完成剧本创作、修改及展示的任务	大部分时候精力充沛	大部分时候感到疲劳		
体育与健康	12	能始终正确面对活动中遇到的挫折和困难，意志坚强	大部分时候能正确面对活动中遇到的困难和挫折	大部分时候不能面对困难和挫折，需要老师和同学帮助调节	不能正视困难和挫折，一遇到问题就退缩		
体育与健康	13	能正确对待批评和表扬，正确评价自己和他人	能正确对待批评和表扬，但不能正确评价自己和他人	能正确对待表扬，但不能正视别人的批评	不能正确对待批评和表扬		

续表15-5

《空气污染大作战》评价量表

序号	A等的描述	B等的描述	C等的描述	D等的描述	评价等级（A、B、C、D）	评价结果（优秀、良好、合格、不合格）
14	能用合适生动的语言来描述话剧每一幕的情景	能描述话剧的每一幕情景，但语言不够生动	能描述每一幕情景，但语言生硬	不能清楚描述每一幕情景，语言生硬		
15	话剧舞台和服装出现了有创意的创新设计，能说明此空气污染物类型的特点	话剧舞台和服装出现了有创意的创新设计，但可能无法说明此空气污染物类型的特点	话剧舞台和服装没有说明此空气污染物类型的特点	话剧缺少以下一个元素：服装设计、道具		
16	积极参加话剧排练，创造与表现美	积极参加话剧排练，不能创造与表现美	不积极参加话剧排练，不能创造与表现美	放弃参加话剧排练		
17	通过本次活动，发现了话剧的美，并欣赏和珍惜这种美	通过本次活动，发现了话剧的美，但不能欣赏和珍惜这种美	不能发现话剧的美	不喜欢话剧，觉得话剧很枯燥无聊		

（审美与表现）

（说明：1. 因本次活动不涉及劳动与技术教育，因此不做这方面的评价；2. 优秀，有15~17项评价等级为A；良好，有11~14项评价等级为A；合格，有7~10项评价等级为A；不合格，7项以下评价等级为A。若某一大类不合格，则评价结果为不合格）

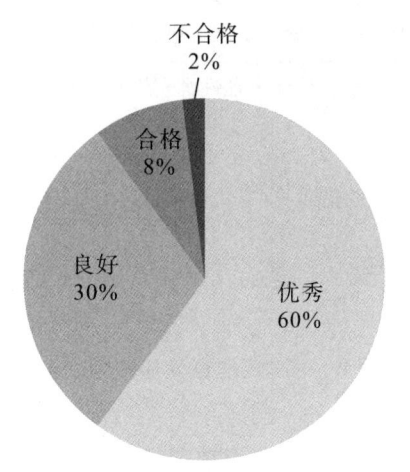

图 15-2 六年级"空气污染大作战"评价结果分布图

根据评价量表,我们对六年级的 50 位学生进行了测评,评价结果为"优秀"的有 30 人,占总人数的 60%;评价结果为"良好"的有 15 人,占总人数的 30%;评价结果为"合格"的有 4 人,占总人数的 8%;评价结果为"不合格"的有 1 人,占总人数的 2%。其中,道德品质方面为优秀的有 50 人;知识与技能为优秀的有 28 人,良好的有 14 人,合格的有 6 人,不合格的有 2 人;体育与健康方面为优秀的有 30 人,良好的有 15 人,合格的有 5 人;审美与表现方面为优秀的有 25 人,良好的有 15 人,合格的有 10 人。这说明,大部分学生完成了本次活动的目标,在道德品质、知识与技能、体育与健康、审美与表现等几个方面都有了很大的发展。一些同学基本完成了本次活动的目标,在道德品质、知识与技能、体育与健康、审美与表现等方面有了一些发展。少数同学还需要加强学习。

案例二:爱心汇聚·理性消费

城里的孩子生活条件优越,无法体会到大山里孩子生活的艰辛,盐小创设"爱心汇聚·理性消费"主题活动,融合数学、信息技术、语文、美术、品德等学科知识,不仅让学生学到知识,更利用自己学到的知识和能力,集合爱心人士,为身处困境的同龄人提供实实在在的帮助,让每一个孩子都学会奉献自己的爱心,学会理性消费,在活动中滋养盐娃。活动结束后,我们根据《全面培养的综合素养评价量表》,结合本次活动的目标,综合考虑学生在活动中德智体美劳等几个方面的不同表现及取得的效果,制定了"爱心汇聚·理性消费"评价量表,并以此为参考,对学生进行了综合评价。

表 15-6　"爱心汇聚·理性消费"评价量表

	序号	A 等的描述	B 等的描述	C 等的描述	D 等的描述	评价等级（A、B、C、D）	评价结果（优秀、良好、合格、不合格）
道德品质	1	能主动地关注社会，帮助他人，并积极主动地采取一些行动	能主动关心自己的家人，并帮助他们	关心社会，但不能自觉地采取一些行动	不关心社会，不帮助他人，把自己的利益放在首位		
	2	在活动中能与同学友好合作，较好完成所有挑战任务	在活动中能与同学友好相处，但不能很好地完成所有挑战任务	能与部分同学友好相处，完成部分挑战任务	不能与同学友好相处，不能完成所有挑战任务		
知识与技能	3	理解百分数的意义，会进行百分数与分数、小数的互化，会计算折扣、利润率	理解百分数的意义，基本能进行百分数与分数、小数的互化，会计算折扣、利润率	不能完全理解百分数的意义，基本能进行简单的百分数与分数、小数的互化，不会计算折扣、利润	不理解百分数的意义，不会进行百分数与分数、小数的互化，不会计算折扣、利润率		
	4	能够进行数据的收集、整理和分析	能够进行数据的收集、整理	只能进行数据的收集，不能整理和分析	不能进行数据的收集、整理和分析		
	5	知道扇形统计图和三种统计图各自的特点。能够根据数据特征，选择恰当的统计图来表示数据	知道扇形统计图和三种统计图各自的特点。不能够准确根据数据特征，选择恰当的统计图来表示数据	知道扇形统计图和三种统计图各自的特点。但不能够根据数据特征，选择恰当的统计图来表示数据	不知道扇形统计图和三种统计图各自的特点，也不能根据数据特征，选择恰当的统计图来表示数据		
	6	在现实情境中，能够灵活运用知识解决实际问题	在现实情境中，能够发现问题并解决其中的一些问题	在现实情境中，能够发现问题，但不能解决问题	在现实情境中，不能发现问题，也不能解决问题		

续表 15－6

	"爱心汇聚·理性消费"评价量表				
	序号	A等的描述	B等的描述	C等的描述	D等的描述	评价等级(A、B、C、D)	评价结果(优秀、良好、合格、不合格)
知识与技能	7	能够熟练使用信息技术工具进行商品管理、信息推广、资金管理、过程资料管理	能够使用信息技术工具进行商品管理、信息推广、资金管理、过程资料管理	基本能够使用信息技术工具进行商品管理、信息推广、资金管理、过程资料管理	不能够使用信息技术工具进行商品管理、信息推广、资金管理、过程资料管理		
	8	会使用生动优美的语言撰写商品推广文章，写广告词	会撰写商品推广文章，写广告词，表达清楚	会撰写商品推广文章，写广告词，但不能准确表达活动主题	不会撰写商品推广文章和广告词		
	9	通过本次活动，了解了商品的生产与销售的基本知识	基本了解了商品的生产与销售的基本知识，但还比较模糊	只了解了部分商品生产和销售的知识	对商品生产和销售的知识完全不了解		
体育与健康	10	活动过程中始终精力充沛	活动某些环节精力较充沛	大部分时候精力充沛	大部分时候感到疲劳		
	11	能始终正确面对活动中遇到的挫折和困难，意志坚强	大部分时候能正确面对活动中遇到的困难和挫折	大部分时候不能面对困难和挫折，需要老师和同学帮助调节	不能正视困难和挫折，一遇到问题就退缩		
	12	能正确对待批评和表扬，正确评价自己和他人	能正确对待批评和表扬，但不能正确评价自己和他人	能正确对待表扬，但不能正视别人的批评	不能正确对待批评和表扬		

续表 15—6

	序号	A 等的描述	B 等的描述	C 等的描述	D 等的描述	评价等级（A、B、C、D）	评价结果（优秀、良好、合格、不合格）
审美与表现	13	知道节约是一种美德，并能够积极地采取行动	知道节约是一种美德，但不能理性地进行消费	知道节约是一种美德，但花钱仍大手大脚	不知道节约是一种美德，花钱大手大脚		
	14	有美术方面的特长，制作海报时有创新的想法，海报设计得很好	制作海报时有创新的想法，但不能完全体现在海报中	没有创新的想法，但能基本完成海报的制作	设计的海报不能清楚地体现主题，排版凌乱		
劳动与技术	15	理解金钱与劳动的关系，增强了劳动意识	知道金钱与劳动的关系，劳动意识增强	知道金钱与劳动的关系，但不能积极的参加劳动	具有不劳而获的思想		

（说明：优秀，有 13~15 项评价等级为 A；良好，有 10~12 项评价等级为 A；合格，有 7~9 项评价等级为 A；不合格，7 项以下评价等级为 A。若某一大类不合格，则评价结果为"不合格"）

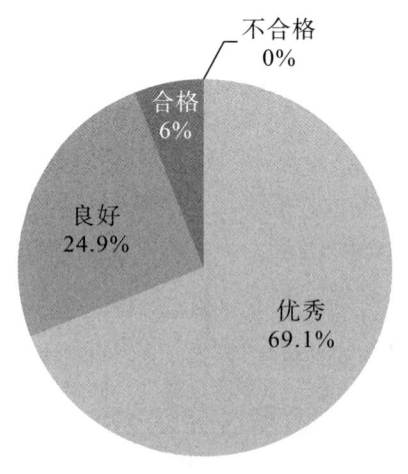

图 15—3 六年级"爱心汇聚•理性消费"评价结果分布图

此次活动周期较长，活动中我们对六年级的 46 名学生进行了测评，评价结果为优秀的有 32 人，约占总测评人数的 69.1%，完成了本次活动的目标；评价结果为良好的有 11 人，约占总测评人数的 24.9%，基本完成了本次活动的目标；评价结果为合格的有 3 人，约占总测评人数的 6%，大体上完成了本次活动的目标；评价结果为不合格的有 0 人。其中，道德品质方面为优秀的有 46 人；知识与技能方面为优秀的有 30 人，良好的有 12 人，合格的有 3 人，不合格的有 1 人；体育与健康方面为优秀的有 30 人，良好的有 13 人，合格的有 3 人；审美与表现方面为优秀的有 25 人，良好的有 15 人，合格的有 6 人；劳动与技术方面为优秀的有 40 人，良好的有 16 人。经过此次活动，大多数学生在道德品质、知识与技能、体育与健康、审美与表现、劳动与技术等方面都得到了发展。

第十六章　回归社区的教育资源建设

【故事导入】

敦煌来了

成都博物馆主题展览参观活动

2016年12月27日至2017年4月10日对于成都人来说真是非常有眼福的一段日子，因为成都人在家门口就能看遍全国海上丝绸之路沿线的60余家文博机构的200余件精品文物，以及来自甘肃敦煌、甘肃麦积山、新疆龟兹和高昌石窟的艺术珍品。我们盐道街小学自然不能错过了"家门口"的这场视觉盛宴，于是分阶段分步骤地就这次"敦煌来了"的活动进行了策划。

由于得到成都博物馆敦煌展的消息已经临近期末，我们结合寒假作业设计了这一次自主参观的任务。学校通过成都博物馆的官网了解这次展览的信息，并在网络上查阅敦煌的相关信息。这次活动，得到了学生们的热烈响应，他们纷纷前往参观，并撰写参观日志、拍摄参观视频，为进一步探索敦煌，打下了良好的基础。

在学生参观的基础上，为了更好地把握这次机会，让学生更加深入了解敦煌的文化与艺术，我们设计了二次参观活动——再探敦煌。在四年级上册我们学习了"飞天"一课，就敦煌石窟中飞天的形象演变和优美飞舞的身形特点，做了分析和了解，还让学生尝试创作飞天的形象。在"敦煌来了"先导课中，我们首先复习了"飞天"这一课的内容，让同学们再次感受到了飞天的优美形象。然后和同学们一起欣赏了敦煌石窟中非常有名的九色鹿，了解了敦煌壁画长卷式的叙事绘画风格，引导学生用看故事的方法去欣赏敦煌壁画，为学生的自主参观打下基础。

我们利用春游的机会，实现了六年级集体参观成都博物馆敦煌展的活动，为了让参观更有目的与成效，我们设计了任务单，如下：

六年级春游活动参观任务单			
任务一：找一找壁画里的飞天，用手机拍摄下来。	任务二：你发现了哪些有趣的敦煌壁画故事？用手机拍摄下来。	任务三：你发现敦煌壁画最常用的色彩有哪些，给你什么感觉？	任务四：你发现敦煌人物的造型有什么特点？

在任务单的提示下，学生在参观活动中更加地主动，目的性更强，大家都能就任务单的问题积极寻找、探索、讨论。整个活动氛围良好。

最后，我们通过分享交流会、制作推荐卡、写参观日志等形式进行了活动反馈，学生们情绪热情高涨。博物馆课程的引入在盐小已初见成效，孩子们对参观博物馆兴趣浓厚，形成了很好的氛围。

社区是学校推进素质教育的大课堂，社区资源的开发与利用，是解决教育资源不足和分布失衡等问题的关键所在。为了给学生提供一个自主选择、自主学习、自主创新的平台，就必须要从实际出发，充分挖掘、融合社区的各类教育资源，积极开发社区广阔的空间，将学校教育和社区教育紧密地融合在一起。

学校教育自身存在着固有的局限，而丰富的社区资源恰恰能弥补学校课程资源的不足。社区资源的开发不仅可以打破空间上的局限，使学生将学校课程体系中的理论知识运用到社区实践中，而且还能够发挥周围环境中的各种教育作用，为学生营造宽松、自由、自主的学习和生活环境，达到"适宜学生发展，适度社会参与，适应社会发展"的目标。

一、教育资源建设的概况与价值

我国《基础教育课程改革纲要（试行）》强调：积极开发并合理利用校内外各种课程资源。广泛利用校外的图书馆、博物馆、展览馆等各种社会资源以及丰富的自然资源。因此，加强青少年社区教育基地资源的实践探索，积累实施经验，对于当前的基础教育课程改革、推进社区教育发展具有十分重要的意义。

（一）教育资源建设的概况

成都市盐道街小学坐落在秀丽的锦水河畔，市中心人民南路西侧，地处成都市商贸繁华区，具有得天独厚的优势。百年盐小一直致力于让学生健康快乐地成长，为了促进学生的全面发展，为孩子提供更大的成长舞台，学校依托社区发展，为孩子成长挖掘身边触手可及的优质教育资源，如表16-1所示。

表 16-1 盐道街小学社区资源分布情况表

类别	分布	概况
自然科学	花鸟市场	走近花鸟鱼虫的世界，观赏了解各种植物和小动物，适合低年级
	四川科技馆	了解日益发展的科学技术，常设展厅有航空航天展区、机械展区、虚拟世界展区、机器人展区、天地万象展区、信息科技展区、生命科学展区、生态与环境展区等和3个主题展览，适合中高年级
	四川大学华西校区	校园环境和个别医学实验室等可供学生参观，适合中高年级
历史文化	天府广场	了解广场设计以及图腾雕塑，初步知晓天府之国的文明与历史，适合各年级
	四川省美术馆	为学生提供良好的美术欣赏和艺术的交流展示平台，适合各年级
	锦城艺术宫	国内外各类文艺团体演出、放映电影、举办展览及会议、开展文化娱乐活动的现代化多功能的大型文化场所，适合各年级
	四川省川剧院	学习欣赏川剧艺术，弘扬中国传统文化，适合各年级
	东丁字街民国建筑	位于青石桥花鸟市场旁的这栋民国建筑现已为成都市红十字会，因而修葺保存得相对完好。学生可以借此了解老成都，树立保护古老建筑和传统文化的意识，适合各年级
	合江亭　九眼桥	了解府南河的变迁、老成都文化，适合中高年级
	宽窄巷子	了解街巷文化，适合中高年级
	人民公园	参观川军抗战纪念碑，了解抗战历史，培育和践行社会主义核心价值观，适合各年级
	武侯祠	了解历史文物建筑、著名历史人物和三国文化，适合中高年级
	锦里	了解街巷文化、饮食文化、非物质文化遗产蜀绣，适合各年级

续表16-1

类别	分布	概况
现代商业	仁恒置地	认识国际品牌，研究品牌与价值，了解现代人们的消费观，适合中高年级
	春熙路 盐市口商圈	了解成都商业文化发展历史，适合中高年级
生活体验	青石桥海鲜市场	了解海产品的分类、营养、运输、保鲜，感受海产品与我们的生活息息相关，适合各年级
	泰国国家旅游局成都办事处	近距离接触泰国，了解泰国的风土民情，适合各年级
阅读拓展	四川省图书馆新馆	参观西南地区最大的图书馆，了解图书种类，学习信息检索，营造书香环境，适合各年级
	锦江区图书馆锦江区文化活动中心	参观图书馆，了解图书分类，学习信息检索，营造书香环境，适合各年级
	新华文轩	与书城联系，开展与作家见面活动，适合各年级

（二）教育资源建设的价值

1. 开放教育环境

陶行知先生在生活教育理论中提出"社会即学校"的主张，他倡导在教育中打破封闭的教学环境对学生的束缚，引导学生走近自然、走近社会，实施学校"小课堂"到紧密连着社会"大课堂"的开放式教育，广泛挖掘德育资源，形成德育整体合力，构建学校、家庭、社区的开放式德育教育模式。

学校是相对封闭的环境，而社区环境相对来说更加开放。学生在社区生活的时间远远多于在学校的时间，而许多教育问题的出现与社区有很大的关系，社区教育在一定程度上影响着学生的发展。学校只有打开自我封闭的大门，走进社区，依托社区才能将学校教育与社区教育相融合，促进学生的全面发展。

2. 搭建学习平台

社区具有开放性。我们首先要认识到开发青少年社区教育基地资源应秉承开放的理念，想办法开发对青少年社区教育活动有益的教育资源。无论是城市社区还是农村社区，不管是何种形式、何种类型存在的资源，都不应该局限于单一的开发途径或方式，应尽可能地利用多种开发渠道，广纳资源，引入活水，适度融合，使得资源开发多而活。

3. 优化学校课程

学校充分挖掘社区资源，以学生发展为本，打破传统教育的以"学校中心、教材中心、教师中心"的课堂教学模式，走开放办学之路，形成体现本校特色的具有针对性、实效性的课程体系。同时，构建学校特色课程体系，使国家、地方、校本课程不断丰富和完善，既可以增强学校办学活力，又促进学校科学化、精细化管理，使学校走向内涵发展之路，为学校的可持续发展奠定坚实基础。利用社区资源开发校本课程，系统地、有计划地、有组织地开发利用社区资源支持学校课程发展。

4. 转化学习方式

创新教育理论指出，人才培养模式要高度重视学生个性发展，教学过程要加强实践教学，在生活与实践中培养学生的创新素质，学习方式则强调自主性、探究性。把学校与社区教育资源融合，把接受性学习转为探究式学习。"学科课程与社区资源的融合"突破了书本、教室单一而抽象的学习方式，鼓励学生思考、质疑、批判、追问、求真，从被动的接受性学习转向主动的探究性学习，增强了合作意识，学生兴趣盎然地参与到发现问题、解决问题的真实过程中。"主动作业"的课程形态在不断尝试的过程中生成。

二、教育资源的机制与策略

（一）教育资源建设的机制创新

1. 研发多元资源，进行统一管理

基于孩子的认知水平及发展需要，结合课程和实际教学需要，研发并整合多方资源，学校成立课程资源开发小组，建立课程资源库，制定课程资源管理制度，进行统一管理。

2. 建立评审制度，保证资源质量

为了避免资源的杂乱和浪费，对资源进行重组和评审，学校组织专家、行政和学校优秀教师对资源进行筛选和评审，摒弃劣质的教育资源，有针对性地使用并提高使用效益，利用优质教育资源促进孩子的发展。

3. 发挥资源优势，引导师生共长

利用好多元资源的优势，对国家课程进行补充。在使用资源的过程中，引导教师优化融合教育资源，创生课堂智慧，对教育资源进行再次开发和利用，共享共建教育资源，促进师生教学相长、共同进步。

（二）教育资源建设的实践策略

1. 家校共育

一所学校的家长群体不同，所以学校的家校合作模式不能进行简单复制和移植。"家校合作共同育人"是探索的前提也是探索的方向和目标。根据学校的情况进行多种模式的探索和创新，充分利用家长资源的优势和特长，注重课程的拓展和延伸，及时互补。

学校通过问卷调查、聊天获知与任务发布三条路径汇集家长实施课程的资源，形成家长实施课程的体系。盐小通桂校区的家长实施课程主要包括课程目标、课程结构和课程内容。具体来讲，课程目标包括主旨目标和延伸目标。课程主旨目标旨在增长儿童知识、拓展儿童视野、发展儿童能力。课程延伸目标旨在开放办学，通过课程让学校多与外界接触；优化资源，通过课程梳理优化家长课程资源；促进合作，通过课程促进家校合作、增进理解。

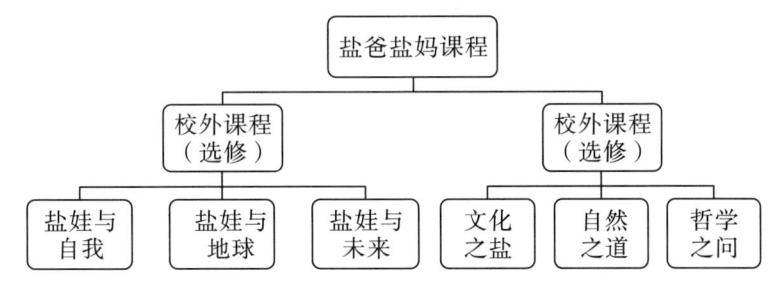

图 16-1 家长实施课程结构图

如图 16-1，家长实施课程包括校内课程和校外课程两个部分：校内为必修课程，涵盖盐娃与自我、盐娃与地球、盐娃与未来三个方面；校外为选修课程，包括文化之盐、自然之道和哲学之问。

2. 校社联手

随着现代化社会的发展，"学习社会化，社会学习化"正逐步成为现代社会和现代教育发展的重要趋势。现代教育不仅在时间上将扩展到一个人的终生，而且在空间上将扩展到全社会。在这种趋势下，学校、家庭、社会将构成儿童成长的一体化环境，对小学生的身心健康发展产生重要的影响。整个社会要担负起教育的责任，学校要向社会开放。因此，了解学校、家庭、社会三者之间的联系，对开展教育教学具有重要的作用。

3. 班科协力

在班级这个"大家庭"里，教师间的交往是学生交往的榜样。教师间的团结、合作、友善等行为，潜移默化地影响着学生。班主任要与班里所有学科老师进行同伴互助，资源共享，发挥自身优势，通力合作，团结一致，形成一个以班主任为核心的、目标统一的教育团队，用彼此的爱来浇灌每一个孩子，为孩子的成长助力。

三、教育资源建设的实际成效

（一）衔接课程

幼小衔接是指基于多方利益体共同配合下，为实现儿童从学前教育阶段顺利过渡到小学阶段而实施的促进儿童身心协调发展的教育活动。当前我国幼小衔接工作难以令人满意，表现为"小学化"和"学科化"倾向严重、缺乏幼小教师衔接合作等。究其原因，传统文化与当代竞争焦虑首当其冲，幼小教师队伍建设落后与合作缺乏也难辞其咎。为更好地推进幼小衔接工作，需立足儿童主体地位，整合国内外幼小衔接经验，多方共同参与衔接工作。[①]

幼儿园与小学是连续的两个不同教育阶段，是教育的连续性与阶段性的统一。从幼儿园过渡到小学，不仅是学习环境的转换，学习方式、人际交往、师幼关系、行为规范及社会期望等方面都发生了很大的变化，形成了一定的"坡度"，易发生"陡坡效应"，导致"适应性障碍"。

中学是孩子的黄金阶段，但同时也是孩子人生的分岔口。有些学生在小学时成绩很好，到了中学成绩掉下来了；有些学生小学成绩一般，到中学却出类拔萃；不少小学生在进入中学的一两个月，就开始陷入"三难"局面，即心理上难以承受、知识上难以掌握、环境上难以适应。因此，关注小学前后学段的衔接自然而然地成了家长、教师乃至全社会关注的焦点，也是人的"终身教育"起点阶段一个非常重要的问题。衔接教育关系着人未来的发展，学校看到了衔接教育的价值，所以主动牵手幼儿园、初中，努力开发和实践衔接课程。

（二）博物馆课程

博物馆是指以教育、研究和欣赏为目的，收藏、保护并向公众展示人类活动和自然环境的见证物，经登记管理机关依法登记的非营利性组织，是一个地

---

① 练晓迪，冯文全. 当前幼小衔接存在的主要问题及对策思考［J］. 科教文汇（上旬刊），2019（04）：149-153.

区在实际发展过程中非常具有文化内涵的公益性机构。① 我国政府不断地推进各级各类博物馆免费开放工作，尽快使博物馆成为国民教育的"第二课堂"。博物馆课程是对我国课程教育的延伸与补充，其开发的理论基础是陶行知教育理念以及泰勒课程理论等。② 博物馆课程不是简单的让学生参观博物馆，而是通过一系列有效的措施达到一定的参观目的。通过调查分类，整理本地区博物馆资源，结合小学美术课标的学习要求与美术课程中的学习内容，根据学校地理位置与发展特色和盐小教师的具体情况，筛选适合盐小研发课程的博物馆，并通过教师先导课或学生电视台、官方网站提前对参观内容进行了解，让学生的参观做到有的放矢，达到有效参观的目的。

在博物馆课程中，促进学生深度学习需要以校园文化为基础，联合学校和博物馆，通过师生、博物馆工作人员以及专家的共同参与方式，使学生全方位掌握知识。

（三）非遗课程

习近平总书记在党的十九大报告中强调"四个自信"，其中包括文化自信。文化自信是对中国特色社会主义文化先进性的自信，坚持文化自信就是要激发党和人民对中华优秀传统文化的历史自豪感。然而在知识全球化的大背景下，中华优秀传统文化的传承受到了极大的冲击，本土化和全球化成为矛盾共同体，本土化知识在逐渐丧失。

非物质文化遗产（以下简称"非遗"）作为各民族优秀传统文化的重要组成部分，彰显着地域的特色，蕴含着群体的智慧，对于每个国家都是不可再生的文化财富。③

国家三级课程中的地方课程，校本课程致力于培养当地人，培养本土人，培养当地的发展添砖加瓦的人。盐小地处四川成都，长期以来受到四川的地方文化滋养和浸润；盐小地处宽窄巷子和文殊坊，感受老成都的气息；盐小地处四川川剧院，拥有得天独厚的教育资源。而川剧是中国传统戏曲剧种之一，流行于四川，早在2006年便经国务院批准列入第一批国家级非物质文化遗产名录。川剧作为南方的代表性戏剧剧种，是人类文化进程上的艺术瑰宝，是传承中国优秀传统文化的重要载体。正是基于川剧的重要地位，盐小便选择了川剧

---

① 王国云，施茂萍. 基于博物馆资源的校本课程开发［J］. 教学与管理，2018（20）：22-24.

② 管锦宏. 开发博物馆课程，让学生在研学旅行中开展深度学习［J］. 中国民族博览，2019（03）：239-240.

③ 侯西龙，谈国新，庄文杰，唐铭. 基于关联数据的非物质文化遗产知识管理研究［J］. 中国图书馆学报，2019，45（2）：88-108.

作为非遗课程的主要内容。

川剧艺术教育提高学生的审美和艺术修养，传承四川的传统文化艺术，并以此加强师生对外的国际文化交流。将川剧带入学生的课堂，融入校园文化，通过欣赏、歌唱、舞蹈、绘画、手工等多艺术形式的融合，让学生了解这一传统的民族、民间文化的特点，使学生在丰富的艺术活动中感受传统文化、本土文化带给他们的快乐，并从中获得美的感染和美的享受。

（四）社区课程

在强调终身学习的今天，学校与社区的关系，已经从以往各自封闭的独立个体，转化为合作互助的伙伴关系，学校和社区之间越来越有着彼此互助、相辅相成的密切联系。以现代学校经营理念来看，若要发展学校，必须建立经营机制，优化资源配置，制定经营策略，营造经营环境，确立经营目标与理念，并通过资源的整合运用，将教学的场域由学校扩展至社区，让课程及教学与丰富的社区资源相结合，使孩子在自己居住生长的地方，通过潜移默化的学习，分享经验、体验文化、浸润心灵、创造成长。

盐道街小学一直致力于让学生健康快乐地成长，为了促进学生的全面发展，学校一直想为孩子提供更大的成长舞台。因为学校各项教育资源始终具有局限性，所以学校与周边社区形成合作关系，依托社区的各项资源，结合学校自身发展的特色，共同构建了具有盐小特色的社区教育资源。社区教育资源是指社区内可开发利用的各种物质资源和非物质资源的总和。[①] 15 年前，盐道街小学"走出去"与滨江社区合作，相互学习。随着发展，盐道街小学请社区"走进来"，与之相互交流、共同成长，但那时暂未形成相应的课程体系。学校 15 年来一直坚持以社区历史人文背景及乡土民族文化资源为主轴，配合社会领域的学习内容，秉承学校发展与社区发展相融合、社区资源与学校办学理念相结合、社区资源与学生发展相适应的理念，基于自然的生态建设、全球的国际理解、国家的文化传承、个体的安全意识。盐小将社区课程分为四大类——花园社区、文化社区、平安社区、国际社区。社区课程的开展旨在促进孩子的全面发展，使其做到理论学习与实践相结合，为孩子的未来成长打好基础。

花园社区课程选择青石桥花鸟交易市场等资源，让学生走进日常生活，走进自然，引导学生感受人和万物的和谐共生，培养学生的科学素养和人文精神。为了实现教学生活化，课堂将孩子带入自然，让学生从观察中生成问题，

[①] 高洁. 社区教育资源优化配置研究［J］. 中国成人教育，2018（15）：134—136.

自主探究问题，以创意物化的形式去感知自然。

文化社区课程选择四川成都具有历史意义与时代特点的资源，通过了解历史文化、饮食文化、阅读拓展和生活体验等方式，深化学生家乡认同、国家认同、文化自信。学生在学校接触的大多是通识性知识，缺乏本土化知识，因此文化社区课程选择具有老成都特色的地方作为活动场地，在体验与探究中增强学生的家乡认同。

平安社区课程从安全入手，通过了解毒品、传染病、自我防护、网上消费等内容，培养学生安全防护意识。小学生长期受家庭与学校的保护，缺乏安全意识，但学生终将要步入社会，因此，学校通过讲座和体验式活动让学生了解危险的存在以及生命健康的重要性。

国际社区课程是在知识全球化的大背景下产生的，学校选择较为有特点的几个国家，通过了解他国文化，培养学生多元文化意识和国际理解意识。为了培养学生的多元文化意识，盐道街小学借助领事馆这一社区资源，让学会走进领事馆，了解他国文化。

社区课程提倡教师先行，教师前期为课程做好基本准备，教师根据课程的原则和总体目标选择多种教学内容，做好场地联系、人员联系等工作。社区课程教师提供一个大范围的课程活动主题，在主题开发与活动内容选择时，要重视学生自身发展需求，尊重学生的自主选择。在具体的地点选择的时候征求学生们的意见，而教师在整个活动中起引导作用，主要引导学生在围绕活动主题的条件下，根据参观、体验等方式生成问题，再根据问题自主选择切入点，选择学生团队具体的活动内容，并引导学生深化主题，给予学生支持。结合学校、社区课程资源情况，对课程的内容体系进行系统构建。

1. 花园社区

（1）课程目标

①通过动手操作实践，初步掌握手工设计与制作的基本技能。

②通过参与青石桥市场日常事务，促进学生积极参与学校和社区生活的意愿。

③通过参观科技馆和成都古建，培养学生家乡认同和国家认同。

（2）课程内容

花园社区课程选择四川科技馆、青石桥海鲜市场、青石桥花鸟交易市场为课程实施场地，设计参观科技馆、古卧龙桥、体验日常事务等活动，在活动中学生结合自身兴趣自主选择活动小主题（如小小解说员、爱心募捐、经营花鸟网上平台）为课程内容，见表16-2。

表 16－2 花园社区课程内容分布表

资源类型	地点	内容
科学探究	四川科技馆	1. 了解四川科技馆的历史，参观科技馆的展厅 2. 参加各项体验活动
	青石桥海鲜市场	1. 访问老成都的记忆——古卧龙桥，进行青石桥艺术采风活动 2. 利用社区的地理位置便利条件，深入社区开展宣讲等志愿者活动 3. 学科拓展活动：亲自去选海鲜、称重。了解海鲜的保存方式、运输方式等 4. 了解线上购物卖家体验以及物流体验网络销售体验
	青石桥花鸟交易市场	1. 参观花鸟交易市场，学学植物的栽种、护养方法 2. 走进小动物，认真观察和照顾小动物 3. 在"盐小科普小讲坛"宣讲科学养花、养鸟知识
创意表达	青石桥花鸟交易市场	1. 通过花鸟创意跳蚤市场，自主探究和实践，动手创作自己的花鸟创意产品到交易市场设摊摆卖，增强市场的氛围，并筹集善款进行爱心募捐 2. 观察花鸟，进行"我心中最美的花与鸟"绘画展览比赛 3. STEAM项目学习，年级选择一个小项目，进行学科融合，生产科创产品
社会参与	青石桥花鸟交易市场	1. 体验线上花鸟鱼购物平台，与商家接触了解经营模式，渗透财商教育 2. 经营创意跳蚤市场网络线上平台 3. 小导游体验活动，为行人讲解青石桥"产业＋旅游"特色街区

(3) 课程实施

花园社区课程采用考察探究、社会服务、设计制作、职业体验的活动方式。考察探究是学生在参观与体验的基础上，提出问题，通过小组合作的方式解决问题。社会服务是通过小小解说员、社区宣传和爱心募捐等活动来实现。设计制作是学生在参观和了解的基础上，将自己的想法通过创意物化的方式表现出来。职业体验是学生通过花鸟商家经营活动，体验职场生活。

在花园社区，一年级孩子营造了一个美丽的童话花园，里面的花、鸟、猫、鱼活灵活现，应有尽有的各种绿植花卉在孩子们的手中尽情舒展、伸直。二年级的孩子则为大家营造了平安社区的印象，通过游戏、互动的方式给来串门儿的宝宝上了一堂安全法制课。三年级学生关注了社区治理问题，结合自己的聪明才智和老师的指导呈现了许多环保知识意象。走进四年级孩子的教室，我们发现孩子个个化身为天府文化的宣传使者，天府文化在这里展现得淋漓尽致。五年级的孩子们更是具有国际范儿，以古今中外文化为起点，进行了电影角色秀、足球秀、音乐秀等表演。六年级的小大人则在规划社区当起了规划师、餐饮大师、艺术大师等节目精彩亮相。

2. 文化社区

（1）课程目标

①通过走进老成都活动，了解川军、川剧，培养学生家乡认同。

②通过了解社区、社区志愿活动，培养学生的服务意识。

③通过体验图书管理员、酒店管理等职业，培养学生正确的劳动观念。

（2）课程内容

文化社区课程选择老成都代表地址、图书馆、社区和饭店为课程实施场地，以历史事件、川剧、图书馆组织结构、社区便民服务、社区养老院敬老服务、厨师餐厅工作人员体验等为内容，如表16-3所示。

表16-3　文化社区课程内容分布表

资源类型	地点	内容
历史文化	四川省川剧院	1. 观看经典剧目《火焰山》《白蛇传》《尘埃落定》等 2. 学习川剧程式套子 3. 学习川剧舞蹈 4. 了解川剧服饰文化 5. 学习四川清音
阅读拓展	锦江区图书馆、区文化活动中心	让学生走进锦江区图书馆，开展慰问图书管理员、体验管理员工作（助理管理员）等活动
	督院社区	1. 利用社区内的养老机构、卫生服务机构等，开展便民服务、敬老服务等活动 2. 利用社区的地理位置便利条件，深入社区开展宣讲等志愿者活动

续表16-3

资源类型	地点	内容
饮食文化	岷山饭店 锦江宾馆	1. 舌尖上的美食。参观五星级厨房，了解美食的制作过程和美食文化 2. 在大厨师的组织下动手制作美食，了解不同的饮食文化 3. 了解酒店网络化管理客房预订系统、客房网络管理系统以及网络点菜系统等 4. 邀请岷山饭店或者锦江宾馆西餐厅工作人员，就西餐就餐着装、入座、餐具摆放、餐具使用、礼仪等方面给学生进行实物讲解，并进行练习 5. 带领孩子到锦江宾馆参观国际会议举行的场地，了解学习国际会议志愿者的工作和礼仪

(3) 课程实施

文化社区课程采用社会服务和职业体验的活动方式。社会服务是带领学生走近社区，走近基本公共服务，学生自主选择志愿者活动的方式。职业体验是学生体验社会职业的方式，如学生体验做图书管理员、厨师。

3. 平安社区

(1) 课程目标

①通过参加安全主题教育讲座，培养学生的安全意识。

②通过参加盲人体验活动，增强学生的同理心，促进学生换位思考的意识。

③通过小理财家体验活动，了解理财知识，培养网上安全消费意识。

(2) 课程内容

平安社区课程内容选择抓住"安全"主题，分别从健康生活、人身安全、网上消费安全三个方面出发，确定健康膳食、传染病防控、自我防护和网上消费的课程内容，见表16-4。

表16-4　平安社区课程内容分布表

资源类型	地点	内容
健康生活	教室、演播厅	1. 为学生开展禁毒宣传讲座、校园欺凌等安全讲座 2. 举办亲子宣讲活动，学生回家向父母进行宣讲禁毒、文明等内容 3. 社区医院到校为学生进行健康膳食和传染病防控的讲座

续表16-4

资源类型	地点	内容
责任担当	社区、教室	举办以"爱国、诚信、友善"为主题的品格教育主题活动
	黑暗中对话	参加盲人体验活动,让学生学会感恩、珍惜
	军事管理区 操场	1. 了解部队生活,进行纪律训练 2. 学习自我防护的方法
"慧"生活	工商银行	1. 了解存款与利率 2. 了解人民币兑换与汇率识别假钞的方法 3. 了解理财产品,学做"小小理财家" 4. 增加网上安全消费意识

(3) 课程实施

平安社区课程主要采用体验式活动方式,先开展主题讲座,了解基本知识,然后参与盲人体验和小小理财家的体验。在体验的过程中学生会生成问题,再从学生的生成展开活动,最后进行交流分享。

4. 国际社区

(1) 课程目标

①通过了解多国文化,培养学生多元文化意识。

②通过阅读英文绘本,培养学生国际意识。

(2) 课程内容

国际社区课程主要是从外国文化出发,以外国文化、英文绘本、舶来品为课程内容,如表16-5所示。

表16-5 国际社区课程内容分布表

资源类型	地点	内容
文化交流	社区、学校	打造外教讲坛,了解多国文化。
	领事馆	走进新加坡、瑞士、新西兰3家领事馆和泰国旅游局参观学习。
	社区活动中心	社区活动中心打造一个英文绘本馆,邀请孩子们到此阅读绘本,定期举行绘本分享活动。
	星巴克	参观星巴克,请星巴克工作人员介绍咖啡的相关知识并参与咖啡制作过程体验活动。

（3）课程实施

国际社区课程主要是以体验为主要活动形式。例如绘本活动是学生自行选择英文绘本进行阅读，在阅读的过程中产生问题，进行探究与分享的活动。

多年来，盐小身处的督院街社区一直为盐娃们提供丰富的校外国际社区实践课程，盐小利用社区国际化资源，开展了参观领事馆、社区、社区活动中心等活动，并以"品质锦江，创意督院"为总体目标创建国际化社区。与此同时，盐娃们也深度参与着国际化社区的建设，盐娃们用双语的环境去熏陶，用文明的礼仪去提高，用世界的语言去交流，用世界的眼光去发现，增强了世界意识，拓展了国际视野。

第十七章 整合施教的教师共同体建设

【故事导入】

"刺头"在盐小成长为特级教师

盐小历史上有位教师叫林少洪,当时是东城区一所小学的自然教师,被领导认为是一个爱"惹是生非"的"刺头"。有谁能料到,这位"刺头"在盐道街小学成就了自己的教育人生,成长为四川省特级教师、成都市自然学科教学的领军人物;也成就了盐道街小学自然科学教学一道靓丽的风景线。

林少洪爱思考、敢尝新,锤炼出自己的一大"绝招"——电化手段辅助自然教学。在校长的鼓励和支持下,他先于同行开始了大胆尝试和探索,课堂增色不少,学生获益良多。林少洪善总结、肯动笔,先后锤炼出自己的多篇论文,在省市乃至全国获奖,多篇文章发表于核心刊物。真可谓善创教师培育善创学子啊!

一、盐道集团教师发展情况

成都市盐道街小学创办于1919年,坐落于秀丽的锦水河畔,有着深厚的历史积淀;艺术教育、信息技术教育、国际理解教育是学校的三大办学特色,在全省乃至全国都享有知名度,这和盐小教师团队的建设密不可分。

盐小教师团队现有四川省名优校长一名,特级教师8名,市、区学科带头人18名,各级名优教师55名。名优教师占全校教师的比例超过50%,被评为全国、省、市、区优模65人,占教职工总数的63.3%,学校新进青年教师16人,占教职工总数的15%。教师发展质量在近年来不断提升。

(一)校内优秀教师

1. 名师工作室

2012年,成都市盐道街小学牵头成立"汪海鹰名师工作室",汪海鹰老师为主持人。该工作室以"信息技术与数学教学深度融合"为主题方向,成员包括张誉川、甄红梅、刘巧、王领、周慧姣、陶红丽、赖双美、刘城诚、贺莉平、康正琼、廖婧、杨莹滢、杨丽娟、唐春梅等15位教师。八年来工作室取得的成果十分显著，包括国家级成果52项、省级（四川省）成果21项、市级（成都市）成果42项、区级（锦江区）成果96项。

2018年，盐小牵头成立"谢丹名师工作室"，谢丹老师为主持人。该工作室以"从英语绘本阅读切入的信息技术与小学英语教学融合"为主题方向，成员包括罗雪虹、罗星、李希茜、冷海月、陈舒玥、赖旭芮、赖晶、王洪松、刘建彬、舒勤、李琦、罗荣欣、罗茜元等14位教师。近三年来，工作室成员国家级赛课录课获奖8人次，论文获奖3人次，交流讲座公开课1人次，科研课题1个；省级赛课录课获奖2人次，论文获奖3人次，交流讲座公开课举办2人次；市级赛课录课获奖15人次，论文获奖6人次，交流讲座公开课9人次；区级获荣誉称号3人次，赛课录课获奖20人次，论文获奖1人次，科研课题4个。

2019年，盐小牵头成立"王旭名师工作室"，王旭老师为主持人。该工作室以"小学音乐教师学科素养练就的途径研究"为主题方向，成员包括王倩、穆涵、陈素萱、罗凯夫、黄婷婷、李依蔓等7位教师。工作室成立不到两年，成员已获得国家级奖项2项、省级1项、市级4项、区级23项。同年，盐小还牵头成立了"谢祯名师工作室"，谢祯老师为主持人。该工作室以"信息化"为主题方向，成员包括唐玉娟、张家艳、田静、邱梦莹、罗阳、谢奕轩、王梦兰、王雪、陈儒雅、李琦、冯馨怡、罗顺利等13位教师。工作室成员已获得过国家级奖项7项、省级奖项4项、市级奖项10项、区级奖项11项。

2. 特级教师数量

盐小教师团队现有四川省名优校长一名，特级教师8名，市、区学科带头人18名，各级名优教师55名。名优教师占全校教师的比例超过50%，被评为全国、省、市、区优模65人，占教职工总数的63.3%。

（二）对外输送的优秀教师

1. 培养管理干部情况

近年来，盐小不断培养优秀管理干部，共计培养了10余位校级干部，30余位中层行政人员。周雪成长为528校区执行校长；王永成长为通桂校区执行校长；刘家明在校区和集团多个行政岗位锻炼，成长为副校长。

2. 各种教师获奖

学校教师近年来科研获奖亦颇丰。2013年来，论文获国家级奖项1人次、省级奖项 34 人次、市级奖项 104 人次、区级奖项 2 人次；小专题获省级奖项 2 人次、市级奖项 14 人次、区级奖项 22 人次。

二、整合施教的教师团队如何构建

（一）成熟的教师文化

在与时俱进的教育改革中不断完善，成熟的教师文化和学校教师发展质量的不断提升互为倚仗。

盐小萌芽于五四新文化运动，"变革"的基因从 20 世纪初就根植于盐小百年的历史积淀中。盐小体味过民国新式学堂，走过抗日战争，受拂过改革开放的春风，着力于新时代未来学校的创新实践……岁月更迭，改变了许多，不变的是盐小"适融""善创"的教育文化，这些文化始终引领盐小与时代同步，培育未来人才——培养教师厚德博学、精研深改；期待学生厚道厚德、有盐有味；构架课程善创为纲、整合育人；变革课堂务本求真、灵动善创；实现管理疏导并重、团队共进。

我们把以上的愿景和追求，凝练为"守正创新、引领未来"。所谓"守正"，就是要遵循小学教育的发展规律，尊重和坚守盐小的光荣传统，正道而行、弘扬正气；所谓"创新"，就是要始终保持"善因善创"的勇气和魄力，全面深化教育改革，在守正中创新，在变化中创新；所谓"引领未来"，就是要主动融入社会发展的全局，突出自身的主动性与首创性，积极推动改造现实和开创未来。

"君子务本，本立而道生。"教育是培养人的一种活动，本质是传承文化、创造知识、培养人才。所有与教育教学相关的课堂、课程等活动，都有一个共同的指向——教师。没有教师的发展，学生成长就成为无本之木；没有教师的研发，课程就成为无源之水；没有教师的实践，理想课堂就成为水中之月。所以，教师是教育过程中最重要、最关键、最基础的力量。知初心，务本道；守正出新，方得始终。盐小教师始终坚持守正创新，以厚德博学凸显核心要素。

1. 立德树人，坚守育人初心

杜威说，道德是教育的根本目的，也是教育的最终目的。中华文化源远流长、博大精深，其底色或本色就是伦理道德，因而早就有"立德""树人"的概念和意识。

盐小的办学理念"厚德如盐，适融入道"从"君子以厚德载物"中来，从中国文化传统的历史深处走来，一点一滴的行动沉淀出了盐小的价值观念和文化精神，整合成一个具有时代意义的办学追求。

2. 博学多识，占领学术高地

盐小教师追求博学多知、知正知奇，用一颗好奇、辩证、求真的心，去看待文化和学术，追求知其然也知其所以然。实施"项目式学习"，适应时代教育新潮，在潮流中坚守盐小教育本质，因地制宜、实事求是地开展一系列学术研究，不断提高教师的思辨力、钻研力、学术力。

善思善创就是善于思考，在思考的基础上善于创造。盐小跟随潮流，本着"思考""创造"的课程教学改革理念，在高质量完成基础课程的情况下，加强研究型课程的建设力度，达成重基础、多样化、有层次、综合性的课程新格局。

（二）优质的团队建设

团队建设是教师发展质量不断提升的保障。盐小教师深入学习习近平总书记关于教育的重要论述，贯彻党的教育方针，落实立德树人的根本任务，坚持教育为人民服务。盐小师培计划深刻理解和把握"九个坚持"，切实增强"四个意识"，牢固树立"四个自信"，坚决做到"两个维护"，建设培养一支高素质专业化的教师团队。

1. 精研深改，引导与时俱进

（1）分层性原则

盐道街小学从教育发展的未来需求出发，覆盖专业素养、未来意识和学校教育管理等方面；培训层次上，构建分类、分层的多元化培训体系，以有效促进教师队伍结构的优化。将教师分为核心级教师、提高级教师和发展级教师，形成教师队伍发展梯队，分层培养；建立学校内部的人才库和业绩库，促进教师队伍教研能力提升。

表 17-1 成熟教师教育课程实施表

成熟教师	专题培训	针对性培训主题；
	任务驱动培训	参与校级"品盐悟道"讲坛 教学节智慧课堂示范课 加入学校项目团队 指导青年教师成长

成熟教师是学校发展的中坚力量。成熟教师的稳定关乎学校教学育人各方发展。为了更好地关注成熟型教师发展，学校通过对成熟型教师进行职业分析、现状分析、访谈等方式，设计出具有针对性的培训（见表17-1），主要体现为任务驱动下的培训学习。例如，开展针对性培训主题，关注教师对信息

技术、新媒体的运用情况。同时，通过参与学校示范课、加入名师工作室等方式，参与校级"品盐悟道"讲坛进行教育教学经验分享；加入学校项目团队，以具化的项目活动促进教师成长。

表17－2　骨干教师教育课程实施表

骨干教师	分享式驱动培养	指导青年教师成长 教育链、教育集团内的成果分享 区级各类活动展示 融入发展共同体参与学校高位建设
	资源型驱动培养	开展集体辅导与个别辅导 建立长效培养机制 建立学习团队

骨干教师在学校的发展中具有带领作用。骨干教师在进行教学时，还需要理解教育动态，参与学校的高位建设。因此，学校对骨干教师主要是进行分享型和资源型驱动培养（见表17－2）。分享式驱动培养是指骨干教师参与学校、集团内、教育链、区级教育教学成果分享活动，在分享任务中驱动教师自身提炼教育经验，激发主动学习的内在动力，资源型驱动培养是指学校为教师提供更高的资源平台。例如，骨干教师在建立学习团队时，学校为其提供教学展示、课题研究、教学竞赛等机会；聘请各级专家对骨干教师进行开展集体辅导与个别辅导；学校根据骨干教师发展情况，为其拜请名师为导师，建立长效培养机制。

表17－3　名优教师教育课程实施表

名优教师	分享式驱动培养	领衔学校重点课题研究 带领学校骨干、青年教师成长 代表学校举办各级学术交流讲座
	资源型驱动培养	建立名师梯队，建立名师成长档案 名师工作室定期汇报、交流工作与成绩 保障名师工作室必要经费支出

名优教师在学校发展中具有指引作用。在名优教师的教育课程实施中，通过课题研究、带领教师成长、开展讲座等途径进行分享式驱动培养；围绕名师工作室各项工作整合学校培养资源，使名优教师在较大的资源调动空间中提升（见表17－3）。

表 17-4　新教师教育课程实施表

新教师	专题培训	针对性培训主题 "师徒结对"一对一指导培训
	任务 驱动培训	"入格入序"规范性培训学习 教学节入格课亮相 加入学校项目团队 跟随校级名师团队学习成长

新教师是学校发展的新生力量。盐小每年都会根据制定的学校新教师培训规划（见表17-4），顺利完成新教师培训任务，加快教师的快速入职与专业成长，促进学校工作的顺利运行。

（2）多样性原则

不断创新培训形式，促进培训者与受训者之间、受训者之间、学科之间的对话、交流与合作。采取集中培训与校本研修相结合，专题辅导与讨论交流相结合，专题报告与观摩教学相结合，理论学习与课例研讨相结合，分批、分层次地对教师进行培训。

（3）创新性原则

坚持"问题驱动"，紧密结合当前教育改革与发展中的热点、难点问题，充分利用信息技术优势，变革教师研修方式，鼓励教师形成个人的教学主张，实现教师队伍建设的现代化。以学生项目学习，促进教师团队发展，提升教师专业素养。

（4）激励性原则

通过建章立制，把教师培训工作纳入教师年度绩效考核工作中，做到有计划、有实施、有反馈、有总结，对在培训工作中表现突出的教师个人给予表彰，鼓励教师不断学习、不断超越。

2. 疏导并重，追求团队共进

如同所有管理活动一样，教师队伍建设和管理，也应当是一种有张力的存在，而激活与约束便应是其有张力的两个方面。教师管理，就是一种风气、一种习惯、一种氛围、一种导向。盐小历来倡导"团结合作打群架"；凡事追求"盐道品质、盐小标杆"；深知"适融善创"是对盐道百年文化积淀的传承，更需要发展和创新。因此，盐小充分发挥价值引领的作用，通过规划学校发展，塑造共同愿景，明确办学定位与目标，关注学校学习共同体的规范建设，加强专业理想教育，培养价值观的追随者，以达到学校价值的最大认同。

(1) 树立制度契约意识

为了保证学校的使命、愿景、价值观落到实处，需要制定一个规范和激励学校全体成员的制度。制度是硬文化，文化是软制度。制度是文化的体现者和守护者。

盐小十分重视学校各种类型和层次的制度规范的建立与完善，更重视在学校制度规范注入新教育的文化内涵。我们主张，学校制度规范的制定，应该是一个平等参与的过程，应该是学校管理者和师生共同遵守的"契约"。制度规范一旦通过，就必须共同执行，没有例外。

(2) 强化集体认同意识

团队文化的形成，既需要优秀教师的引领和示范，也需要制度的约束。盐小教师加强文化精神的学习，发扬团结、协作的精神，端正吃苦、精进的工作态度，在课堂拼搏中学会教学，在行动学习中不断成长。教师之间资源共享、集体攻关，互相信任、团结和谐，以集体创优的意识给我们的教育教学增创带来最大的效益。

(3) 确立理想目标意识

学生的多元健康发展，绿色质量的坚守提升，是我们共同的目标追求。教学质量是学校的生命线，也是教师安身立命的根本。教学管理决定着教学秩序，只有有组织的教学和稳定的教学秩序才能带来高的教学质量。抓课堂、抓细节、抓暂时的学困生，就是抓质量。

一是对教学过程提出科学、详尽的标准，老师们"对标"组织教学活动；二是重视作业、考试和质量分析的规范和要求，强调过程性评价和考核；三是端正教学态度，把提高教学质量作为教师工作的核心，沉淀、静心，重视课堂管理，追求教学质量。

3. 知识共享，促进团队成长

知识共享是教师和教师团队成长的重要路径之一，教师团队成员彼此交流知识，使知识在个人的经验与组织层面经验之间相互传递。具体的做法包括建立以人际信任为基础的知识共享前提，促进以社会互动为基础的知识共享行动，以及开发以信息交换为目的的知识共享策略。

(1) 开发以信息交换为目的的知识共享策略

学校是典型的知识组织，成员具有自我教育、自我管理、自我约束的能力，渴望得到宽松的管理环境，希望得到关怀、信任和尊重。教师的差异化管理为知识创新和传递奠定基调。

组织文化是组织及其员工行为准则的判断标准和体系，它时刻指导着组织及其员工的行为。组织文化的核心是价值观，组织文化的建立应以有利于知识共享的价值观为指导，并使这样的价值观融合于组织和组织员工的价值观之中。

灵活开放的、扁平化的组织有利于隐性知识的共享，进行对等的知识联网，使每个人都成为网络上的一个节点。这种自组织、自学习及自适应的有机团队使管理层次更简化，而管理方式更注重人的知识和创造力。

（2）知识共享带来的教师发展实效

盐小教师逐步形成团队合作新模式，如主导协作式、任务"均"分式。项目组通过设计时整体考虑参与对象、主题、类型、目标、参与学科、各学科所涉知识与能力分析、活动阶段、预期成果、成果展示方案等要素，规范项目设计，从而提升教师的课程设计力。学校建立定期进行项目学习相关的听课议课机制，搭建学科课程群，组成教师间合作团队与模式，形成"授课教师+听课教师+评课教师+行政教师"的教学团队，以同质教师共同体的形式共同成长。团队的成长也成就了教师的个体成长。

盐小逐步形成教师团队发展的学校制度。学校制度建设包括项目例会制度、分享制度、展示制度等的制度建设。项目组每月一次例会，每次例会围绕项目学习主题活动展开研讨与分享。期末对全期课题开展工作做总结，并对下一阶段工作做出讨论与布置。项目组成员轮流分享，分享内容包括项目学习前沿理论学习、前沿实践经验分享、校内项目实践经验分享。每一个项目都以项目展示为结束阶段，以产品介绍来解答最初的项目问题。

（三）扎实的校本研修

"厚德如盐、适融入道"，盐道街小学的校本研修以求真务实的工作，结合互联网+信息化教育的未来趋势，全面推行教育现代化。高洁、质朴、奉献是盐小教师像盐一样的品性，练就盐小教师知规律、懂方法的精湛教学技艺。盐小的校本研修工作将坚持以人为本、以校为本，融合"善思善创"的变革品质，汇通众筹智慧、分享智慧的教师培训思想经验，有效提高了教师的业务素质和学校的教学质量。

1. 以需求为导向，注重培训梯度

（1）新教师培训——立足盐道本真，开展阶段培训

随着学校的不断发展，每学年都有一批新教师加入学校团队，为了加快新教师的快速入职与专业成长、促进学校的顺利运行，学校对新教师展开专题培训，分为四个阶段：

第一阶段：跟岗培训——一对一跟岗实习

新聘教师在学校的统筹安排下，统一进行一对一的跟岗实习工作，了解盐道文化、熟悉教学流程。由专门指派的指导老师一对一、手把手地指导新老师。新老师跟岗一定时间后，由指导老师和分管行政安排确定上汇报课并进行考核。

第二阶段：集中培训——暑假前集中培训

新聘教师在学校与教务处联合统筹安排下，统一进行暑假前培训。由学校的领导团队和优秀骨干老师进行专题培训，更深入地了解盐道文化、融入盐小团队，以培养高素质、具有盐小特质的优秀教师。内容主要包括：师德师风职业道德培训、《部颁教材解读》、治班策略与班级文化班级学生安全防范及处置、师德培养（育人故事案例分享）、礼仪伴我成长、信息技术培训、家长沟通技巧培训、盐道文化与管理制度培训以及模拟家长会。

第三阶段：岗前培训——开学前培训

开学前的培训工作，做好迎接新学期、新工作的准备，通过实操培训，锤炼自己。内容主要包括：基本功培训、课堂组织培训、家校活动培训、教学规范培训、德育常规培训等，保障新教师开学后能顺利开展教育教学工作。

（2）全校教师培训——立足校本研修，丰富培训模式

目标导引职业生命，行动推进教师发展。教师要成为一个成熟的专业人员，需要通过不断的学习与探究来拓展自身的专业内涵，提高专业水平，从而达到专业成熟。学校的全校教师培训每周定时开展，根据学校计划和学年重点工作，确定培训主题，邀请教育专家及其他行业领军人物走进学校开展专题研修活动。帮助教师精进专业，开阔眼界。引进专业科技信息多功能设备，智能化提升教师教学水平线，助力教师专业信息化发展。

● "言之有道"——大师进校园专题培训

教育界的大咖、艺术界的大师、IT行业的精英……都是我们的老师，学校每月会邀请一位专家走进学校开展专题研修活动，涵盖师德师风、团队建设、课程建设、学科教学、心理辅助、信息技术发展、专业技能、艺术鉴赏等领域，专题研修活动的开展不但帮助教师们解决教育教学中的问题，更为他们打开了不同的"窗户"，让他们了解最新的教育动态、前沿的科技领域……时时审视、改进自己的教育思路。

● "盐小教学节"——教学主题研修活动

学校每学期举办一次"盐小教学节"，全校教师参与，围绕项目式学习、智慧课堂、一对一课堂等教学主题，通过历时一月的集体备课、说课、专家指

导、磨课、展示活动，开展教学主题研修活动。在活动中，优秀教师上示范课、骨干教师上研讨课、青年教师上亮相课，通过集体备课、磨课，分层展示，对课例进行诊断、分析，从教师个体到不同教师层级，透过现象看本质来揭示某一方面的教学规律，指导教师提升自己的教育教学水平和科研水平，让每个层级的教师都有所收获。

● "品盐悟道"——教师讲坛活动

学校教师既是研修活动中的学习者，也是学校丰富的研修讲师资源。学校教师定期走上研修讲堂，把自己的教育心得、学习感悟、人生经验和大家共同分享。文化课堂，退休老教师讲盐道故事、宣扬盐道精神；德育课堂，优秀班主任分享治班策略、建立和谐家校关系；科研课堂，教科室负责人分享小专题研究策略；健康课堂，体育教师示范颈椎保健窍门；艺术课堂，音乐、美术教师带领大家走进艺术的殿堂……每一位教师都是一座宝藏，而且讲坛内容丰富、形式多元，每一位登台教师都给予了大家新的收获。

● 校外拓展研修活动

每学期学校组织教师走出校门，开展一次校外拓展研修活动，通过参观博物馆、观摩古籍修复、科技孵化园体验等活动，在拓宽眼界之余，和不同的行业对话。在对话、协作、互动中，实现信息交换、经验共享和问题解决。同时，学校还联合国际部、工会，围绕学校的国际化和信息化的特色，组织全校教师开展关于国际化和信息技术等多样化的特色活动，以提高老师们的认识，拓宽老师们的视野。

2. 以课题为引领，推进研修常态化

盐道街小学的课题研究以全员参与的三个维度构建起系统化的教育科研网络，通过三次课程结构改革，形成盐道课程4.0版本，融通信息智慧教育于盐道课程，开启了盐小未来信息化智慧学校的新篇章；通过做强课题研究、做实专题研究、做精主题研究整合力量、解决问题、积淀成果。

所谓做强要卷入教师参与、提升影响力，如，研究成果获省政府教学成果奖。所谓做实专题研究是指教师小团队在一年内围绕小专题开展贴近教学实践的实实在在的研究，盐小教师小专题在历年区级立项数量和成果获奖数量上都位居全区前列，教师研究热情高，实效显著。所谓做精主题研究是指教师在教学实践中的一种常态思考，是围绕一个主题的精心总结，盐小教师以"教学偶得""课堂反思""优质论文"等形式呈现主题研究成果。

（1）课题研修工程

课题研修工程是指学校层面承担的大型课题研究。十一五期间，盐小承担的《校本研修的网络环境建设及运行机制研究》获得省政府教学成果二等奖，该课题在盐小教育链全面铺开，举办了"新苗教学展示""三度教研"等大型网络研修活动。电子备课、主题论坛、教研博客等网络研修范式成为盐小校本研修的一大特色。

（2）专题研修工程

专题研修工程是指教师小团队在一年内围绕小专题开展贴近教学实践的实实在在的研究，我们以专题研修为抓手，有效推进教师专业化发展，形成了一系列的专题研修管理机制。盐小教师小专题在历年区级立项数量和成果获奖数量上都位居全区前列，教师研究热情高，实效显著。专题研修的主研教师朱义蓉、甘娅、谭薇、张兰蓉等多次在省市骨干教师研修班上做成果分享，获得好评。教师汪海鹰成立了区级"教学信息化名师工作室"，汇聚各校优质师资，专门研讨信息化支持下的课堂教学变革以及教师专业发展。

（3）主题研修工程

主题研修工程是指教师在教学实践中的一种常态思考，是围绕一个主题的深度思考与精心总结。各教研组创造性地运用群组博客，教师自发建立起"高段学生自主管理""阳光体育""数学有效思考""数学习惯大家谈""思品教学研究""复习课怎样上"等主题研修群，老师们三五成群，开展主题学习研讨活动。盐小教师以"教学偶得""课堂反思""优质论文"等形式呈现主题研修成果。本学期，语文组以"智慧课堂"为主题开展研修，数学组以"生命课堂"为主题开展研修，艺体组以"活动课堂"为主题开展研修，三个组分别进行了精彩的研修成果分享会。

3. 以合作促共赢，辐射引领共同学习

盐小始终坚持开展跨校帮扶活动。包括与兄弟学校的课程互动，与帮扶学校的互帮互助。同时盐小每学期都会接收很多外校乃至国外的教师来校参加研修活动或跟岗学习。每年接收校外跟岗研修教师人数，超过本校教师数的60%。盐小一直坚持使用信息化手段，与校区各学校、成都市一些兄弟学校、省内与省外学校建立跨校网络社区研修平台，在课堂上和课下，开展远程示范活动，互相学习，同时利用盐小先进的教育信息技术和其他学校开展联合研修活动，相互学习，共同进步。

百年盐小，"五育"并举，深度融合，全面育人。在成熟的教师文化的引领下，在优质的团队建设的保障下，在扎实的校本研修的推动下，盐小教师发展质量不断提升。我们有信心也有计划将学校构建成一个学习型、未来化、智慧加的组织，继续促进教师的专业化、智慧化发展，促进学校面向未来可持续发展，促进教育教学质量的全面提高。

走向深度融合的全面育人

——成都市盐道街小学创新育人模式的实践探索

第十八章　以信息适融推进全面育人

【故事导入】
　　随着现代科学技术的迅猛发展，信息技术运用于教育实践领域将会给教育带来前所未有的改变，对教育产生深刻影响。盐道街小学的"适融"教育理念就是以儿童为着力点发展适应改革、适应世界、适应未来的教育。因此盐小人紧跟信息技术的发展，不断探索信息技术的新发展及其教育应用，努力走在信息技术的发展前沿。盐小人不断学习教育教学理论知识来丰富自身对信息技术教育价值的认识，在信息技术与学科教学相融合的过程中，不断发现和解决适应性问题，探寻和学校办学理念一脉相承的方法。在丰富理论的同时，盐小人也在积极创建信息技术支持下的学习环境，从2009年电子白板进入每一间教室，盐小经历了硬件的更新换代，从课堂演播系统到交互式电子白板、平板、手机、反馈器、互动桌等多种信息技术设备的运用，各学科多种学习平台的试用测试，各层级资源平台的构建等。通过不断地使用和测试，盐小人对于各种工具平台具有了更好的兼容性，因此在教学中，有越来越多的授课系统、授课软件和学习平台进入课堂……

一、信息技术的新发展及其教育价值认识

（一）信息时代呼唤全面培养的育人模式

　　信息时代的标志是互联网的发展和运用，人类已经跨入了第四次工业革命时代，信息爆炸正以全新的、强有力的且令人惊诧的方式，挑战和重塑我们的社会根基。信息技术的不断迭代更新不仅会给人类生活带来巨变，更会引发人类生存方式和社会行业结构的转变。简而言之，目前的社会教育模式、社会生活领域、工作领域以及时空、价值观念必然都将深受信息文化的影响。

　　科技与人类之间的共生关系问题已经摆在众人面前，这一切都预示着世界发展的一个新"奇点"的来临。世界变化太快了，近年来，建立在4G技术、5G技术、物联网技术、人工智能和虚拟现实基础之上的信息技术正在改变着

传统教育的传播方式及传播形态,对教育所培养的未来人才素养提出新的需求,给教育教学带来了前所未有的机遇和挑战,强烈呼唤着教育教学的转变。体脑分离、片面发展的人已经不再能满足时代进步的需要,教育教学应该如何变革来适应信息技术发展已经成为当前学校改革与发展不可忽视的议题,如何让孩子未来不会被人工智能所取代,是学校教育当前亟须思考和努力解决的问题。

如今世界需要的是具备设计、创造和共情等能力,可以与人工智能和谐共处的创造者。这样的创造者的培养在以往的"强于智,平于德体,弱于美劳"的教育下是无法实现的,信息时代在呼吁着全面培养的育人模式。

(二)信息技术在全面育人模式中的应用与支持

未来的社会是知识社会,也是信息社会,信息社会是实现知识社会的手段,信息技术革命带来社会形态的变革,从而推动面向知识社会的下一代创新。著名的乔布斯之问,提出的也是这样的问题——"为什么计算机改变了几乎所有领域,却唯独对学校教育的影响小得令人吃惊!"[1] 信息技术也是需要和教育深度融合的,未来学校教育要与现代信息技术深度融合,使现代信息技术既成为推动知识学习的手段,又成为知识创新的方法。

在教育现代化发展的进程中,信息技术必将带来学习革命性的变化,因此,信息技术支持的课堂必将是未来课堂发展的方向,也必将是未来学校发展的方向。促进信息技术与学校教育发展紧密结合,促进信息技术与课堂建设适度融合,形成学校可持续发展的成果,为学校面向未来的发展提供续航动力。

学校发展的根本在于人的发展,即学生和教师的发展,首先就指向学生的德智体美劳"五育"融合的全面发展与教师的专业技能、专业情感等的发展。在"信息适融"理念下的品质课堂建设,追求学生学习的新品质、教师教学的新样态,以学生学习的需求促进教师教学的变革,以教师的教法改变带动学生的学法改变。信息技术为学生学习提出新需求与新方法,为教师教学与自身发展提供新手段,在相互的促进中最终不断导向学生的全面发展。

此外,盐道街小学作为优质教育品牌,不断用行动诠释"厚德如盐,适融入道"的教育理念,用智慧和心力承担着更为广泛的社会责任。盐道街小学作为全国现代教育技术实验学校、全国绿色学校表彰学校、四川省现代教育技术示范校、省级文明单位、成都市教师发展基地校、"首批成都市义务教育示范

---

[1] 桑新民,李曙华,谢阳斌. "乔布斯之问"的文化战略解读——在线课程新潮流的深层思考[J]. 开发教育研究,2013:30—41.

学校"、盐小教育链的链头学校、薄弱学校结对学校，每年多次接待各级参观访问，系列活动极大地激活了盐小教育资源，带动了友谊学校的均衡发展，为统筹城乡教育一体化，全面推进均衡教育做出了自己的贡献，发挥了名校引领示范作用，彰显了名校品质，履行了学校社会责任，同时也使盐小自身特色更明，亮点更亮，扎实推动了盐小信息化教育现代进程。

二、信息技术的不适不融问题

（一）信息技术的误区

1. 重技术轻理念：知其然不知其所以然

起初我们对老师们在信息技术支持课堂教学的认识和行动方面做了一次调查，结果如下：

第一，认为信息技术对学科教学有帮助的占大约90%，其中经常用的人占到近80%。运用信息技术的原因排在前三位的是直观生动、有现成课件、学校要求，主要用到的硬件前三位是计算机、实物投影、触摸屏；老师们经常用到的软件主要是以演示功能为主的PPT（76.5%）和以交互、演示功能为主的Notebook（78.3%）；信息技术在一节课上使用时间上，使用时间10分钟以上的占77.7%，其中20~30分钟的最多，占42.1%。运用信息技术的目的主要以演示（86.3%）、勾画书写（65.9%）和播放（43.2%）为主。

第二，其中，不使用信息技术的老师其原因前三为：不会做课件（58.2%）、不需要（56.9%）、设备出问题（23.1%）。

第三，在访谈中也透露出"信息技术用得越多越好"是多数老师的感受。但是当被问到"为什么要用信息技术？为了谁用？信息技术解决什么问题？"的时候，很多老师的回答仅仅停留在课堂更生动、学生更喜欢的层面。

综上可以看出，当前在信息技术使用上，教师们还存在着重技术轻理念的问题，常常是"知其然不知其所以然"，摸到了信息技术的表面，却没有抓住使用信息技术的根本。

2. 重预设轻生成：教师的"完美呈现"导致课堂"毫无悬念"

课堂生成性对于教学至关重要，孟凡丽等从含义和价值的角度解读生成性教学[①]，杨曙光也结合未来课堂和生成性教学进行设计并探讨实施策略。[②] 但

[①] 孟凡丽，程良宏. 生成性教学：含义与价值 [J]. 课程·教材·教法，2009 (1)：22—27.
[②] 杨曙光. 基于未来课堂的生成性教学设计研究 [D]. 上海：华东师范大学，2015.

在实际中，教师往往在课前做大量工作，让资源通过信息技术完美地呈现，让课堂的每个环节串联形成一条"完美"的链。可是这条链的背后有个极大的漏洞，那就是课堂的生成性严重缺失，学生每节课都按照老师的预设进行，不仅课堂"毫无悬念"，学生也养成"饭来张口"的习惯。

可见，重预设而轻生成的教学是缺乏个性化的教学，也无法培育学生面对复杂情境的创造性思维，在这样的课堂教学中学习的学生，又何谈全面发展？

3. 重灌输轻思维：课件的"直观生动"导致思维"营养不良"

信息技术所带来的直观效果，让很多生涩的问题一目了然，老师在尝试了这种知识传递的便捷性后便更多地单向给学生呈现直观的材料，但是问题也随之而来：教育家洛克曾说"思考才使我们阅读的东西成为我们自己的"，以画面代替学生思考的过程，以直观锁闭学生想象的空间，以及以现成牵制学生思考的深度，学生思考方法和思维路径缺少交互的频度和深度，导致思维"营养不良"。

基于以上问题，我们寻求教学实践中的信息技术运用与办学理念"厚德如盐，适融入道"一脉相承，追问信息技术运用目的、服务对象，探寻技术的适时、适度、适量运用，由此带来对全面育人的课堂教学的支持。

(二) 自"监测"映射"品质"的问题

在 2012 年北师大质量监测报告中，盐小四年级、五年级语数学科学生学业情况总体发展都高于区平均水平。但是细细分析数据，下表中的数据引起我们深刻反思：

表 18—1 质量监测报告

	解释信息		非常规问题解决	
	校得分率	区得分率	校得分率	区得分率
四年级	77.1	69.2	26.5	27.3
五年级	86.9	81.6	65.5	55.3

语文学科中"解释信息"水平上的得分率和数学学科中"非常规问题解决"水平上的得分率的这两个数据，区级数据低于全国平均水平，而盐小甚至有一项数据低于区级平均水平。这意味着盐小课堂教学的开放程度不够，教师在课堂上对学生解决非常规问题的思维方式和解决策略关注不够。"非常规问题"即为"结构不良问题"，此项得分低，说明盐小学生对结构不良问题的解决能力欠佳，说明学生活学活用能力不强，课堂学习与现实生活脱节。由此我

们反思教学质量、课堂品质,发现以下四个突出问题。

问题一:教师的"视野局限"导致学生成长受限。

按照布卢姆教育目标分类学修订版的构架,在学科能力表现的评价指标上,更注重的不是事实知识、概念知识,而是程序知识和元认知知识。而分析我们的课堂,老师们却在事实知识、概念知识上用力过度,而在程序知识、元认知知识上着力不够。

再看认知维度的划分,从初级到高级依次为记忆、理解、应用、分析、评价、创造,对比我们的课堂,我们发展学生的高阶思维从意识到行动都远远不够,老师的"视野局限"必然导致学生的成长受限。

问题二:教师的"谨小慎微"导致学生成长缓慢。

师生之间应由静态的"师教生学"关系转变为动态的"共生互学"关系[①]。教师总是担心学生不会想、不会说、不会合作、不会分享,于是只敢把很简单问题放手交给学生,学生养成了跟随的习惯,成长缓慢。

问题三:学生的"独立自主"缺少方法与技术支持。

当老师意识到要大胆放手并进行尝试后,发现无论是教师指导还是学生学习,都缺少一定的方法,也缺少一定的技术支持,比如如何保证每个学生在自主学习时能获得有效的资源,怎样从资源、同伴、老师处获取适度的帮助?

基于以上问题,我们需要探索有品质的课堂,这样的课堂着力发展学生内隐的学科思维过程和外显的学科行为,提升学生的学科素养。

问题四:课堂的"三缺"导致学生解决问题的能力欠佳。

通过课堂观察,我们发现课堂教学中教师授课存在的"三缺"问题是造成学生解决问题的能力低下的重要原因,主要表现在:(1)缺现实问题情境。课堂上学生学习知识的情境是缺乏现实意义,缺乏真实复杂性的。教学强调知识中心,课堂学习也是先学习知识,再解决问题,将解决问题视作已有知识的应用过程,使知识成为"惰性知识",学生不能将其从课堂迁移到生活。(2)缺结构不良问题。在教学中或测试中,学生需要解答的问题结构过于良好,解决一个问题需要什么信息,以及从何处获取,往往都是充分而且明确的,学生只需要在信息充分的情况下做出选择。学生学习知识只是为了应试,而在现实生活中是很难遇到类似的结构良好问题。(3)缺问题解决引导。教师长期关注解决问题需要的特定条件,如特定的学科知识内容,但是缺乏引导学生在面临新

---

① 吴康宁. 学生仅仅是"受教育者"吗?——兼谈师生关系观的转换[J]. 教育研究,2003(4):43—47.

的学习问题和情境时主动联系已有经验，不够重视在解决问题中对学生的情感、价值、动机、态度的积极引导，缺乏对问题答案多样性探索的引导。

以上教学中的问题造成了学生学习被动、层次浅表、学用割裂，造成问题解决能力不足的现状。具体表现为：（1）学习被动。学生学习中重复和强化机械学习比重较大，学习意义欠缺，因此，学生缺乏内部动机，也缺失主动探索、合作探究的学习方法。（2）学习浅表。学习过程中以"记忆""知道"为主要知识掌握层次，运用浅表，缺乏分析、评价、创造的高阶思维能力发展。（3）学用割裂。学生学习的知识不能迁移到真实问题情境中运用。这样的教学即使使用了最新的信息技术也无法促进学生真正的、全面的、个性的发展的。

三、信息技术如何保障和推进全面育人

（一）深入领会，追求"信息适融"的高度

近百年来，从"四川师范学校附属小学校"到"川西成都师范学校附属小学校"，从"成都市盐道街学校"到"成都市盐道街小学"，每一段风起云涌的历史都见证着学校的发展风采，学校的每一步前行足迹都镌留在省市乃至中国教育发展的历程上。通过对"厚德如盐，适融入道"办学理念的深刻领会，我们从育人目标、行动路径、顶层设计三方面进行系统思考，不断追求"信息适融"的高度，以此为全面育人提供有力支持：

1. 聚焦全面育人目标

在办学理念的指导下，我们致力于培养"立道厚德，有盐有味"的盐道学子。"立道厚德，有盐有味"指：立成长之道，厚处世之德；有真才实学，有个性品味。盐小学子，在德智体美劳五个基本方面都获得整体的、充分的、个性的发展，最终将成为有理想、敢追求、知方法、高品格的社会中坚。

学校的"信息适融"就是要培养"立道厚德，有盐有味"德智体美劳全面发展的盐道学子。

2. 找准行动路径

如何才能促进学生的全面个性发展？这需要紧跟时代、与时俱进。当今世界，信息技术日新月异，信息技术创新浪潮蓬勃兴起，为教育管理信息化带来了新机遇。以大数据技术为驱动的商业模式变革和新决策分析思维已经成为各行业的着眼点，在教育领域如何利用大数据变革教育教学方式、促进教育公平、提升教育质量，建立"用数据教学、用数据说话、用数据决策、用数据管理、用数据创新"的机制，是我们面临的新课题。

3. 完成顶层设计

在"全面育人"的核心理念统领下，盐小确定了"信息适融"的发展理念，通过"一个目标""两条主线""三个层面""四大共享"为信息化助推教育现代化注入了科学、可持续发展的灵魂。

"信息适融"是指信息能"适"、能"融"。具体来说，"适"是指合适与适合。适时、适度、适切，使之适合学生的发展。适时是指能合适地把握深化学习的教学时机；适切是指能合适地确定教学目标与教学方法，使之适合学生的发展水平和兴趣爱好；适度是指能合适地选用教学手段与资源，使之能够支持、引导学生的发展。"融"是指融合、融通、融洽。融合是指在学科课程理念下教学内容的融合，也包括在教学实施过程中各种教育教学的资源手段等能与教学内容深度融合。融通是指教学活动不仅进行包含单科内容教学的内容，也融入跨学科内容。融洽是指教与学的关系和谐融洽，教师能及时关注课堂上学生的真实情况，并给予积极反馈。

那么，何为"一个目标""两条主线""三个层面""四大共享"？具体来说，我们确立了"助推学生全面发展目标实现，促进信息技术与全面育人整合"的信息技术建设与使用目标。围绕"现代信息技术"的平台建设和"现代化教师队伍"的培育这两条主线，在学校现代化建设的过程中，在理念、制度、物质三个层面上协同推进，同时推进教育理念、教育管理和教育设施的现代化。在以信息化推进城乡教育均衡化的总体思路下，逐步形成"素质教育引领与公平教育主导"相辅相成的优质教育均衡发展态势，以此为基础，建立先进教育理念、先进教学经验、先进管理样式、先进成长模式的四大共享机制。

正是"一个目标""两条主线""三个层面"和"四大共享"，让我们不断丰富和完善了学校建设与使用现代信息技术的一流理念；正是这些理念，让我们逐步强健和提升了学校信息技术运用的灵魂，保证了信息技术运用的可持续性。

（二）整体推进，探索"信息适融"的深度

在"厚德如盐，适融入道"的办学理念和全面育人模式的指引下，基于盐小自身发展需求及对教育信息化趋势的理解，我们提出"信息适融"理念下的O. P. A未来学校发展计划，O. P. A是由Open Class、Personalized Learning、Adapting to the Future三个词组的首字母组成，即开放课堂、个性化学习、适应未来。我们通过未来学校建设，从多元课程、适融课堂和教师研修三个方面整体推进，探索"信息适融"的深度。

1. 多元课程

盐道街小学的未来课程建设，在国家课程、地方课程的基础上探索并研发了面向未来、促进学生多元发展的校本课程。

未来课程建设教师是关键。盐小通过项目学习的开展，促使教师提升了对课堂的敏感意识、批判意识、生成意识。随着教师课程意识的提升，教师打破了"课程即教材"的固有认识，积极主动参与课程建设。

盐小的课程体系围绕孩子全面发展目标而展开，并通过新课程改革不断优化与丰富学校的课程体系。在课程结构上保证均衡性、综合性和选择性，在课程内容上注重丰富性、层次性、整合性，在课程优化上强调反馈性、实效性、前瞻性。

"盐道课程"通过国家课程校本化、地方课程专题化、校本课程个性化来实施。学校依照"人与自我""人与自然""人与社会""人与世界""人与科技"五个维度研发盐道课程，以项目学习和兴趣发展为载体，不仅极大地丰富了学生学习的内容，也改变了学生学习的方式，促成学生核心素养与学科核心素养的发展。现在，在实践中研发的创新课程有 STEAM 课程、博物馆课程、幼小衔接课程、小初衔接课程、社区课程、儿童哲学课程，规划即将研发的有非遗课程、研学旅游课程等。

2. 适融课堂

课堂是教育教学的原点，全面育人的目标需要在课堂教学中实现，因此，构建一个信息适融的课堂以支持学生的全面发展是学校教育的重中之重。

（1）适融课堂的文化溯源与本质特征

适融课堂具有简约性、自主性、交互性、综合性的本质特征，如图 18-1 所示。简约性指向课堂的简约追求，回归教学的本质。课堂的简约体现在简明教学目标、简洁教学内容、精简教学环节、简化技术运用上。自主性指向学生学习的自主，课堂主体正位。学生在学习中拥有更多的时间进行自主探索、发现和学习，教师在课堂上的作用从原来的"教"学生，转变为更多地引导学生、启发学生、促进学生的发展。交互性指向课堂生成的交互，学生知识与能力的增长点。课堂的交互性体现在师生通过一定的情境、运用一定的技术或方法，有目的、有组织地运用双向或多项信息传递方式进行相互交流、相互作用、相互促进。综合性指向学习的终极目标，学用合一。综合性体现了教师对课堂的重组整合、改造活化，以课堂教学综合性的目标、内容、活动促进学生综合发展。

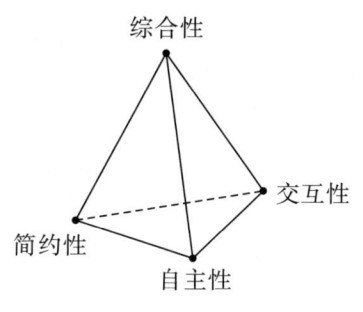

图 18-1　适融课堂本质特征

（2）信息技术支持下的适融课堂构建认识

基于学校前期的实践总结，我们得出结论：信息技术于适融课堂的构建，主要定位和服务于两个方面，一是支持教学主体的自由与发展，二是建构课堂各要素之间的和谐关系。课题组在深入研究之后，提出了如下"一二三"的基本认识要点，如图 18-2 所示。

一个原则 （目标相融）	两点认识 （选择适切）	三项注意 （运用适融）
·助力学生全面发展	·以学习目标的有效达成为技术设备选择原则 ·技术设备如何用是关键	·避免依赖 ·优化高效 ·简化操作与素养培养

图 18-2　适融课堂构建要点

一是指一个原则。信息技术的使用原则是为了助力学生的全面发展。其包含两个要点：信息技术的运用目标服务于学生的学习目标；忌为技术而技术，堆砌的资源要精选，亦要充分考虑技术运用成效与所花费的时间精力成本，无须为了"秀技术"而用。

二是指两点认识。第一点认识是以学习目标的有效达成为技术设备的选择原则。信息设备的多样选择有时会给教师带来困扰，此时技术设备的选择遵从两个原则，一是能够达成学习目标，二是更加有效。第二点认识是技术设备如何用是关键。技术设备是教师授课、学生学习的工具之一，需要在合适的时间合适地运用。教师要能够把技术作为工具，需要深入了解技术设备的功能、特点，把握其对学生学习的助力方式，这样才能在运用时做出合适的选择。

三是指三项注意。首先，注意避免依赖。信息技术的便捷性容易让学生形成依赖,过度使用会替代学生的思维。因此一定要注意培养学生独立思考、乐于探究的学习习惯,技术运用要适度适切,不能一遇到困难就求助技术。其次,注意优化高效。并不是信息技术的运用一定优于传统方法。最后,注意简便操作与素养培养。注意简便操作可使技术运用更广泛,尤其是学生操作时不会因为技术问题而影响探究;信息素养的培养则是长期目标,教师和学生要培养良好的信息素养,不仅是为了课堂,更是为了成为21世纪人才。

(3)信息技术支持下的适融课堂学生学习流程模型

随着对信息技术支持下的适融课堂构建研究的不断深入,盐小凝练出学生学习流程的模型,以此模型为基本框架,展开信息技术支持下的以教师引导、学生自主学习为基础的课堂学习活动,如图18-3所示。

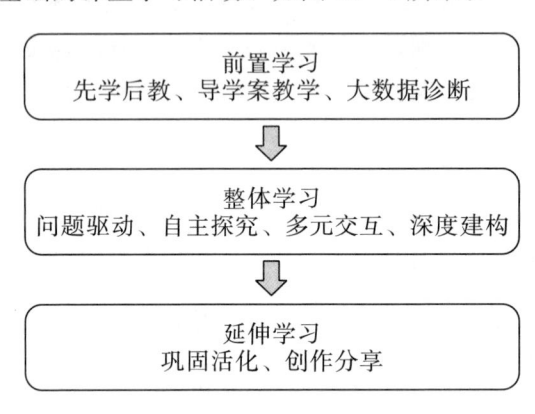

```
前置学习
先学后教、导学案教学、大数据诊断
    ↓
整体学习
问题驱动、自主探究、多元交互、深度建构
    ↓
延伸学习
巩固活化、创作分享
```

图18-3 学生学习流程模型

从时间维度来看,学生学习经历课前的前置学习、课中的整体学习、课下的延伸学习三个阶段,三个阶段都分别可以以信息技术对学习进行支持,通过学习发展学生的学习能力,最终达成学用合一的目标。

(4)信息技术支持下的适融课堂推进策略

信息技术支持下的适融课堂,教师的教法和学生的学法正在深切地改变着课堂。我们提出三个策略:第一,前置学习策略。前置学习,指的是教师向学生讲授新课内容之前,让学生进行的尝试性学习。前置学习内容多元、注重学生习惯的培养、为课堂学习做准备,帮助学生获得课堂学习的主动权。前置学习突出教师的"导学"和学生的"自学",以及通过大数据对学生学习情况做出诊断,为课堂教学的调整做好准备。第二,整体学习策略。整体学习是对所学知识的整体把握的一种学习方式,其突出特点是模型化、层次化、生活化。模型化体现在以学生的认知结构的构建为核心目标,所学的知识始终在结构中存在;层次化体现在学习的过程中,学生构建学科的知识结构和思维结构是有层次的学习活动，学习深度渐次推进；生活化体现在学习情境化、内容通俗化、感悟立体化、效果实用化。第三，延伸学习策略。延伸学习是课堂学习的延续，主要包括两个层面，一是对课堂学习知识的活化巩固，二是对所学知识的综合实践。因为手机、平板可以成为学生的泛在的学习设备，因此技术运用在延伸学习阶段主要以 App 为主。

3. 教师研修

全面育人模式离不开教师的参与，信息技术支持系统下的未来学校建设需要培养未来教师。未来教师的师培不仅要唤起教师自我发展的觉醒，而且要以学生的发展触发教师的自我发展。如何利用好信息技术服务于盐小教师的研修，其具体做法如下：

（1）理论与实操并重

我们既注重理论的深化，更注重实操在课堂中的应用。盐小通过邀请到来自省、市、区和高校教育专家对全校教师举办讲座和进行指导，在教育科研、教育管理、教师专业发展等多方面对教师进行培训，通过培训促进教师在教学理念上的专业化发展。

用理论引导教师进行实践的一个重要举措就是用科研引领教师的专业发展，我们通过学习双龙头课题——"基于信息技术环境的项目学习活动设计与实施研究"和"以学生项目学习促进教师团队发展的行动研究"来促进全校教师的专业发展。教师们结合龙头课题研究，做到理念有"课程"、实践有"课堂"，通过学习到的理念逐步指引课堂建设，逐步使课堂设计转变、课堂教学行为转变。此外，盐小的智慧课堂和项目学习组每月各进行 1~2 次例会，使全校教师不断深化认识、加强实践。

（2）学习共同体的参与式在线课程

参与式在线课程的特点是利用网络技术平台，整合教育理论与课堂教学实践活动，让教师获得从理论探索到实践操作的全过程的体验和培训。具体措施是：主题引领，即根据教师选定的主题开展网络自主学习；项目跟进，即教师自主申报项目展开跟进式的持续学习；合作研讨，即教师围绕相同或相似话题展开讨论。在学习共同体的构建中，利用网络平台让教师获得从理论学习到实践操作的全程培训与学习，对教师十分有必要。如盐小语文组围绕阅读教学展开的主题研究，将教师的课堂研究困惑和收获通过网络平台进行发布，逐步形成研修成果，该主题研究成果在区级研讨活动中得以推广。

（3）基于网络环境的教师自主发展

基于网络环境的教师自主发展是单个教师在网络环境下自主确立专业发展

的目的、目标和将要参加的活动，明确研修的策略和重点，查询资源，参与研修活动，从而提高教育教学水平。包括：范例导向，即提供优秀教师的研修范例；模板支持，即提供有效的专业发展计划的设计模式和策略；反思调控，即在教师专业发展的过程中进行调整。

（4）信息支持下的教师电子化学习

网络上有大量供教师电子化学习的资源，包括教育前沿理论、学科教学资源以及资源链接，教师可以利用各种资源进行学习。具体措施是：优选内容，即对教师进行选优质资源的方法指导；自定步速，即教师自主制定学习的进度；广览约取，即教师在电子化学习中广泛阅览，精当选取。通过这样的学习交流，教师们利用网络学习的意识逐渐增强，越来越多的教师养成了网上浏览和网上学习的习惯。在推荐优秀网络资源的过程中，老师们不断地拓宽网络上的资源利用面，逐渐了解了更多优秀的学习内容，从而也收获得更多、成长得更快。

（5）借助网络平台的教育行动研究

教师借助网络平台开展教育行动研究采用的是"沉浸式"的研究过程，通过多方的网络互动实现教育行为的改良和提升。包括：抒发创意，即通过在网络上提问题获答案；尝试求索，即教师尝试和推出新方案；重构经验，即在同伴的建议下整合原有知识。

（三）智力成果，拓展"信息适融"的宽度

多年来，学校在办学理念的指引下以信息技术助力发展，又以信息技术丰富和活化了全面培养的育人模式。学校不仅在区内，在省内和全国都产生着积极的影响。我们深刻认识到成果只有转化才能发挥更重要的价值，才能为优质、均衡、全面的教育发展贡献盐小的智力成果。我们所拥有的成果，概括起来主要有三大成果：

1. 初步搭建师生成长信息化平台

我们在信息平台上自主开发了涵盖教育评价、学习互动、成长舞台、服务管理功能的D4Link平台。"D4Link"的"D"是指Digitization（数字化）和Depend（依托），"4"是指4个数字化平台，"Link"是联系、链接、教育链之意，D4Link即依托4个数字化平台形成一个涵盖教育、教学、学生、管理四方面的全面信息化的教育链，如图18-4所示。

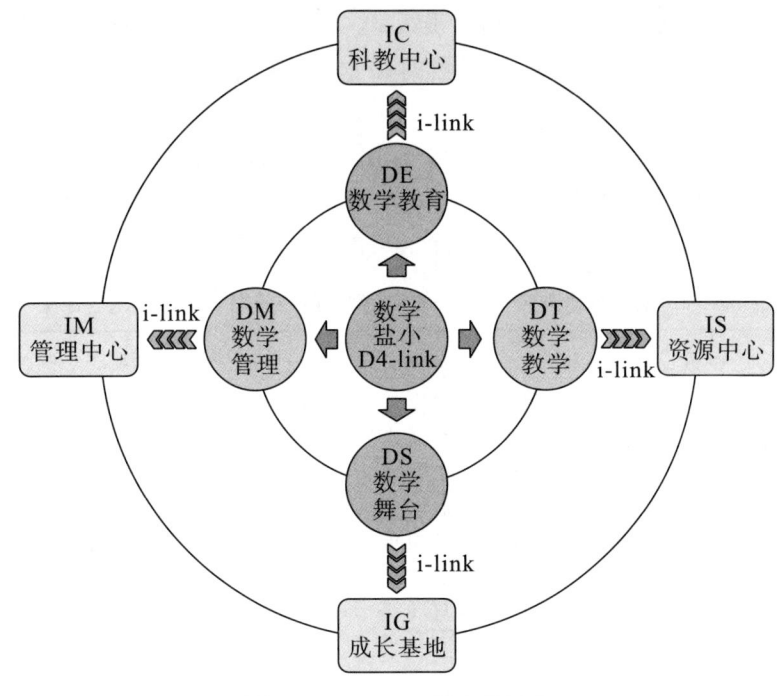

图 18-4　D4Link 信息化平台

同时以盐小数字化平台为基础，建设教育链云平台，实现了教育链优质资源一体化，助力他校办学品质，实现资源共享的均衡发展效应。学校通过开放的资源和对口的帮扶，既为链点学校提供大量的教育教学资源，同时也通过平台的共建促进彼此的交流与合作。具体表现在：多向辐射，即网络资源向"链点学校"多点辐射；携手并进，即通过与"链点学校"共同开展网络研修增进友谊，形成了携手同进的发展态势；互补共赢，即对三校的资源进行互补的统整，形成相互借鉴、相互促进的局面。此后，兼具内部管理与对外展现的 D4Link 信息化平台也将在理论的升华和实践的总结中不断地完善。

2. 形成主要学科信息化教学范式

经过理论的学习和实践的探索总结，学校的省级课题"信息技术支持下学生问题解决能力提升策略研究"已结题，在课堂教学上形成了语文、数学、英语"1 对 1"环境下的有效教学模式是该项研究的重要成果。该研究成果对于推动课堂转型和实现"教学以学生为中心"有较大的推广和参考价值。

信息技术支持问题解决过程涵盖情境创设、主动建构、学情诊断、学用结合、资源生成五个方面，基于这些方面再生成系列问题解决策略。此外，可以将信息技术支持下的结构不良问题解决的课堂分为两种形式：基于问题的课堂和基于任务的课堂。其具体策略、子策略、作用、技术支持方式、资源来源及其适用方式如表18－2（基于问题的课堂）、表18－3（基于任务的课堂）所示。

其中，在"技术支持*"一栏，常用教学硬件设施如课堂演播系统、展台，软件如PPT、白板软件、Word未列入表中。"子策略"一栏中，"子策略★"为课堂运用最广泛、对学生产生效果最明显的子策略。

表18－2　信息技术支持下的结构不良问题解决策略（基于问题的课堂）

策略	子策略	作用	技术支持*	资源来源	适用方式
问题驱动策略	创设问题情境★	创设问题情境，引发对核心问题信息的探究和理解，增强学习内部动机。	课件制作软件	教师生成、学习平台、互联网	可以存在于学习全程。按需要选用。
主动建构策略	推送资源学习★	运用"导学案＋微视频"或平台分层推送、自适应推送资源规划学生自学目标、学习路线、学习内容，开展自主学习，并促进学习方法的习得。	微课制作软件、学习平台推送资源、自适应推送资源	教师生成、学习平台	
	自检资源学习	根据问题信息主动检索相关信息展开学习，开展自主学习。	互联网、学习平台	学习平台、互联网、学习生成	
	多元交互学习★	信息的有效传递，相互交流、作用、促进，促进合作学习。	希活授课助手、睿课堂	学习生成	
	远程协作学习	与远程学习者成为学习共同体开展学习。	远程直播平台		
	知识体系建构	梳理知识结构，促进学生知识体系的建构。	思维导图软件		
学情诊断策略	监控学习过程★	准确了解学生学习过程中的情况。	学习平台	学习平台	
	诊断学习结果★	准确标定学习重难点。			
学用结合策略	体验运用实践★	在信息技术平台创设的真实情境或虚拟情境中进行体验、实践，在相互交流中深化学习。	互联网、学习平台	教师生成、学习平台、学习生成	

表 18-3 信息技术支持下的结构不良问题解决策略（基于任务的课堂）

策略	子策略	作用	技术支持*	资源来源	适用阶段
问题驱动策略	确立项目主题★	通过对项目主题的确立，在现实复杂情境中以项目任务完成驱动项目开展。	课件制作软件、互联网、问卷星	教师生成、互联网、学习生成	可以存在于学习全程。按需要选用。
	设计项目方案	通过网络查新，确定项目方案设计。	微基等百科类网站	互联网	
主动建构策略	自检资源学习	根据问题信息主动检索相关信息展开学习，开展自主学习。	互联网	互联网、学习生成	
	合作学习★	以小组协作的方式开展合作学习。	希活授课助手、睿课堂	学习生成	
	远程协作	与远程学习者成为学习共同体开展学习。	远程直播平台		
	方法发现	梳理问题解决的思路和具体做法。	思维导图软件		
学情诊断策略	项目评价	通过互联网对项目进行多元评价。	微信、QQ等平台	学习平台	
学用结合策略	项目作品制作★	在信息技术的支持下制作作品，包括采用新型材料、采用编程的方式制作产品。	互联网、3D打印技术	教师生成、学习平台、互联网、学习生成	
	项目作品推广★	制作作品推广的海报、微视频、互联网宣传资料等。	互联网、学习平台		

3. 不断汇集项目学习实践经验

我们在原有课程基础上，创新并梳理形成了以"跨学科统整，多学科融合"的STEAM"4S"实践经验；此外，在教学App运用上，广泛深度应用已成为学校课堂的一抹亮色。不断汇集项目学习实践经验，并将这些认识成果、实践成果与各大友谊学校分享交流，是盐小为统筹城乡教育一体化，全面推进均衡优质教育做出了的自身贡献。盐小在发挥名校引领示范作用，履行学校社会责任的同时，也使自身特色更明、亮点更亮，在相互促进中扎实地推动了盐小信息化教育现代进程，为全面育人塑造了更有力的信息支持系统。

学校作为"未来学校"试点校几乎每周有接待参观学习的任务，试点经验被广泛传播。比如，2017年4月，天府新区的教育同仁们到盐道街小学参加STEAM的分享活动，天府新区的同仁们认真聆听盐小老师们的分享、积极参与互动与交流，表示STEAM "尝鲜"走得有魄力、有思考、有深度。2017年7月，杭州市校长班学员到盐道街小学参观交流，观摩了盐小信息化教学课堂，盐小做了经验成果分享。2017 年 9 月，青海省电教馆到盐道街小学参观交流，学校向来宾介绍了"未来学校"建设过程中的经验以及课堂教学变革取得的成果。

（四）深入思考，加大"信息适融"的力度

学校对于教育信息化的探索一直在路上。如何更好地利用信息技术支持全面育人模式的展开，以此促进学生德智体美劳五个基本面的完整发展、整体发展、个性发展，是学校要不断思考、钻研的事情。接下来，学校将从以下三个方面思考与着力：一是再构课程。在夯实基础课程的前提下，根据真实问题设置主题，通过跨学科整合，开展以 STEAM 项目学习为代表的科创科创课程和以博物馆研学为代表的文创课程。二是重构学习。未来的学习方式将突破强调标准统一的传统教学秩序，以学生的自发学习和自我研究为主体，基于项目的主动学习，面向真实的深度学习和基于证据的智慧学习。三是精细管理。学校将采用弹性学制和扁平化、智能化、虚拟化、网络化的集团管理组织架构，不再拘泥传统的年级和班级的管理体系，而是利用大数据提供精准教育管理服务。

盐小将继续深钻 STEAM+教育、智慧课堂深度学习、大数据运用、人工智能、创新课程研发五种影响教育的变革力量，深度推进"未来学校"建设，为学校注入变革的力量，为学生德智体美劳全面发展提供有效支持。

后 记

党的十八大以来,以习近平同志为核心的党中央高度重视教育工作,把教育摆在优先发展战略地位。习近平总书记在党的十九大报告指出:"要全面贯彻党的教育方针,落实立德树人根本任务,发展素质教育,推进教育公平,培养德智体美全面发展的社会主义建设者和接班人。"2019年,《关于深化教育教学改革全面提高义务教育质量的意见》中再一次明确指出,"坚持'五育'并举",强调"突出德育实效""提升智育水平""强化体育锻炼""增强美育熏陶""加强劳育",以此全面发展素质教育。作为义务教育的示范学校,如何在教育实践中落实立德树人,坚持"五育"并举,构建新时代教育体系,是当下基础教育工作者都要思考和践行的命题。

厚德如盐,适融入道。100年,100个春夏秋冬,一点一滴的教育和办学故事,它记录着文化传承背后莘莘学子的成长片段,深藏着盐道人的激情与梦想。

成都市盐道街小学创建于1919年,是一所历史悠久,蕴含"盐道"精神的百年名校。百年以来,在"盐道"文化的浸润下,学校坚持"厚德如盐,适融入道"办学理念,立足"融合育人"办学哲学,秉持"质朴如盐,大器天下;奉献如盐,真爱育人;灵动如盐,心智成事;坚贞如盐,不懈奋进"的办学特质,孕育真盐道人,立天下道。

百年来,盐小积极回应时代的要求,始终以"融合育人"理念与方法对教育结构进行跨越性的调整,不断探索和追求全面育人模式,用课程的迭代升级实现学生德智体美劳全面发展。《走向深度融合的全面育人》一书出版,便是学校融合育人的阶段总结,也是盐道人这一路走来的真实写照,凝聚着无数盐道人的心血。

本书是盐道街小学教育集团所有老师辛勤耕耘与智慧浇灌之果。全书共十六章,分为四个部分,第一部分由刘家明统稿,第二部分由刘艳统稿,第三部分由杨琳统稿,第四部分由沈丹统稿。其中,第一章到第四章由巫韵佳、陈倩执笔，第五章由蒲安琪执笔，第六章由杨红、伏梦瑶、刘琳、杨美美执笔，第七章由刘艳、魏佳、罗茜、王艳萍执笔，第八章由黄晶晶、李佳玲、任晓琴、卿林芝执笔，第九章由杨勇、龚蕾、周惠娇执笔，第十章由杨琳、钟启天、王烨执笔，第十一章由陈倩、聂兰、黎桂芳、高鑫悦执笔，第十二章由沈丹、李佳昕、邹静池、王露执笔，第十三章由严凌霞、罗珊执笔，第十四章由陶红丽、于钦、邓洁执笔，第十五章由胡定坤、刘家明、姚茹执笔，第十六章由胡定坤、张蕾、李涵英、齐俊婷执笔。

在本书付梓之际，我们衷心感谢北京师范大学裴娣娜教授、四川师范大学李松林教授和锦江区教科院贺慧副院长的高位引领和悉心指导。同时感谢四川大学出版社的大力支持和帮助。融合育人路径的探索"道阻且长"，如今，此书虽已编撰完成，但也存在诸多不足之处，敬请专家和读者们予以批评和指正。

面向未来，所有盐道人依然坚持协心为盐，同力为道，不断探索学习，做更好的教育。新时代，百年盐小以培育出更多全面发展的学子为己任，传承百年精神，办高品质教育！

编者

2021年2月